21 世纪高职高专规划教材·财经管理系列

成 本 会 计

（修订本）

主　编　李建玲
副主编　伦丽珍　赵晨侠
参　编　陈　欣　姜宁宁

清华大学出版社
北京交通大学出版社
·北京·

内 容 简 介

本书根据高职高专教育的特点和人才培养目标，采用"基于工作过程"的教材编写体例，将理论教学和实践教学融为一体，以强化学生实践能力的培养为最终目的。全书共分为 10 个项目，分别介绍了成本核算基础工作、各项要素的归集和分配、辅助生产费用的归集与分配、制造费用的归集与分配、生产费用在完工产品和在产品之间的分配、单步骤生产企业成本核算、单件小批生产企业成本核算、多步骤生产企业成本核算、产品成本计算的辅助方法、成本报表的分析等内容。

本书可作为高职高专院校及其他各类院校会计专业和相关专业学生的教材，也可供从事会计专业的相关工作者及会计专业爱好者自学使用。

本书封面贴有清华大学出版社防伪标签，无标签者不得销售。
版权所有，侵权必究。侵权举报电话：010-62782989　13501256678　13801310933

图书在版编目（CIP）数据

成本会计 / 李建玲主编. —修订本. —北京：清华大学出版社：北京交通大学出版社，2011.7（2019.3 修订）
（21 世纪高职高专规划教材·财经管理系列）
ISBN 978-7-5121-0634-5

Ⅰ. ①成… Ⅱ. ①李… Ⅲ. ①成本会计-高等职业教育-教材 Ⅳ. ①F234.2

中国版本图书馆 CIP 数据核字（2011）第 138580 号

成本会计
CHENGBEN KUAIJI

责任编辑：	王晓春
出版发行：	清 华 大 学 出 版 社　　邮编：100084　　电话：010-62776969
	北京交通大学出版社　　邮编：100044　　电话：010-51686414
印 刷 者：	三河市华骏印务包装有限公司
经　　销：	全国新华书店
开　　本：	185×230　　印张：15.75　　字数：356 千字
版　　次：	2011 年 7 月第 1 版　　2019 年 3 月第 1 次修订　　2019 年 3 月第 4 次印刷
书　　号：	ISBN 978-7-5121-0634-5/F·852
印　　数：	6 501～8 000 册　　定价：35.00 元

本书如有质量问题，请向北京交通大学出版社质监组反映。对您的意见和批评，我们表示欢迎和感谢。
投诉电话：010-51686043，51686008；传真：010-62225406；E-mail：press@bjtu.edu.cn。

前　　言

　　为适应高等职业教育培养生产、管理、服务第一线的高素质技能型人才的需要，我们在多年高职高专教学经验的基础上，结合近几年会计专业课程建设经验及实践岗位的体验，融教、学、做一体化，编写了体现职业教育特色的《成本会计》教材。

　　本教材从企业成本会计实际业务出发，根据高职学生的认知特点，按照由简单到复杂、综合度逐渐递增的原则，系统地介绍了企业成本核算的基础工作、费用的归集与分配、不同类型企业的典型工艺流程及成本核算的程序和方法、成本报表的编制及分析等内容，从而使学生掌握企业成本核算的操作流程，具备处理企业成本核算业务的基本技能和操作能力。

　　本教材在编写过程中，参照了我国2006年颁布的《企业会计准则——基本准则》及相关会计制度的规定，对成本会计的课程体系和基本内容作了调整，特别是打破"以知识点的讲解"为起点的传统模式，在体例设计上应用了项目导向、工学交替的模式，重视学生在校学习与实际工作的一致性，体现了职业性、实践性、开放性的特点，真正实现了任务驱动下的"教、学、做"一体化。本教材共分10个项目，每个项目均有知识目标和技能目标，每个任务均按"任务描述"—"任务分析"—"知识链接"—"任务实施"等栏目来安排教学内容，每个项目结尾有"项目训练"栏目，以强化学生对知识的理解和技能的掌握。

　　本教材由李建玲副教授担任主编，负责拟定编写大纲及最后的修改，伦丽珍、赵晨侠老师任副主编，并协助主编做了部分章节的修改。具体的编写分工为：李建玲编写项目一、项目九；伦丽珍编写项目二、项目三、项目四、项目五、项目六；陈欣编写项目七；赵晨侠编写项目八；姜宁宁编写项目十。

　　由于编者水平所限，教材中难免有不妥和疏漏之处，恳请读者和同仁在使用过程中批评指正。

编　者

2019年3月

出 版 说 明

高职高专教育是我国高等教育的重要组成部分，它的根本任务是培养生产、建设、管理和服务第一线需要的德、智、体、美全面发展的高等技术应用型专业人才，所培养的学生在掌握必要的基础理论和专业知识的基础上，应重点掌握从事本专业领域实际工作的基本知识和职业技能，因而与其对应的教材也必须有自己的体系和特色。

为了适应我国高职高专教育发展及其对教学改革和教材建设的需要，在教育部的指导下，我们在全国范围内组织并成立了"21世纪高职高专教育教材研究与编审委员会"（以下简称"教材研究与编审委员会"）。"教材研究与编审委员会"的成员单位皆为教学改革成效较大、办学特色鲜明、办学实力强的高等专科学校、高等职业学校、成人高等学校及高等院校主办的二级职业技术学院，其中一些学校是国家重点建设的示范性职业技术学院。

为了保证规划教材的出版质量，"教材研究与编审委员会"在全国范围内选聘"21世纪高职高专规划教材编审委员会"（以下简称"教材编审委员会"）成员和征集教材，并要求"教材编审委员会"成员和规划教材的编著者必须是从事高职高专教学第一线的优秀教师或生产第一线的专家。"教材编审委员会"组织各专业的专家、教授对所征集的教材进行评选，对所列选教材进行审定。

目前，"教材研究与编审委员会"计划用2～3年的时间出版各类高职高专教材200种，范围覆盖计算机应用、电子电气、财会与管理、商务英语等专业的主要课程。此次规划教材全部按教育部制定的"高职高专教育基础课程教学基本要求"编写，其中部分教材是教育部《新世纪高职高专教育人才培养模式和教学内容体系改革与建设项目计划》的研究成果。此次规划教材编写按照突出应用性、实践性和针对性的原则编写并重组系列课程教材结构，力求反映高职高专课程和教学内容体系改革方向；反映当前教学的新内容，突出基础理论知识的应用和实践技能的培养；适应"实践的要求和岗位的需要"，不依照"学科"体系，即贴近岗位群，淡化学科；在兼顾理论和实践内容的同时，避免"全"而"深"的面面俱到，基础理论以应用为目的，以必要、够用为度；尽量体现新知识、新技术、新工艺、新方法，以利于学生综合素质的形成和科学思维方式与创新能力的培养。

此外，为了使规划教材更具广泛性、科学性、先进性和代表性，我们希望全国从事高职高专教育的院校能够积极加入到"教材研究与编审委员会"中来，推荐"教材编审委员会"成员和有特色、有创新的教材。同时，希望将教学实践中的意见与建议及时反馈给我们，以便对已出版的教材不断修订、完善，不断提高教材质量，完善教材体系，为社会奉献更多更新的与高职高专教育配套的高质量教材。

此次所有规划教材由全国重点大学出版社——清华大学出版社与北京交通大学出版社联合出版。适合于各类高等专科学校、高等职业学校、成人高等学校及高等院校主办的二级职业技术学院使用。

21世纪高职高专教育教材研究与编审委员会
2011年7月

目　　录

项目一　成本核算基础工作　(1)
　　任务一　认识成本会计　(1)
　　任务二　理解成本核算的基本要求和核算程序　(7)
　　项目训练　(13)

项目二　各项要素的归集和分配　(16)
　　任务一　材料费用的归集和分配　(16)
　　任务二　职工薪酬费用的归集和分配　(24)
　　任务三　其他费用的归集与分配　(29)
　　项目训练　(34)

项目三　辅助生产费用的归集与分配　(38)
　　任务一　辅助生产费用分配的准备　(38)
　　任务二　辅助生产费用的分配　(42)
　　项目训练　(51)

项目四　制造费用的归集与分配　(56)
　　任务一　制造费用分配的准备　(56)
　　任务二　制造费用的分配　(59)
　　项目训练　(64)

项目五　生产费用在完工产品和在产品之间的分配　(67)
　　任务一　简化分配的几种方法　(67)
　　任务二　约当产量法　(70)
　　任务三　定额比例法　(83)
　　任务四　定额成本计价法　(86)
　　项目训练　(88)

I

项目六 单步骤生产企业成本核算 …………………………………………………… (93)
  任务一 认识企业生产工艺流程及成本核算程序 ……………………………… (93)
  任务二 品种法的应用 …………………………………………………………… (99)
  项目训练 ………………………………………………………………………… (123)

项目七 单件小批生产企业成本核算 ……………………………………………… (131)
  任务一 典型分批法的应用 ……………………………………………………… (131)
  任务二 简化分批法的应用 ……………………………………………………… (137)
  项目训练 ………………………………………………………………………… (143)

项目八 多步骤生产企业成本核算 ………………………………………………… (153)
  任务一 认识企业生产工艺流程及成本核算程序 ……………………………… (153)
  任务二 逐步结转分步法的应用 ………………………………………………… (156)
  任务三 平行结转分步法的应用 ………………………………………………… (179)
  项目训练 ………………………………………………………………………… (201)

项目九 产品成本计算的辅助方法 ………………………………………………… (214)
  任务一 分类法的应用 …………………………………………………………… (214)
  任务二 定额法的应用 …………………………………………………………… (219)
  项目训练 ………………………………………………………………………… (226)

项目十 成本报表的分析 …………………………………………………………… (231)
  任务一 成本报表的编制 ………………………………………………………… (231)
  任务二 成本报表的分析 ………………………………………………………… (237)
  项目训练 ………………………………………………………………………… (241)

参考文献 ……………………………………………………………………………… (245)

项目一

成本核算基础工作

知识目标
- 认识成本和成本核算工作
- 了解产品成本的含义及作用
- 了解成本会计工作的两种组织形式
- 掌握成本核算的账户设置和账务处理程序

技能目标
- 能对企业发生的各种费用支出进行分类
- 能熟练运用成本核算程序

任务一　认识成本会计

一、任务描述

小李大学毕业后，经过市场调查、考察，决定自主创业。经过资金筹措、招聘员工之后，注册了一家服装加工厂。企业运营之后，小李发现市场上竞争非常激烈，而企业在市场上的竞争主要是产品质量和价格的竞争，而价格的竞争归根结底是成本的竞争。在产品质量相当的情况下，谁的成本控制得好，谁就能在市场竞争中立于不败之地。那么小李在经营中应如何应用成本管理的知识？

二、任务分析

要想使企业在市场竞争中立于不败之地，控制好成本，搞好成本核算，是可以有效地提高企业的经济效益和市场竞争力的手段之一。因此本任务就是认识产品成本和费用、成本会计的作用，为后面的学习奠定基础。

三、知识链接

(一) 成本与费用

凡是有经济活动和业务活动的地方，就必然有产品成本存在，它是商品经济的产物，是客观存在的一个普遍的经济范畴。现代产品成本概念涵盖了企业生产经营管理需要的各种成本，包括传统的产品生产成本和在此基础上发展起来的企业经营预测与决策需要的成本。

1. 成本的作用

成本是企业为了生产产品或提供劳务而耗用的各项耗费或支出。产品成本概念的形成经历了一个漫长的过程，它随着产品的生产而产生，随着商品经济的发展而发展。

由于产品成本实质上是反映产品生产过程中的各种劳动耗费和补偿价值，因此产品成本作为衡量企业生产经营过程中劳动耗费的尺度，提供产品定价和经营决策的依据，对于企业降低耗费、足额补偿耗费、合理定价、制定经营决策等具有重要作用。

1) 产品成本是生产耗费的补偿尺度

维持企业的再生产是发展市场经济的必然要求。要维持企业的再生产，就必须使企业在产品生产过程中的耗费得到及时、足额的补偿，而足额的补偿又必须以产品成本这个客观的尺度作为标准。如果企业不能按照成本来补偿生产耗费，企业资金周转就会发生困难，再生产就不能按原有的规模进行。

2) 产品成本是反映企业工作质量的综合指标

产品成本是一项综合的经济指标，企业在生产经营管理各环节中的工作质量，都可以直接或间接地在成本上反映出来。如产品设计是否合理，固定资产是否有效利用，产品质量是否符合要求，原材料的使用是否合理与节约等诸多因素都能通过成本反映出来。因此，成本是反映企业工作质量的综合指标。

3) 产品成本是制定产品价格的重要依据

在商品经济中，产品价格是产品价值的货币表现。产品价格的制定，应体现价值规律的要求，使产品价格大体上符合其价值。但在现阶段产品价值还不能直接计算，而只能计算成本，通过产品成本间接地反映产品的价值。因此，产品成本就成为制定产品价格的重要因素。

4) 产品成本是企业制定经营策略的重要依据

在市场经济条件下，企业要在激烈的竞争中生存和发展，要提高在市场上的竞争力和经济效益，就首先要制定正确的生产经营策略。经营策略的核心问题是经济效益的高低，即在众多方案中以经济效益的大小来衡量利弊得失，最后选出最佳方案。在研究经营策略时，成本是影响经济效益的一个非常重要的因素，这是因为，在价格等因素一定的情况下，成本的高低直接影响企业盈利的多少。因此，企业制定经营策略时必须考虑产品成本这一重要因素。

2. 费用

费用是指企业在日常活动中发生的、会导致所有者权益减少、与向所有者分配利润无关的经济利益的总流出。

费用有广义和狭义之分，在成本会计中，这里的费用是指狭义的费用。它是指企业生产经营过程中发生的各种费用支出，也称生产经营费用。按其与产品生产的关系可划分为生产费用、期间费用和资产减值损失等。

1）生产费用的分类

生产费用是指企业一定时期内在生产产品（提供劳务）过程中发生的各种耗费，如企业为生产产品而消耗的材料费用、应付生产工人的职工薪酬、车间为组织产品生产而发生的制造费用等。生产费用可以按不同的标准分类，其中最基本的是按费用的经济内容和经济用途分类。

（1）生产费用按经济内容分类

企业从事生产经营活动所发生的各种费用，按照经济内容即经济性质分类，可划分为若干费用要素，分别反映劳动对象、劳动手段和活劳动方面的耗费。具体可分为以下各项。

① 外购材料。指企业为进行生产经营而耗费的一切由外部购入的原料及主要材料、半成品、辅助材料、包装物、修理用备件和低值易耗品。

② 外购燃料。指企业为进行生产经营而耗费的一切由外部购入的各种燃料。

③ 外购动力。指企业为进行生产经营而耗费的一切由外部购入的各种动力。

④ 应付职工薪酬。指企业为进行生产经营而发生的应付给职工的薪酬。

⑤ 折旧费。指按照规定方法计提的固定资产折旧费用。

⑥ 修理费。指企业为修理固定资产而发生的修理费用。

⑦ 利息支出。指企业为借入款项而发生的利息支出减利息收入后的净额。

⑧ 税金。指企业发生的应缴房产税、车船税、土地使用税和印花税等。

⑨ 其他支出。指不属于以上各要素的费用支出，如邮电费、差旅费、租赁费、外部加工费及保险费等。

（2）费用按经济用途分类

为适应对产品成本实施有效控制并进行分析考评的要求，对于计入产品成本的生产费用，还应进一步划分为若干成本项目，即产品成本项目。由于产品成本明细账需按照成本项目设置专栏进行登记，为简化核算，应按构成产品成本的若干主要内容分别专设成本项目，而将构成产品成本的其他内容合并设置为综合成本项目。

① 直接材料。指直接用于产品生产并构成产品实体的原料、主要材料和外购半成品，以及有助于形成产品的辅助材料。

② 燃料和动力。指直接用于产品生产的各种燃料和动力费用。

③ 直接人工。指企业直接从事产品生产的人员的工资，以及计提的职工福利费等。

④ 制造费用。指企业生产车间为生产产品和提供劳务而发生的各项组织、管理的费用，以及不专设成本项目的其他生产费用。制造费用包括车间管理人员及非生产人员的工资薪酬、车间设备和房屋建筑屋的折旧费、办公费、水电费、机物料消耗、劳动保护费等。

2) 期间费用

期间费用是指企业在生产经营过程中发生的，与产品生产活动没有直接关系，属于某一期间发生的直接计入当期损益的费用。

期间费用和资产减值损失在发生时确认为费用，但不计入产品（劳务）成本，而直接计入当期损益。期间费用可进一步划分为管理费用、销售费用和财务费用。

（二）成本会计的职能与作用

成本会计是现代会计的一个重要分支，是运用会计的基本原理和一般原则，采用一定的方法，对企业在生产经营过程中各项费用的发生和产品生产成本的形成进行预测、决策、计划、核算、分析和考核的一种管理活动。

1. 成本会计的职能

现代成本会计的职能实际上已包括了成本核算和管理的各个环节，主要包括：成本预测、成本决策、成本计划、成本控制、成本核算、成本分析和成本考核。

1) 成本预测

成本预测是根据与现有成本有关的数据，运用科学的方法，对企业未来的成本水平及其变化趋势作出科学的推测和估计。成本预测是企业经营决策和编制成本计划的基础，成本预测有助于企业管理人员了解成本发展前景，提高降低成本的自觉性。

2) 成本决策

成本决策是根据成本预测及其他有关资料，制订出优化成本的各种备选方案，运用决策理论和方法，对各种备选方案进行比较分析，从中选出最满意的方案的过程。作出最优的成本决策是编制成本计划的前提，也是提高企业经济效益的重要途径。

3) 成本计划

成本计划是在成本预测和成本决策的基础上，为保证成本决策所确定成本目标的实现，确定在计划期内为完成计划产量应发生的生产耗费和各种产品的成本水平，并提出为达到规定的成本水平应采取的具体措施。成本计划是降低成本的具体目标，也是进行成本控制、成本分析和成本考核的依据。

4) 成本控制

成本控制是以预先确定的成本标准或成本计划指标，对实际发生的费用进行考核，将其限制在标准成本或计划成本内，并计算出实际费用与标准费用之间的差异，同时对产生差异的原因进行分析，采取各种有效方法，将各项费用限制在计划控制的范围之内，以保证成本计划的顺利执行。

5) 成本核算

成本核算是指运用各种专门的成本计算方法，按一定的对象和规定的成本项目及分配标准进行生产费用的归集和分配,计算出各种产品的总成本和单位成本,据以进行账务处理。成本核算是成本会计工作的核心。通过成本核算资料,可以反映成本计划的完成情况,为编制下期成本计划,进行成本预测和成本决策提供依据。

6) 成本分析

成本分析主要是根据成本核算提供的资料和其他有关资料,将本期实际成本与本期计划成本、上年同期成本及国内外同类产品的成本水平进行比较,确定成本差异,分析形成原因,明确责任单位和个人,以便采取措施,改进管理,寻求降低成本的途径,挖掘降低成本的潜力。

7) 成本考核

成本考核是指定期对成本计划和有关指标的实际完成情况进行评价和考核。按成本责任的归属考核各部门及有关岗位人员的成本指标完成情况,并据此进行奖惩,可以客观地评价工作业绩和明确责任,激励员工改进工作,充分调动广大员工执行成本计划的积极性,提高企业整体管理水平和经济效益。

2. 成本会计的作用

成本会计具有反映和监督两大基本职能,是企业经营管理的一个重要组成部分。因此,成本会计的任务一方面取决于企业经营管理的要求,另一方面还受成本会计反映和监督的内容的制约。具体来说,成本会计的作用主要有以下几个方面。

1) 进行成本预测和决策,编制成本计划,使之作为成本控制、分析和考核的依据

在市场经济条件下,市场竞争非常激烈,企业要想在竞争中求得生存和发展,努力降低产品成本是一个非常重要的方面。为此,企业应根据历史成本资料,充分进行市场调研,运用科学的方法选择最优方案,确定目标成本,并在此基础上编制成本计划,作为对成本实行计划管理、建立成本管理责任制和控制生产费用的基础,并作为分析成本升降原因及考核成本责任者工作业绩和实施奖惩的依据。

2) 严格审核和控制各项费用支出,节约开支,不断降低产品成本

在市场经济环境下,企业作为自主经营、自负盈亏的商品生产者和经营者,应贯彻增产节约原则,加强经济核算,以尽可能少的耗费去获取更大的经济效益。为此,成本会计必须以国家有关成本费用开支范围、开支标准和企业有关成本计划、定额等为依据,寻求降低产品成本的途径和方法,严格控制各项费用的支出,努力节省开支,促进企业不断提高经济效益。

3) 正确、及时核算产品成本,为企业经营管理提供成本信息

正确、及时地进行成本核算,提供真实、有用的成本信息,是成本会计的基本任务。这是因为,成本核算所提供的信息,不仅是企业足额补偿生产耗费,正确确定产品利润,制定产品价格和进行未来成本决策的依据,同时也是企业进行成本管理的基础。另外,成本计划的编制、成本的分析和考核等也是以成本核算所提供的成本信息为基本依据。

（三）成本会计工作的组织

为了充分发挥成本会计的职能作用，圆满完成成本会计的任务，企业应根据本单位生产经营的业务特点、生产规模大小、企业机构设置和成本管理的要求等具体情况来组织成本会计工作。

成本会计工作的组织主要包括成本会计的机构设置、成本会计的人员配备和成本核算的基础工作等内容。

1. 成本会计的机构设置

企业应当在保证成本会计工作质量的前提下，按照节约成本会计工作时间和成本会计工作费用的原则，设置成本会计机构。成本会计机构是企业从事成本会计工作的职能单位，通常包括成本会计工作的领导机构、成本会计的职能执行机构和成本费用归口管理部门等，它是根据企业规模的大小和成本管理的具体要求设置的。

成本会计机构的分工，包括成本会计机构内部的组织分工和企业内部各级成本会计机构之间的组织分工。成本会计机构内部，可以按成本会计所负担的各项任务分工，也可以按成本会计的对象分工，在合理分工的基础上建立岗位责任制。

各级成本会计机构之间的组织分工有集中工作方式和分散工作方式两种。

1）集中工作方式

所谓集中工作方式，是指企业的成本会计工作主要由总部成本会计机构集中进行，车间等其他单位的成本会计机构或人员只负责原始记录和原始凭证的填制，并进行初步审核、整理和汇总，为总部成本会计机构进行成本核算和成本分析提供基础资料。

在集中工作方式下，企业的成本会计工作全部由总部成本会计机构集中进行处理，这种方式有利于减少企业成本核算的层次和人员，及时提供企业全面的成本信息，但不利于生产单位对成本费用进行控制。因此，集中管理方式一般适用于成本会计工作比较简单的企业。

2）分散工作方式

所谓分散工作方式，使之成本会计工作中的规划、控制、核算和分析由各生产单位的成本会计机构或人员分别进行。成本考核工作由上一级成本会计机构对下一级成本会计机构逐级进行。总部成本会计机构除对全部成本进行综合的规划、控制、分析和考核及汇总核算外，还应负责对各下级成本会计机构或人员进行业务上的指导和监督。成本预测和决策工作一般仍由总部成本会计机构集中进行。

分散工作方式有利于生产单位和有关职能部门及时了解本单位有关的成本费用信息，分析成本费用指标，进而控制费用，降低成本。但这种方式也会增加成本核算的层次和人员。因此，分散管理方式一般适用于成本会计工作比较复杂、各部门相对独立的企业。

2. 成本会计的人员配备

成本会计人员是在会计机构中从事成本会计工作的人员。在企业的成本会计机构中，配备良好的成本会计人员，提高成本会计工作人员的素质是做好成本会计工作的前提。

成本会计工作是会计工作的核心。为了保证成本会计工作的质量，成本会计人员应该认真履行自己的职责，遵守职业道德，坚持原则，遵纪守法，正确行使自己的职权，还应当懂得企业成本管理，能经常深入企业生产实践各个环节，熟悉企业生产特点和管理的具体要求。

成本会计工作是一项涉及面宽、综合性强的管理工作，尤其是随着市场经济的不断发展和完善、随着科技的不断进步，按照市场规律办事，依靠技术进步降低成本，增强企业核心竞争力，提高企业经济效益，已经成为成本会计工作的重要内容。

3. 成本核算的基础工作

成本核算涉及面广、内容复杂、工作量大，企业必须搞好成本核算的基础工作，以保证成本核算的正确性。

1) 科学地制定各种消耗定额，加强定额管理

企业应对原材料、燃料、动力及工时制定合理的定额，为编制成本计划、加强成本核算和分析提供重要的依据，促使各部门有效地使用人力、物力和财力等资源。各种定额制定以后，要经常分析定额的执行情况，同时，要根据企业设备条件和技术水平的变化情况，及时对现有各项定额进行合理的修订，使之具有先进性和可行性，充分发挥定额的作用。

2) 建立和健全原始记录

原始记录是对企业生产经营活动的具体事项做的最初的记载，是编制成本计划、进行成本核算、分析消耗定额和成本计划完成情况的依据。为此，企业应该制定既符合各方面管理需要又符合成本核算要求的简便易行的原始记录制度。企业应做好原始记录的登记、传递、审核和保管工作，以便正确、及时地为成本核算和其他有关方面提供所需原始资料。

3) 严格财产物资的计量验收工作

为了进行成本管理和成本核算，企业在生产经营活动过程中发生的原材料的收发、领退，在产品、半成品的内部转移及产成品入库等，必须经过严格的计量、验收，办理必要的凭证交接手续。为此，企业的计量器具应配备齐全，并定期维护与调试，以保证成本核算的真实性。

4) 选择适当的成本计算方法

在不同的成本计算制度下，有不同的成本计算方法。生产工艺的不同特点和要求及不同的生产组织方式，对产品成本的计算有着不同的要求。企业必须根据生产类型和成本管理要求选择适合本企业特点的方法。在实际成本计算制度即制造成本法下，有品种法、分批法、分步法等方法。

任务二　理解成本核算的基本要求和核算程序

一、任务描述

小李创办的服装加工厂运营后，对发生的材料费用、工资费用及各项支出的分类不是非

常清晰，特别是缺乏根据企业生产特点和管理要求选择合理的成本计算方法的了解，那么小李应了解哪些成本核算的专业知识？

二、任务分析

正确核算企业的生产成本，可以加强企业的经营管理，控制和降低成本，增强企业的竞争能力，提高企业经济效益，帮助企业作出正确的经营决策。因此，要正确核算产品成本，必须遵循成本核算的基本要求，按成本核算的基本流程进行核算。

三、知识链接

（一）成本核算的基本要求

1. 正确划分各种支出的界限

《企业会计准则——基本准则》要求，企业应当按照交易或者事项的经济实质进行会计确认、计量和报告。企业生产经营活动中，企业的经济活动是多方面的，除了生产经营活动以外，还有其他方面的经济活动发生多种性质的支出。

例如：企业购建固定资产、无形资产和对外进行投资，这些经济活动不是企业的日常生产经营活动，而都属于资本性支出，应计入有关资产的价值，并分别计入固定资产、无形资产的价值和对外投资成本，不能计入费用成本；企业发生的非流动资产处置损失、非货币性资产交换损失、债务重组损失、非常损失、盘亏损失、公益性捐赠支出等，都与企业正常生产经营活动没有直接关系，不属于企业的日常生产经营活动而发生的，不应计入生产经营性支出，而应计入营业外支出；企业支付职工福利费、缴纳社会保险和住房公积金等，只能列入"应付职工薪酬"，而不能计入费用成本；此外，国家有关法律和规章规定不得列入成本费用的其他支出等，企业都不能擅自列入费用成本，必须严格遵守成本开支范围。

由此可见，在企业生产经营活动中，除了发生与正常生产经营活动有关的生产经营性支出外，还有资本性支出、福利性支出、营业外支出等与生产经营活动无关的各种非生产经营性支出。为了正确计算产品成本和期间费用，企业必须严格按照国家有关法律和规章制度规定的成本开支范围，正确划分应计入产品成本和期间费用的生产经营性支出与不应计入产品成本和期间费用的非生产经营性支出的界限。正确划分各种支出的界限，即严格费用成本的开支范围。

2. 正确划分各期费用成本的界限

《企业会计准则——基本准则》要求，企业实现的收入和发生的费用应当以权责发生制为基础进行会计确认、计量和报告，企业应当划分会计期间，分期结算账目和编制财务会计报告。

对于可以计入费用成本的生产经营性支出，企业应当根据权责发生制原则，正确划分各期费用成本的界限。按照权责发生制原则，凡是本期已经发生的费用成本，不论其款项是否已经付出，都应作为本期费用成本入账；凡是不属于本期费用成本的支出，即使款项已经在本期付出，也不应作为本期的费用成本入账。正确划分各期费用成本的界限，是合理确定各期产品成本和期间费用，正确计算各期损益的需要。

为了按期结算费用，计算本期产品成本和期间费用，企业对于本期已经支出、应由本期和以后各期负担的费用，作为待摊费用，分期摊销计入有关费用成本。企业发生的不能全部计入当年损益，应当在以后年度内分期摊销的租入固定资产改良支出、固定资产修理支出及摊销期限在1年以上的其他待摊费用，应当记作长期待摊费用，在受益期间内平均摊销。

严格掌握长期待摊费用的摊销，对于正确计算各期产品成本和如实反映各期期间费用有重要意义，要注意防止利用长期待摊费用项目，借以调解费用成本和当期损益的错误做法。

3. 正确划分生产成本和期间费用的界限

生产经营中发生的应计入产品成本的费用和期间费用之间必须划清界限。其中，直接材料费用、直接人工费用、制造费用等为生产产品而发生的费用，应该计入产品生产成本，随着产品的陆续销售，其销售成本才能得以补偿。销售费用、管理费用和财务费用是与一定期间相联系的，应直接计入当期损益，通过收入一次性全部得到补偿。

4. 正确划分各种产品的费用界限

为了分析和考核各种产品成本计划或成本定额的执行情况，应该分别计算各种产品的成本。为此，应将计入本月产品成本的生产费用在各种产品之间进行划分。属于某种产品单独发生，能够直接计入该产品成本的生产费用，应该直接计入该种产品成本；属于几种产品共同发生，不能直接计入某种产品成本的生产费用，则应采用合理的分配方法，分配计入这几种产品的成本。

5. 正确划分完工产品和在产品的费用界限

通过前面四项费用界限的划分，我们可以确定各种产品本月应负担的生产费用。月末，对于既有完工产品，又有在产品的某种产品，就需要采用适当的分配方法，将产品应负担的费用在完工产品和在产品之间进行分配，分别计算出完工产品应负担的费用和在产品应负担的费用。为了划清这一费用界限，首先要正确计算完工产品与在产品的数量，其次在数量计算的基础上进行费用的分配，要防止人为调节当月完工产品成本的错误做法。

能否正确划分上述几个方面的费用界限，是成本、费用核算正确与否的关键，也是检查和评价成本、费用核算工作是否正确、合理的重要标准。实际上，成本、费用核算的过程，也就是正确划分这几个方面费用界限的过程。

（二）成本核算应设置的主要账户

为了正确核算产品成本和期间费用，企业一般应设置"生产成本"、"制造费用"、"长期待摊费用"、"销售费用"、"管理费用"、"财务费用"等账户及必要的明细账。单独核算废品损失、停工损失的企业，还可以增设"废品损失"、"停工损失"账户，用来归集企业发生的废品损失和停工损失，然后将这些损失合理地摊入产品成本。

1. "生产成本"账户

为了核算企业进行产品生产所发生的各种生产费用，正确计算产品成本，企业应设置

"生产成本"账户,该账户的借方登记企业为进行产品生产而发生的直接材料、直接人工、制造费用等各种费用项目;贷方登记完工入库的完工产品成本;余额在借方,表示月末尚未完工的在产品成本。

"生产成本"账户应当设置"基本生产成本"、"辅助生产成本"两个二级账户,分别核算基本生产成本和辅助生产成本。

"基本生产成本"账户是为了归集进行基本生产所发生的各种生产费用和计算基本生产产品成本而设立的。基本生产所发生的各项费用,记入该账户的借方;完工入库的产品成本,记入该账户的贷方;该账户的余额,就是基本生产在产品的成本。该账户核算产品生产过程中所发生的直接材料、直接人工及分配转入的制造费用、辅助生产成本等,期末,应将该账户按一定的方法在各产成品与在产品之间进行分配。

该账户应按产品品种、产品批别、产品生产步骤等成本核算对象分设基本生产成本明细账,也称产品成本计算单,按成本项目分设专栏或专行,登记各种产品、项目的月初在产品、本月发生的生产费用、本月完工产品成本和月末在产品成本。其一般格式如表1-1所示。

表1-1 产品成本明细账

(成本计算单)

产品名称:A产品　　　　　　　　2010年2月　　　　　　　　　　　　单位:元

月	日	摘　要	直接材料	燃料及动力	直接人工	制造费用	合　计
1	31	月初在产品成本	4 000	2 000	3 000	2 000	11 000
2	28	本月生产费用	5 000	3 000	5 000	2 000	15 000
2	28	生产费用合计	9 000	5 000	8 000	4 000	26 000
2	28	完工产品成本	6 000	3 000	7 000	3 000	19 000
2	28	月末在产品成本	3 000	2 000	1 000	1 000	7 000

"辅助生产成本"账户是用以核算辅助生产车间为基本生产车间、企业管理部门和其他辅助生产车间生产产品或提供劳务所发生的生产费用,计算辅助生产或劳务成本的账户。例如工具、模具、修理用备件等产品的生产和修理,运输等劳务的供应,就应在该账户进行归集和分配。辅助生产车间在生产过程或提供劳务过程中所发生的各项费用,如直接材料、直接人工费用、负担的制造费用应记入"辅助生产成本"账户的借方;完工入库产品的成本或分配转出的劳务费用,应记入该账户的贷方;该账户的余额,就是辅助生产在产品的成本。

2."制造费用"账户

"制造费用"账户用来核算企业各生产单位(车间、分厂)为组织和管理生产活动而发生的各项费用,包括生产车间管理人员工资、福利费、折旧费、办公费、水电费、机物料消耗、劳动保护费、设计制图费、试验检验费、季节性和大修理期间的停工损失等。

企业发生的各项制造费用,记入该账户借方;月终分配制造费用时,记入该账户贷方;

除季节性生产企业外，该账户一般月末无余额。

3."长期待摊费用"账户

为了正确划分各项费用的界限，企业应当设置"长期待摊费用"等账户，用于核算企业已经发生但应由本期和以后各期产品成本负担的、摊销期在一年以上的各项费用，如预付租金、固定资产修理费、以经营租赁方式租入固定资产发生的改良支出等。

企业所发生的各项长期待摊费用，记入该账户借方；摊销本期产品成本应负担的长期待摊费用，记入该账户贷方；本账户期末余额在借方，表示尚未摊销完的长期待摊费用数额。

4."废品损失"账户

凡是内部成本管理上要求单独反映和控制废品损失的企业，会计上可以设置专门的"废品损失"账户。该账户用于核算生产单位生产的各种废品带来的经济损失，包括可修复废品损失和不可修复废品的净损失。

该账户的借方归集不可修复废品成本和可修复废品的修复费用，贷方反映废品残值、赔偿款及记入合格品成本的净损失，期末一般无余额。"废品损失"明细账户应按生产车间分产品设置，按废品损失构成进行反映。为了简化核算工作，通常辅助生产车间不单独核算废品损失。

5."停工损失"账户

凡是需要单独核算"停工损失"的企业，可以设置"停工损失"账户。该账户用于核算企业生产车间用于由于计划减产或者由于停电、待料、机器设备发生故障等而停止生产所造成的损失。

该账户借方记录停工期间应付的工资和福利费、维护保养设备消耗的材料费用、应负担的制造费用等，贷方反映分配结转的停工损失，期末一般无余额。如果跨月停工，则可能出现借方余额。"停工损失"明细账户应按车间设置。

6."销售费用"账户

"销售费用"账户核算企业在销售产品、自制半成品和工业性劳务过程中发生的费用，以及专设销售机构所发生的各项费用。发生销售费用时，借记本账户，贷记"银行存款"、"应付职工薪酬"等账户。期末应将本账户的发生额转入"本年利润"账户，结转后该账户无余额。

7."管理费用"账户

"管理费用"账户是核算行政管理部门为组织和管理生产经营活动而发生的各项费用。企业发生的各项管理费用，借记本账户，贷记"银行存款"、"无形资产"、"应付职工薪酬"等账户。期末应将本账户的发生额转入"本年利润"账户，结转后该账户无余额。

8."财务费用"账户

"财务费用"账户核算企业进行筹集资金等理财活动而发生的各项费用，如利息支出、金融机构手续费等。企业发生的财务费用，借记本账户，贷记"应付利息"、"银行存款"等账户。发生的应冲减财务费用的利息收入，借记"银行存款"账户，贷记本账户。期末应将本账户的发生额转入"本年利润"账户，结转后该账户无余额。

（三）成本核算的一般工作过程

成本核算的工作过程就是将生产过程中发生的原材料、燃料和动力、职工薪酬、折旧等费用，按照成本核算的要求，通过一系列的归集和分配，汇总到产品成本中去；月末将归集的生产费用在完工产品和在产品之间进行分配，确定完工产品和在产品成本；最后，编制成本报表并进行报表分析。其过程如下：

1. 熟悉企业生产工艺和过程

计算产品成本有各种不同的方法，这些方法的产生和运用，在很大程度上取决于企业生产工艺和管理的要求。不同行业的企业其生产特点千差万别，采用的成本计算方法不同。所以，为了正确计算产品成本，满足成本管理的要求，就有必要了解和熟悉企业生产工艺和过程。

2. 生产费用在各个成本计算对象之间进行归集和分配

成本计算对象是指企业承担费用的对象。对于本期发生的应计入产品成本的费用应在各个成本计算对象之间进行归集和分配，计算出各个成本计算对象本期发生的生产费用。生产费用在各个成本计算对象之间进行归集和分配，实际上就是要正确划分各个产品成本的界限，以正确确定本期应计入各个产品（各个成本计算对象）成本的费用。

3. 生产费用在完工产品和月末在产品之间进行分配

对各成本计算对象所承担的生产费用。如果当月产品全部完工，所归集的全部生产费用即为完工产品成本；如果全部未完工，则全部为月末在产品成本；如果当月既有完工产品又有月末在产品，则需分别按成本项目在完工产品和在产品之间分配，计算出按成本项目反映的完工产品成本和月末在产品成本。

4. 完工产品成本的结转

期末，应将本期完工产品成本作为产成品成本结转入库，形成企业库存商品的价值。

5. 成本报表的编制与分析

企业运用各种产品成本计算方法对产品成本进行核算后，还要将核算的结果定期编制成本报表，向相应的管理者报送，同时，还需要对各种成本资料进行分析，总结产品成本管理中的经验，发现其存在的问题和不足，提出改进的意见和建议，并以书面报告的形式提供给企业管理部门，以便决策者及时了解企业产品成本的构成及成本水平，利用成本数据进行各种预测和决策，达到加强产品成本管理的目的。

（四）成本核算的账务处理程序

综合成本核算的基本工作过程和成本核算的主要会计账户，下面以图1-1列示成本核算账务处理的基本程序。通过这一图示，可以对成本核算的账务处理程序有一个概括的了解，也可以从账务处理的角度进一步理解成本核算的基本程序。

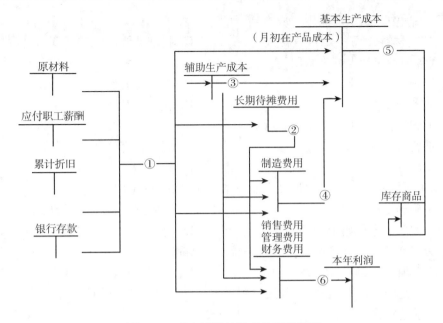

图 1-1 成本核算的账务处理程序图

注：①各要素费用的分配；②长期待摊费用的分配；③辅助生产费用的分配；④制造费用的分配；⑤结转完工产品成本；⑥结转各项期间费用

（一）单项选择题

1. 成本会计最基础的职能是（　　）。
   A. 成本分析　　　　B. 成本核算　　　　C. 成本控制　　　　D. 成本决策
2. 企业用于筹集生产经营资金而发生的费用，称为（　　）。
   A. 生产费用　　　　B. 财务费用　　　　C. 销售费用　　　　D. 制造费用
3. 企业为生产产品而耗用的原料费用是（　　）。
   A. 直接生产费用　　　　　　　　　　B. 间接生产费用
   C. 直接计入费用　　　　　　　　　　D. 间接计入费用
4. 下列各项中，不计入产品成本的费用是（　　）。
   A. 直接材料费用　　　　　　　　　　B. 辅助车间管理人员工资
   C. 车间厂房折旧费　　　　　　　　　D. 厂部办公楼折旧费
5. 下列项目中，不属于成本核算内容的有（　　）。
   A. 废品损失　　　　B. 燃料及动力　　　C. 制造费用　　　　D. 管理费用

6. 下列各项中，属于产品生产成本项目的是（　　）。
   A. 外购材料　　　　B. 直接人工　　　　C. 折旧费　　　　D. 利息费用
7. 下列各项不应计入管理费用的是（　　）。
   A. 管理人员工资　　　　　　　　B. 技术研究费用
   C. 业务招待费　　　　　　　　　D. 银行借款利息
8. 下列各项应计入销售费用的是（　　）。
   A. 销售人员的工资　　　　　　　B. 职工教育经费
   C. 车间办公费　　　　　　　　　D. 折旧费
9. 制造业为了正确、及时地计算产品成本，应做好的基础工作是（　　）。
   A. 正确确定成本计算对象　　　　B. 正确划分各种费用的界限
   C. 建立和健全原始记录　　　　　D. 做好各种费用的分配工作
10. 下列各项不能列入产品成本，也不能列入期间费用的是（　　）。
    A. 车间设备维修领用材料　　　　B. 厂部维修领用材料
    C. 辅助生产车间设备维修领用材料　　D. 建造厂房领用材料

（二）多项选择题

1. 制造业进行成本核算时可以设置的成本项目有（　　）。
   A. 制造费用　　　　　　　　　　B. 直接材料
   C. 燃料及动力　　　　　　　　　D. 辅助生产费用
2. 按照生产特点的管理要求，工业企业一般可以设立的成本项目是（　　）。
   A. 直接材料　　　B. 燃料和动力　　　C. 直接人工　　　D. 制造费用
3. 以下费用要素中，属于物质消耗的是（　　）。
   A. 外购材料　　　B. 折旧费　　　　　C. 工资　　　　　D. 外购动力
4. 下列各项中，应计入产品成本的费用有（　　）。
   A. 专设销售机构人员的工资　　　B. 车间管理人员的工资
   C. 车间生产工人的工资　　　　　D. 企业管理部门人员的工资
5. 属于间接生产费用的有（　　）。
   A. 管理费用　　　　　　　　　　B. 财务费用
   C. 车间机物料消耗　　　　　　　D. 分厂管理人员工资

（三）判断题

1. 工业企业成本核算的内容就是产品生产成本即产品成本的核算。（　　）
2. 所谓间接费用就是直接计入当期损益的费用。（　　）
3. 工业企业的期间费用按照经济内容可以分为营业费用、管理费用和财务费用。（　　）
4. 进行产品成本核算，必须划分完工产品成本与月末在产品的费用界限。（　　）
5. 凡是直接计入费用都应设置专门的成本项目。（　　）
6. 生产车间当月领用的原材料，都应计入当月的产品成本之中。（　　）

7. "生产成本——基本生产成本"账户是为了进行归集基本生产所发生的各种生产费用和计算基本生产产品成本而设立的。（   ）

8. 企业某个会计期间实际发生的费用总和，不一定等于该会计期间产品的总成本。（   ）

9. 期间费用不计入产品成本，但它是成本会计的核算对象。（   ）

10. 实际工作中，不形成产品价值的废品损失不应计入产品的成本。（   ）

（四）技能训练

目的：训练学生掌握区分产品成本和期间费用的能力。

资料：某企业基本生产车间生产甲、乙、丙等产品，在 2009 年 10 月发生的部分经济业务内容如下：

（1）为生产产品从仓库领用材料 180 000 元；

（2）为生产产品支付工资薪酬 150 000 元；

（3）生产设备和生产用房屋计提折旧费用 80 000 元，行政管理部门办公设备和办公用房屋计提折旧费用 30 000 元；

（4）以银行存款支付劳动保护费 5 000 元；

（5）以银行存款 500 000 元支付购买新的生产设备；

（6）车间消耗材料 3 000 元；

（7）支付财产保险费 8 000 元，其中生产车间保险费 5 000 元、行政管理部门保险费 3 000 元；

（8）向投资者分配利润 30 000 元；

（9）以现金支付办公费、水电费及其他支出等共计 4 000 元；

（10）以银行存款支付广告费 50 000 元；

（11）支付本季度利息 600 元；

（12）以银行存款支付车间固定资产修理费 3 000 元；

（13）向长期合作单位捐赠现金 40 000 元。

要求：根据成本开支范围，分析哪些支出应计入产品成本，哪些支出应计入期间费用，并简要说明原因。

项目二

各项要素的归集和分配

> **知识目标**
> - 理解各要素费用不同分配方法的优缺点和适用范围
> - 掌握各要素费用分配表的编制方法
> - 掌握各要素分配结果的账务处理方法
>
> **技能目标**
> - 能够熟练使用不同分配方法进行各要素费用的归集与分配
> - 会编制各要素费用的分配表
> - 能根据分配表进行相关账务处理

任务一　材料费用的归集和分配

一、任务描述

天华有限公司是一家机械设备生产企业,设有一个基本生产车间(一车间)生产A、B两种产品,采用"品种法"核算产品成本。生产成本明细账设置三个成本项目(直接材料、直接人工和制造费用),所有账户无期初余额。设有机修车间与锅炉车间两个辅助生产车间,分别为基本生产车间和其他部门提供修理劳务和蒸汽。基本生产车间发生的制造费用通过"制造费用"账户核算,辅助生产车间发生的制造费用直接记入辅助生产成本。

2009年1月A、B产品投产产量分别为1 000件、2 000件,A、B产品的甲材料单位消耗定量为5千克、2千克。假定所有材料在领用时一次性消耗。月末根据领料单编制"材料消耗汇总表"如表2-1所示。

表 2-1 天华有限公司材料消耗汇总表

附领料单：略

2009 年 1 月　　　　　　　　　　　　单位：元

材料类别	品　名	发出数量	单位成本	金　额	用　途
原材料	甲材料	9 000 千克	10	90 000	A、B 产品耗用
原材料	乙材料	4 500 千克	12	54 000	B 产品领用
原材料	丙材料	2 000 千克	60	120 000	A 产品领用
原材料	丙材料	150 千克	60	9 000	公司办公室领用
燃料	煤	22 吨	400	8 800	锅炉车间领用
辅助材料	10 材料	80 千克	25	2 000	机修车间领用
辅助材料	11 材料	500 千克	13	6 500	机修车间领用
修理备件	H 配件	15 只	30	450	一车间修理领用
修理备件	F 配件	10 只	72	720	一车间修理领用
合　计				291 470	

公司会计月末要对该公司 2009 年 1 月消耗的所有材料费用进行分配。

二、任务分析

材料费用是指企业在生产过程中消耗材料所发生的费用，应按领料单标明的领用部门和用途进行汇总编制材料消耗汇总表，按照谁受益谁负担的原则，分别计入各受益对象。对于生产领域中发生的材料费用，车间一般消耗的要计入"制造费用"账户"机物料消耗"等费用项目中，而生产产品耗用的材料费用，要区别情况：如果是一种产品直接耗用的材料费用就直接计入该产品的基本生产成本明细账的"直接材料"成本项目当中，如果是几种产品共同耗用的材料费用，要采用适当的方法进行分配以后再计入各产品的基本生产成本明细账的"直接材料"成本项目。

该任务所给定的材料消耗汇总表中：除甲材料的 90 000 元是 A 和 B 两种产品共同耗用外，其他材料都有明确的受益对象，可以直接计入受益对象的相应账户中。所以对于甲材料的 90 000 元需要采用一定的方法在 A、B 产品之间分配，而任务描述中已知 A、B 产品投产产量和两种产品的甲材料单位消耗定量，所以可以采用原材料定额耗用量分配法进行分配。

三、知识链接

企业的材料包括原材料、辅助材料、修理用备件、外购半成品、燃料、低值易耗品和包装物等。企业的各种材料,可以通过采购、接受投资、接受捐赠、进行债务重组、进行非货币性资产交换等方式取得。企业从事产品生产或其他原因消耗材料需要从材料仓库领用材料。不同部门或目的领用的材料费用要计入相对应的成本费用账户中:企业管理部门消耗的各种材料费用要计入"管理费用"账户,销售部门为组织产品销售而领用的材料费用要计入"销售费用"账户,车间组织和管理生产而领用的材料及车间机物料消耗的材料费用要计入不同车间"制造费用"账户。

辅助生产车间生产产品发生的材料费用计入"生产成本——辅助生产成本"账户,基本生产车间发生的直接归属于某种产品的材料费用计入"生产成本——基本生产成本"账户,几种产品共同消耗的材料费用按某种方法分配计入各产品的"生产成本——基本生产成本"账户。生产产品发生的材料费用通常列入生产成本账户的"直接材料"成本项目。

有关材料的收发及计价的内容在相关《财务会计》课程当中已经学习,这里不再阐述。这里只就几种产品共同耗用的材料费用的分配与核算详细讲解。

(一) 材料领用过程中相关原始凭证

由于企业在生产过程中领用的材料品种、规格、数量很多,为明确各单位的经济责任,在领用材料时,应由专人负责,并经有关人员签字审核后,办理相关必要的手续。具体,领料过程中涉及的原始凭证主要有以下几种。

1. 领料单

领料单是一种一次性使用的领料凭证,可以一单一料,也可以一单多料。该单据一般一式三联:第一联为存根联,留仓库作为记材料台账依据;第二联为记账联,留会计部门作为会计核算依据;第三联为备查联,留领料部门备查。领料单具体格式如表2-2所示。

表2-2 领料单

领料部门:　　　　　　　　　　　　　　　　　　　　发料仓库:
用途:　　　　　　　　　　　　年　月　日

材料名称	规格	计量单位	请领数量	实发数量	单价	金额

接受部门签字	主管	收料员	发料部门签字	主管	发料员	备注

2. 限额领料单

限额领料单是一种多次使用的累计领料凭证,在一定时限内只要领料数不超过限额,就可以连续使用。该单据适用于经常领用且适宜确定领料限额的材料发出业务。该单据一般格式如表2-3所示。

表 2-3　限额领料单

领料部门：　　　　　　　　　　　　　　　　　　　　　　　发料仓库：
用　途：　　　　　　　　　　　　　　　　　　　　　　　　规　格：

领料日期	材料名称	计量单位	请领数量	实发数量	单　价	金　额	限额结余数量

接受部门签字	主管	收料员	发料部门签字	主管	发料员	备　注：

3. 退料单

采用上述各种领料凭证领用的各种材料，月末未用完而且下月不再使用，或其他原因不能使用，应办理退料手续，将材料退回仓库，该单据一般格式如表 2-4 所示。

表 2-4　退料单

退料部门：
原领料批号：　　　　　　　　　　　年　月　日

退料名称	退料数量	实收数量	退料原因				
			多领退回	省料退回	不适用	品质差	其他

收料人：　　　　　　　　　　　主管　　　　　　　　　　　退料人：

（二）原材料费用的分配与核算

原材料费用的分配与核算要解决的问题，是如何将发生的原材料费用计入各个受益对象的成本费用之中；生产过程中发生的直接归属于某种产品的材料费用直接计入"生产成本——基本生产成本"账户；几种产品共同消耗的材料费用按某种方法分配计入各产品的"生产成本——基本生产成本"账户，具体分配程序及方法如下。

1. 分配程序

原材料费用的分配程序是指对发生的原材料费用分配计入各个受益对象的会计处理顺序。通常包括：确定被分配的原材料费用数额；确定各个原材料费用受益对象的分配标准；计算原材料费用的分配率；计算每一受益对象应负担的原材料费用；编制材料费用分配表；根据分配结果进行账务处理。

在原材料费用分配程序中，被分配的原材料费用是本期消耗原材料的实际成本。即在采用实际成本计价下，运用先进先出法、加权平均法、个别计价法等方法确认的材料消耗价值。在计划成本计价下，是将计划成本调整为实际成本后的材料消耗价值。各个原材料费用受益对象的分配标准是用于分配材料费用时有效的分配依据，如各种产品的实际材料消耗量、定额材料消耗量等。

2. 分配方法

在多种产品共同消耗原材料的情况下，必须按一定的分配标准分配原材料费用。由于选择的分配标准不同，从而产生了原材料定额耗用量分配法、原材料定额费用分配法和原材料实际耗用量分配法等原材料费用分配方法。

1) 原材料定额耗用量分配法

原材料定额耗用量是指企业生产一定数量的产品按事先核定的单位产品消耗定量计算确定的原材料理论耗用数量。原材料定额耗用量分配法是指以各个材料费用受益产品的原材料定额耗用量为分配标准，以单位材料定额耗用量应负担的原材料费用为分配率，据以分配原材料费用的方法。适用于原材料消耗比较单一，单位产品消耗定量比较准确的产品。

采用原材料定额耗用量分配法分配原材料费用时，涉及的计算公式如下。

$$受益产品定额耗用量 = 受益产品产量 \times 单位产品消耗定量$$

$$原材料费用分配率 = \frac{被分配的原材料费用}{各受益产品消耗定量之和}$$

$$某受益产品应负担原材料费用 = 该受益产品定额耗用量 \times 原材料费用分配率$$

2) 原材料定额费用分配法

原材料定额费用是指企业生产一定数量的产品按事先核定的单位产品定额费用计算确定的理论原材料费用。原材料定额费用分配法是指以各个材料费用受益产品的原材料定额费用为分配标准，以实际消耗的原材料费用占各受益产品定额费用之和的比例为分配率，据以分配原材料费用的方法。适用于产品生产过程中消耗的原材料品种较多，不宜按品种确定原材料消耗定量，但有比较合理的材料费用消耗定额的产品。

采用原材料定额费用分配法分配原材料费用时，涉及的计算公式如下。

$$受益产品定额费用 = 受益产品产量 \times 单位产品定额费用$$

$$原材料费用分配率 = \frac{被分配的原材料费用}{各受益产品定额费用之和}$$

$$某受益产品应负担材料费用 = 该受益产品定额费用 \times 定额费用分配率$$

【例 2-1】长江公司生产 A、B 两种产品，因消耗的原材料品种较多，分别核定 A、B 产品单位材料消耗定额费用为 180 元和 150 元，本月 A、B 两种产品共同消耗各种原材料的实际成本为 334 650 元，本月 A、B 产品完工 1 000 件、1 100 件，月初月末无在产品。要求：确定 A、B 两种产品应负担的材料费用。

$$A 产品定额费用 = 1\ 000 \times 180 = 180\ 000（元）$$

$$B 产品定额费用 = 1\ 100 \times 150 = 165\ 000（元）$$

$$原材料费用分配 = \frac{334\ 650}{180\ 000 + 165\ 000} = 0.97$$

A产品应负担的材料费用＝18 000×0.97＝174 600（元）
B产品应负担的材料费用＝165 000×0.97＝160 050（元）
　　　　　　　　　　　　　　　　　　　　334 650元

分配表及会计处理参照"任务实施"。

3）原材料实际耗用量分配法

原材料实际耗用量是指企业在生产产品过程中所记录的各种产品的原材料消耗数量。原材料实际耗用量分配法是以各种产品的原材料实际耗用量为分配标准，以实际发生的原材料费用占各受益产品原材料实际耗用量之和计算的比例为分配率，据以分配原材料费用的方法。适用于能分清原材料消耗对象，并有健全的原材料消耗记录的产品。

采用原材料实际耗用量分配法分配原材料费用时，涉及的计算公式如下。

$$原材料费用分配率 = \frac{被分配的原材料费用}{各受益产品材料实际消耗量之和}$$

某受益产品应负担原材料费用＝该受益产品材料实际耗用量×原材料费用分配率

【例2-2】甲公司生产A、B两种产品，本月共消耗丙材料50 000千克，单位成本10元，根据原材料消耗记录，A、B产品消耗该种材料的数量分别为24 000千克和23 000千克，要求：确定两种产品应负担的材料费用。

A、B产品共消耗丙材料费用＝50 000×10＝500 000（元）

$$丙材料费用分配率 = \frac{500\ 000}{23\ 000 + 24\ 000} = 10.638\ 3$$

A产品应负担丙材料费用＝24 000×10.638 3＝255 319.2（元）
B产品应负担丙材料费用＝500 000－255 319.2＝244 680.8（元）

分配表及会计处理参照"任务实施"。

上述的原材料费用分配方法，在实际操作中可以作不同的变换。如"原材料定额耗用量分配法"可以作如下变换。

受益产品定额耗用量＝受益产品产量×单位产品消耗定量

$$某受益产品定额耗用量分配比例 = \frac{该受益产品定额耗用量}{各受益产品消耗量之和}$$

某受益产品应负担原材料费用＝被分配原材料费用×该受益产品定额耗用量分配比例

不论如何变换，其原材料费用分配的结果应当一致。

（三）燃料费用的分配与核算

燃料费用的分配与核算，与原材料费用的分配与核算基本相同。企业对发生的燃料费用是否需要单独进行分配与核算，取决于企业燃料费用额的大小和企业对燃料费用进行管理的要求。通常情况下，燃料费用可以并入原材料费用统一核算，对发生的燃料费用连同原材料费用经分配后一并计入有关的成本费用项目即可。如果燃料费用发生额较大，企业需要对其加强管理，可以单设"燃料"账户对燃料进行核算，对发生的燃料费用也可以与动力费用一起，在基本生产成本明细账中单设"燃料及动力"成本项目予以反映。

在单设"燃料"账户进行核算时，对领用燃料而发生的燃料费用，比照原材料费用的分配方法进行处理：能分清受益对象的燃料费用可以直接记入有关受益对象的成本费用项目，不能分清受益对象的燃料费用按一定的分配标准分配后记入有关受益对象的成本费用项目。

（四）包装物费用的分配与核算

企业在生产经营过程中使用包装产品的包装物品形成包装物费用。根据包装物品领用的发生环节及价值确认方式的不同，包装物费用的分配与核算亦有所不同：在生产过程中领用的包装物，作为产品成本的构成部分直接记入"生产成本——基本生产成本"账户的"直接材料"成本项目。随同产品出售不单独计价的包装物，应于包装物发出时，按其实际成本计入"销售费用"账户；随同产品出售而单独计价的包装物，取得的销售收入作为企业的"其他业务收入"，结转的包装物成本作为"其他业务成本"处理。包装物的核算方法，在相关财务会计课程中已作详细讲述。

（五）低值易耗品费用的分配与核算

低值易耗品费用是低值易耗品在使用过程中磨损的价值。由于低值易耗品的价值较低且容易磨损，使用期相对较短，因此对低值易耗品费用可以按规定的摊销方法进行分配与核算。现行的低值易耗品摊销方法有两种：一次转销法和五五摊销法。企业根据各种低值易耗品的实际情况，确定适用的摊销方法。采用一次转销法的，领用时应按其账面价值，借记"管理费用"、"生产成本"、"销售费用"、"工程施工"等科目，贷记"低值易耗品"，周转材料报废时，应按报废周转材料的残料价值，借记"原材料"等科目，贷记"管理费用"、"生产成本"、"销售费用"、"工程施工"等科目。采用五五摊销法的，领用时应按其账面价值，借记"低值易耗品"（在用），贷记"低值易耗品"（在库）；摊销时应按摊销额，借记"管理费用"、"生产成本"、"销售费用"、"工程施工"等科目，贷记"低值易耗品"（摊销）。周转材料报废时应补提摊销额，借记"管理费用"、"生产成本"、"销售费用"、"工程施工"等科目，贷记"低值易耗品"（摊销）；同时，按报废周转材料的残料价值，借记"原材料"等科目，贷记"管理费用"、"生产成本"、"销售费用"、"工程施工"等科目；并转销全部已提摊销额，借记"低值易耗品"（摊销），贷记"低值易耗品"（在用）。

当期发生的低值易耗品费用，按低值易耗品的用途确定成本费用的项目。为生产产品而直接耗用的，计入"生产成本——基本生产成本"账户的"直接材料"成本项目；属于辅助生产车间耗用的，计入"生产成本——辅助生产成本"账户的"直接材料"成本项目；属于车间管理部门耗用的，先计入"制造费用"账户，再分配计入有关产品的成本。

四、任务实施

材料消耗汇总表中：除甲材料的 90 000 元是 A 和 B 两种产品共同耗用，其他材料都有明确的受益对象，可以直接计入相应受益对象的账户中，比如乙材料的 54 000 元直接计入"生产成本——基本生产成本——B 产品"，煤 8 800 元直接计入"生产成本——辅助生产成本——锅炉车间"，H 配件 450 元直接计入"制造费用——车间"账户等。

对于甲材料的 90 000 元需要采用原材料定额耗用量分配法在 A、B 产品之间分配，其中 A、B 产品投产产量分别为 1 000 千克、2 000 千克，两种产品的甲材料单位消耗定量分别为 5 千克、2 千克，所以计算过程如下。

A 产品甲材料定额耗用量＝1 000×5＝5 000（千克）

B 产品甲材料定额耗用量＝2 000×2＝4 000（千克）

$$材料费用的分配率＝\frac{90\ 000}{5\ 000＋4\ 000}＝10$$

A 产品消耗的材料费用＝5 000×10＝50 000（元）

B 产品消耗的材料费用＝4 000×10＝40 000（元）

90 000 元

依据材料消耗汇总表、上述计算及分析过程编制原材料费用分配表如表 2－5 所示。

表 2－5 原材料费用分配表

2009 年 1 月 单位：元

材料名称	分配对象	分配记录				
		单位定额	产　量	定额耗用量	分配率	分配金额
甲材料	A 产品	5	1 000	5 000		50 000
	B 产品	2	2 000	4 000		40 000
	小　计			9 000	10	90 000
乙材料	B 产品					54 000
丙材料	A 产品					120 000
丙材料	公司办公室					9 000
大同煤	锅炉车间					8 800
010 材料	机修车间					2 000
011 材料	机修车间					6 500
E 配件	一车间					450
F 配件	一车间					720
	合　计					291 470

依据原材料费用分配表填制记账凭证（记账凭证以会计分录代替）。

借：生产成本——基本生产成本——A 产品　　　　　　　　　170 000

　　　　　基本生产成本——B 产品　　　　　　　　　　　　94 000

		辅助生产成本——锅炉车间	8 800
		辅助生产成本——机修车间	8 500
		制造费用——一车间	1 170
		管理费用	9 000
		贷：原材料	291 470

依据记账凭证登记各相关明细账（账簿略）。

任务二　职工薪酬费用的归集和分配

一、任务描述

天华有限公司 2009 年 1 月"职工薪酬费用汇总表"如表 2-6 所示，本月 A、B 产品实际生产工时分别为 10 500 小时、6 000 小时。

表 2-6　职工薪酬费用汇总表

车间、部门	岗位人员	应付工资		应发合计	代扣款项	实发合计
		计时工资	奖　金			
一车间	生产人员	53 000	13 000	66 000	3 960	62 040
	管理人员	5 000	1 000	6 000	360	5 640
锅炉车间	生产人员	32 000	800	32 800	1 968	30 832
机修车间	机修人员	8 000	2 000	10 000	600	9 400
公司管理部门	管理人员	12 000	4 000	16 000	960	15 040
合　　计		110 000	20 800	130 800	7 848	122 952

注：按职工工资总额的 36% 计提企业负担部分社保费用

月末公司会计要根据"职工薪酬费用汇总表"分配本月发生的职工薪酬费用。

二、任务分析

职工薪酬费用是指企业为获得职工提供的服务而给予各种形式的报酬及其他相关支出。不同工作人员发生的薪酬费用应按服务性质不同计入相关成本费用账户的"直接人工"成本项目或"薪酬"费用项目，管理人员的薪酬费用计入"管理费用"账户；生产过程中发生的薪酬费用，首先，能直接确定受益对象的应按其发生的地点和工作性质进行归集后计入相关成本类账户，基本生产人员的薪酬费用计入"生产成本——基本生产成本"，辅助生产人员的薪酬费用计入"生产成本——辅助生产成本"，车间管理人员薪酬费用计入"制造费用"账户。其次，对于几种产品共同负担的生产人员工资，要采用适当的方法进行分配再计入基本生产成本账户。

本任务所给"职工薪酬费用汇总表"是在薪酬费用原始记录工资卡片、考勤记录、工作量记录等的基础上汇总出来的应发以及实发计时工资总额,并在此基础上按工资总额的36%计提企业负担社保费用(社保费用应按应发工资总额计提)。其中锅炉车间、机修车间、公司管理人员及一车间管理人员工资直接计入生产成本——辅助生产成本、管理费用、制造费用账户(辅助车间不区分生产人员与管理人员工资,因任务一已经给定"辅助生产车间发生的制造费用直接记入辅助生产成本");只有一车间生产人员工资需要采用一定方法分配计入"生产成本——基本生产成本"A、B产品成本中,又因任务给定A、B产品实际生产工时分别为10 500小时、6 000小时,所以采用生产工时比例法进行分配。具体步骤如下:根据工资汇总表确定需要进行分配的薪酬费用数额及分配标准数额;然后计算薪酬费用的分配率及计算每一受益对象应负担的薪酬费用;再次编制薪酬费用分配表,同时把社保等按工资总额计提费用按比例计提;最后根据分配结果进行账务处理。

三、知识链接

职工薪酬费用,是指企业为获得职工提供的服务而给予各种形式的报酬及其他相关支出。包括企业为职工在职期间和离职后提供的全部货币性薪酬和相关福利,具体包括各种工资、奖金、津贴、社会保险费、住房公积金、福利费、工会经费、职工教育经费、非货币性福利、辞退福利、股份支付等。其中,社会保险主要指养老保险、医疗保险、生育保险、工伤保险、失业保险。

企业发生的职工薪酬费用应按职工工作岗位和性质所计入相关成本费用,管理人员的薪酬费用计入"管理费用"账户,生产过程中发生的人工费用要分情况进行分析,辅助生产人员的薪酬费用计入"生产成本——辅助生产成本",车间管理人员薪酬费用计入"制造费用"账户,基本生产人员的薪酬费用计入"生产成本——基本生产成本",对于几种产品共同负担的生产人员工资,要采用适当的方法进行分配。生产人员的职工薪酬费用一般计入生产成本账户的"直接人工"成本项目。

(一)职工薪酬核算的原始记录

要正确核算企业发生的薪酬费用,要做好相关的基础工作记录,主要包括工资卡、考勤记录、产量记录等。

1. 工资卡

工资卡是反映企业职工就职、调动、职务变动、工资标准等的原始记录,它是计算工资费用的重要原始记录。

2. 考勤记录

考勤记录是反映出勤和缺勤情况的原始记录。它是计算职工工资的重要原始记录,同时也是分析、考核职工工作时间利用情况的重要依据。考勤记录一般可以采用考勤簿和考勤卡的形式。

考勤簿一般按车间、部门、班组设置,由考勤员根据职工出缺勤情况逐日登记。月末经审核后作为计算计时工资的依据。考勤卡按每个职工分别设置,由考勤员逐日登记或用自动考勤机考勤,其内容与考勤簿基本相似。

3. 产量记录

产量记录是反映工人或班组出勤时间内完成产量和耗用工时的原始记录。它是统计产量和工时、计算计件工资的原始记录。

产量记录的形式和内容在不同行业企业甚至同一企业的不同生产车间，由于工艺过程和生产组织的特点不同而不同。

1）工作通知单

工作通知单是对每个工人或班组按每道工序分配生产任务，并记录生产数量的一种原始记录。它适用于单件小批生产的企业。

2）工序进程单

工序进程单是按每批产品的整个工艺过程设置，用以分配生产任务，记录每道工序的产量、工时及各工序间加工零件的交接数量的一种原始记录。它通常适用于成批产品类型的企业。

3）工作班产量记录

工作班产量记录是按班组设置，反映一个班组生产产量数量和耗用工时的一种原始记录。它通常同"工序进程单"结合使用，以满足按班组统计产量、工时和计算薪酬费用的需要。

4. 工资单

工资单是按月编制的用于工资结算和支付工资的原始凭证。工资单应分别按车间、部门的每位职工设置，通常一式三份，一份按职工姓名裁成"工资条"发放给职工以便核对工资；一份是支付工资的原始凭证，交会计部门作为记账的原始凭证；另一份交劳资部作为劳动工资统计的依据。

5. 工资结算汇总表

工资结算汇总表是企业财会部门根据工资单汇总编制而成，用以总括反映企业的工资发放情况，并据以进行工资结算，该表一般格式如表2-7所示。

表2-7 工资结算汇总表

年　月　日　　　　　　　　　　　　　　　　　　　　　　　　　　单位：元

车间、部门	岗位人员	应付工资				应发合计	代扣款项				实发合计
		基本工资	岗位工资	补贴	津贴		房租	水电费	社保费	合计	
基本生产车间	生产人员										
	管理人员										
	小　　计										
辅助生产车间	生产人员										
	管理人员										
	小　　计										
行政管理部	管理人员										
合　　计											

(二) 职工薪酬的分配与核算

1. 计件工资的分配与核算

计件工资是按照工人生产的产品数量、产品质量和单位计件工资标准计算的劳动报酬。企业计算计件工资的依据是产量记录和单位计件工资标准。计算计件工资的产品数量包括合格品数量和生产中因材料质量问题形成的废品（料废品）数量，不包括在产品生产中因工人的过失而产生的废品（工废品）数量。计件工资的计算包括个人计件工资的计算和集体计件的计算。

1) 个人计件工资的计算

个人计件工资是按个人完成的产品数量和单位计件工资标准计算的工资。个人计件工资计算的公式如下。

$$个人计件工资 = \sum [(合格品数量 + 料废品数量) \times 单位计件工资]$$

【例 2-3】工人张强本月生产甲产品 500 件，其中，合格品 495 件，工废品 2 件，料废品 3 件。甲产品单位计件工资为 3 元，计算应付张强的计件工资如下。

$$应付计件工资 = (495 + 3) \times 3 = 1\ 494（元）$$

2) 集体计件工资的计算

对需要两人以上共同生产产品的计件工资，要采用集体计件工资的计算方法进行计算。集体计件工资的计算程序及相关公式如下：

① 计算集体计件工资，计算公式与个人计件工资计算公式相同；
② 计算集体计时工资总额，计时工资计算公式如前所述；
③ 计算计件工资分配率；

$$计件工资分配率 = \frac{集体计件工资}{集体计时工资总额}$$

④ 计算每人应得计件工资。

$$某人应得计件工资 = 该人计时工资 \times 计件工资分配率$$

【例 2-4】张红、李力、王江共同生产 A 零件 2 000 只，全部为合格品，生产 B 零件 1 200 只，其中合格品 1 175 只，料废品 15 只，工废品 10 只。核定的单位计件工资为 A 零件 0.8 元，B 零件 1.5 元，三人的计时工资经计算为张红 495 元，李力 588.5 元，王江 609 元，计算每人应得计件工资如下。

$$集体计件工资 = 2\ 000 \times 0.8 + (1\ 175 + 15) \times 1.5 = 3\ 385（元）$$
$$集体计时工资 = 495 + 588.5 + 609 = 1\ 692.5（元）$$
$$计件工资分配率 = 3\ 385 \div 1\ 692.5 = 2$$
$$张红应得计件工资 = 495 \times 2 = 990（元）$$

李力应得计件工资＝588.5×2＝1 177（元）

王江应得计件工资＝609×2＝1 218（元）

由于计件工资制只适用于产品生产工人的工资计算，因此，计件工资的分配只涉及基本生产车间生产工人的工资分配。无论是个人计件工资还是集体计件工资，都能够分清受益产品，可以将计件工资直接计入各该产品生产成本明细账的"直接人工"成本项目。对生产工人的奖金、补贴、津贴及特殊情况下支付的工资，比照计时工资分配方法进行分配后，再计入各产品的成本之中，借记"生产成本——基本生产成本"，贷记"应付职工薪酬"。

2. 计时工资的分配与核算

月份终了，根据工资标准、考勤记录等原始凭证，计算出企业全体职工的应付计时工资以后，应按职工工作岗位计入相关成本费用（前已述及）。对于几种产品共同负担的生产人员工资，要采用适当的方法进行分配，通常按产品的生产工时（可以是定额工时，也可以是实际工时）进行分配。一般以实际工时为标准分配的结果比较合理，可以将产品负担的工资费用与劳动生产率相联系。在同时生产几种产品时，准确取得实际工时记录比较困难，也可以按产品的定额工时分配工资费用。

分配工资费用的公式如下。

$$职工薪酬费用分配率 = \frac{被分配的生产工人工资费用}{各种产品实际工时（或定额工时）之和}$$

$$某产品应负担工资费用 = 该产品实际（定额）工时 \times 工资费用分配率$$

具体分配程序为：确定被分配的职工薪酬费用数额；确定各个受益对象的分配标准；计算薪酬费用的分配率；计算每一受益对象应负担的薪酬费用；编制薪酬费用分配表；根据分配结果进行账务处理。

四、任务实施

在职工薪酬费用汇总表中，除一车间生产人员的工资 66 000 元以外都有明确的受益对象，可以直接计入受益对象相应的账户中，比如一车间管理人员工资 6 000 元计入"制造费用"账户"薪酬"费用项目中，锅炉车间的生产人员工资 32 800 元计入"生产成本——辅助生产成本"账户的"直接人工"成本项目中。

对于一车间生产人员的工资 66 000 元采用实际工时为标准进行分配，具体分配过程如下。

工资费用分配率＝66 000÷(10 500＋6 000)＝4

A 产品应负担薪酬费用＝10 500×4＝42 000（元）

B 产品应负担薪酬费用＝6 000×4＝24 000（元）

66 000 元

根据分配过程编制职工薪酬分配表如表2-8所示。

表2-8 职工薪酬分配表

2009年1月　　　　　　　　　　　　　　　　　　　　　　　　　单位：元

分配对象		工　资			社保（36%）	合　计
		工　时	分配率	分配金额	金　额	
一车间	A产品	10 500		42 000	15 120	57 120
	B产品	6 000		24 000	8 640	32 640
	小计	16 500	4	66 000	23 760	89 760
一车间管理部门				6 000	2 160	8 160
锅炉车间				32 800	11 808	44 608
机修车间				100 000	3 600	13 600
公司管理部门				16 000	5 760	21 760
合　计				130 800	47 088	177 888

根据分配表编制会计分录如下（记账凭证）。

借：生产成本——基本生产成本——A产品　　　　　　　　　57 120
　　　　　　　基本生产成本——B产品　　　　　　　　　　32 640
　　　　　　　辅助生产成本——锅炉车间　　　　　　　　　44 608
　　　　　　　辅助生产成本——机修车间　　　　　　　　　13 600
　　制造费用——一车间　　　　　　　　　　　　　　　　　 8 160
　　管理费用　　　　　　　　　　　　　　　　　　　　　　21 760
　　贷：应付职工薪酬　　　　　　　　　　　　　　　　　 177 888

依据记账凭证登记各相关明细账（账簿略）。

有关职工薪酬的非货币性福利及代扣款的会计处理《财务会计》等相关课程已经详述。

任务三　其他费用的归集与分配

一、任务描述

天华有限公司2009年1月固定资产折旧计提原值及折旧率如表2-9所示。

另：该公司总电表记录表明当月耗用电力50 000度，供电公司每度电价0.8元。各分电表记录如下：一车间生产A、B产品用电34 000度（不单设"燃料及动力"成本项目）；一车间照明用电500度；机修车间用电8 000度；锅炉车间用电5 000度；公司办公用电2 000度。总电表与分表之差为电力损耗。本月A、B产品实际生产工时分别为10 500小时、

6 000 小时。

表 2-9 天华有限公司固定资产折旧明细表

2009 年 1 月 单位：元

车间名称	固定资产类别	折旧计提基数	月折旧率	月折旧额
一车间	房屋	3 000 000	0.3%	
	设备	1 500 000	0.8%	
锅炉车间	房屋	400 000	0.3%	
	设备	500 000	0.8%	
机修车间	房屋	1 000 000	0.3%	
	机器、设备	1 500 000	0.8%	
管理部门	房屋	1 000 000	0.3%	
合计		8 900 000		

月末公司会计要根据有关明细表分配本月的固定资产折旧费用和动力费用。

二、任务分析

对于固定资产折旧费用应按照固定资产原值和确定的折旧率计算月折旧额，按使用部门计入相应的成本费用账户。本任务一车间使用的固定资产折旧计入"制造费用——一车间"账户，锅炉车间使用固定资产的折旧费用计入"生产成本——辅助生产成本——锅炉车间"（因本任务辅助车间不设置制造费用账户），机修车间使用固定资产的折旧费用计入"生产成本——辅助生产成本——机修车间"，管理部门使用的固定资产的折旧费用计入"管理费用"账户。

对于外购动力费用，应按照各部门用电的电表记录和动力费用分配率，确定各受益对象应负担的动力费用，其中一车间生产 A、B 产品用电 34 000 度的动力费用应计入 A、B 产品的基本生产成本明细账中的"制造费用"成本项目，由于是共同使用，而且任务已经给定生产工时，所以把 34 000 度电按生产工时分配给 A 和 B，以确定 A、B 产品应负担的动力费用。

三、知识链接

（一）固定资产折旧费用分配与核算

折旧费用是固定资产在使用过程中因磨损而转移到成本费用中去的价值。计提固定资产折旧的方法通常有年限平均法、工作量法、双倍余额递减法和年数总和法等（在"财务会计"相关课程中讲述）。注意，固定资产折旧计提的原则如下：

① 企业应按月计提固定资产折旧；

② 当月增加的固定资产，当月不计提折旧，下月起计提；

③ 当月减少的固定资产，当月仍计提折旧，下月起停止计提；

④ 固定资产提足折旧后，不管是否继续使用，均不再提折旧；提前报废的固定资产，也不再补提折旧。

企业按规定计提的折旧费用，应根据固定资产的使用地点和用途进行分配，管理部门使用的固定资产折旧计入"管理费用"账户，辅助车间使用的固定资产折旧计入"制造费用——辅助车间"，对于辅助车间不单独设置制造费用账户的企业，直接计入"生产成本——辅助生产成本"，基本生产车间使用的固定资产折旧计入"制造费用——基本车间"账户。

具体分配程序为：确定被分配的固定资产折旧费用数额；确定各个固定资产折旧费用分配率；计算每一受益对象应负担的折旧费用；编制折旧费用分配表；根据分配结果进行账务处理。

（二）外购动力费用的分配与核算

动力费用是企业在生产经营过程中消耗电力、热力等而形成的费用。企业消耗的动力可以通过外购取得，也可以通过辅助生产车间提供。通过辅助生产车间提供动力费用的分配与核算在项目三中说明，本任务讲述的动力费用分配与核算仅指外购动力。

1. 动力费用分配的特殊性

外购动力的性质类似于原材料的购进，不同之处是没有实际形态，因而动力费用分配与原材料费用分配相比较，具有其特殊性。主要表现在以下几个方面：

① 核算比较简单，不存在收、付、存业务，没有领发料过程；

② 动力消耗通常采用仪表记录，分配标准明确；

③ 动力费用的分配率通常高于外购动力的单价，其原因是分配动力费用的依据为分仪表记录，支付动力款是总仪表记录，由于动力的使用存在正常损耗或其他消耗，因此分仪表记录数额之和往往会小于总仪表记录的数额。

2. 动力费用的分配与核算

对动力费用进行分配的方法，基本同于多种产品共同消耗原材料费用的分配方法，即在明确被分配的动力费用额与分配标准的基础上，确定动力费用分配率，进而确定每一受益对象应负担的动力费用。动力费用的分配标准通常为仪表记录。如果没有仪表记录，可以用产品实际或定额消耗工时、机器功率时数（机器功率×机器运转小时数）、定额动力耗用量等作为分配标准。

分配后直接由产品成本负担的动力费用，记入"燃料及动力"成本项目，在不单设"燃料及动力"成本项目的企业，如果能够明确是产品负担的动力费用，可以直接计入"生产成本——基本生产成本"的"制造费用"项目；不能明确是产品耗用的，则可将由各生产车间负担的动力费用直接记入"制造费用"账户，经过分配后再计入各产品生产成本明细账的"制造费用"成本项目。

具体分配程序为：确定被分配的动力费用数额；确定各个受益对象的分配标准；计算分配率；计算每一受益对象应负担的动力费用；编制动力费用分配表；根据分配结果进行账务

处理。

3. 其他费用的核算

其他费用是指除在本教材讲述过的各种生产费用以外的各项费用，如邮电费、办公费、保险费、差旅费、租赁费、排污费、绿化费、报纸杂志费、交通补助费、误餐费、利息、费用性税金等。根据其他费用的发生地点、费用性质及费用受益对象的不同，应分别计入"制造费用"、"管理费用"、"销售费用"和"财务费用"等账户。

四、任务实施

（一）固定资产折旧费用分配

根据固定资产折旧费用明细表编制分配表如表2-10所示。

表2-10 天华有限公司固定资产折旧计提表

2009年1月　　　　　　　　　　　　　　　　　单位：元

车间名称	固定资产类别	折旧计提基数	月折旧率	月折旧额
一车间	房屋	3 000 000	0.3%	9 000
	设备	1 500 000	0.8%	12 000
	小　计	4 500 000		21 000
锅炉车间	房屋	400 000	0.3%	1 200
	设备	500 000	0.8%	4 000
	小　计	900 000		5 200
机修车间	房屋	1 000 000	0.3%	3 000
	机器、设备	1 500 000	0.8%	12 000
	小　计	2 500 000		15 000
管理部门	房屋	1 000 000	0.3%	3 000
合　计		8 900 000		44 200

根据计提表编制会计分录。

借：生产成本——辅助生产成本——锅炉车间　　　　5 200
　　　　　　——辅助生产成本——机修车间　　　　15 000
　　制造费用——一车间　　　　　　　　　　　　　21 000
　　管理费用　　　　　　　　　　　　　　　　　　3 000
　　贷：累计折旧　　　　　　　　　　　　　　　　442 000

依据记账凭证登记各相关明细账（账簿略）。

（二）外购动力费用分配

首先，A、B产品耗电分配。

$$动力耗用量分配率=\frac{34\ 000}{10\ 500+6\ 000}=2.060\ 6$$

$$A产品耗电量=10\ 500\times 2.060\ 6=21\ 636（度）$$

$$B产品耗电量=34\ 000-21\ 636=12\ 364（度）$$

其次，计算费用分配率。

$$费用分配率=\frac{50\ 000\times 0.8}{34\ 000+500+8\ 000+5\ 000+2\ 000}=0.808\ 1$$

最后，编制外购动力费用分配表，如表 2-11 所示。

表 2-11　外购动力费用分配表

2009 年 1 月　　　　　　　　　　　　　　　　单位：元

分配对象		电力耗用量			费用分配率	合　计
		实际工时	分配率	仪表记录		
一车间	A 产品	10 500		21 636		17 484
	B 产品	6 000		12 364		9 991
	小　计	16 500	2.060 6	34 000		27 475
一车间照明				500		404
锅炉车间				5 000		4 041
机修车间				8 000		6 465
公司办公用				2 000		1 615
合　计				49 500	0.808 1	40 000

注：公司办公用 1 615 为尾差调整，1 615=40 000-27 475-404-4 041-6 465

根据分配表编制会计分录。

　　借：生产成本——基本生产成本——A 产品　　　　　　　　　　　17 484
　　　　　　基本生产成本——B 产品　　　　　　　　　　　　　　　9 991
　　　　　　辅助生产成本——锅炉车间　　　　　　　　　　　　　　4 041
　　　　　　辅助生产成本——机修车间　　　　　　　　　　　　　　6 465
　　　　制造费用——一车间　　　　　　　　　　　　　　　　　　　404
　　　　管理费用　　　　　　　　　　　　　　　　　　　　　　　1 615
　　　贷：应付账款　　　　　　　　　　　　　　　　　　　　　　40 000

依据记账凭证登记各相关明细账（账簿略）。

项目训练

（一）单项选择题

1. 直接用于某一种产品生产的燃料费用，应记入的会计科目是（   ）。
   A. 制造费用　　B. 管理费用　　C. 销售费用　　D. 生产成本——基本生产成本

2. 在不设"燃料及动力"成本项目的情况下，直接用于产品生产的动力费用在发生时，应记入的会计科目时（   ）。
   A. 制造费用　　B. 管理费用　　C. 销售费用　　D. 生产成本——基本生产成本

3. 基本生产车间耗用的机物料消耗费用，应记入的会计科目是（   ）。
   A. 生产成本——基本生产成本　　B. 待摊费用
   C. 管理费用　　D. 制造费用

4. 基本生产车间计提的固定资产折旧费，应借记（   ）。
   A. 生产成本——基本生产成本　　B. 财务费用
   C. 管理费用　　D. 制造费用

5. 企业分配薪酬费用是，基本生产车间管理人员的薪酬，借记（   ）。
   A. 生产成本——基本生产成本　　B. 生产成本——辅助生产成本
   C. 管理费用　　D. 制造费用

（二）多项选择题

1. 生产经营过程中领用的材料，按照用途进行归类，生产产品耗用、生产车间耗用、企业行政管理部门耗用的，应分别记入（   ）科目。
   A. 基本生产成本　　B. 制造费用
   C. 管理费用　　D. 销售费用

2. 材料费用的分配标准有（   ）。
   A. 材料定额消耗量　　B. 材料定额费用量
   C. 产品体积　　D. 产品工时定额

3. 计入产品成本的各种材料费用，按照其用途分配，应记入的会计科目有（   ）。
   A. 待摊费用　　B. 预提费用　　C. 制造费用　　D. 基本生产成本

4. 计入产品成本的职工薪酬费用是（   ）。
   A. 生产工人的薪酬费用　　B. 车间或分厂管理人员的薪酬费用
   C. 生产车间技术人员的费用薪酬　　D. 企业专设销售机构人员的薪酬费用

5. 低值易耗品的摊销方法通常有（   ）。
   A. 一次摊销法　　B. 分次摊销法　　C. 五五摊销法　　D. 直接摊销法

（三）判断题

1. 在实行计件工资制的生产车间，直接人工费用不需要分配，直接计入产品生产成本。（   ）

( )

2. 采用计时工资情况下,只生产一种产品,生产人员的薪酬费用应直接计入该种产品成本。( )

3. 由几种产品生产共同耗用的、构成产品实体的原材料费用,可以直接计入各种产品成本。( )

4. 职工薪酬费用并不都是计入产品成本或管理费用的。( )

5. 在实际工作中,材料费用的分配是通过材料费用分配表进行的。( )

(四)技能训练

训练一

目的:训练学生掌握运用定额工时比例法分配薪酬费用。

资料:某企业基本生产第一车间生产甲、乙两种产品,6月份生产工人的计时工资为90 000元,车间管理人员工资为20 000元;甲产品生产耗用定额工时8 000小时,乙产品生产耗用定额工时1 000小时。该企业其他职工薪酬的提取比例为工资总额的25%。

要求:

(1)按定额工时比例计算分配甲、乙产品生产工人工资费用;

(2)计算本月应计提的其他职工薪酬费用;

(3)根据以上计算、分配结果编制分配职工薪酬费用的会计分录。

训练二

目的:训练学生掌握外购动力费用分配的方法。

资料:某企业2010年8月耗电40 000度,每度电0.40元,应付电力费16 000元,未付。该企业基本生产车间耗电33 000度,其中车间照明用电3 000度,企业行政管理部门耗用7 000度。企业基本生产车间生产A、B两种产品,A产品生产工时36 000小时,B产品生产工时24 000小时。

要求:按所耗用电度数计算分配电力费用,A、B产品按生产工时计算分配电费,编制分配电力费用的会计分录。

训练三

目的:训练学生运用定额消耗量分配法分配材料费用。

资料:某企业生产甲、乙两种产品,共同耗用某种直接材料10 500元。单件产品直接材料消耗定额为:甲产品15千克,乙产品12千克。产量分别为:甲产品100件,乙产品50件。

要求:采用直接材料定额消耗量比例分配计算甲、乙产品实际耗用直接材料费用。

训练四

目的:训练学生运用定额费用比例法分配材料费用。

资料:某企业生产甲、乙两种产品,耗用直接材料费用共计62 400元。本月投产甲产品220件,乙产品256件。单件直接材料费用定额:甲产品120元,乙产品100元。

要求：采用直接材料定额费用比例分配计算甲、乙产品实际原材料费用（计算直接材料定额费用、直接材料费用分配率，分配实际直接材料费用）。

训练五

目的：训练学生运用定额消耗量分配法分配材料费用并进行相应的会计处理。

资料：万达公司生产甲、乙两种产品，200×年6月份共同领用C材料1 760千克，单位计划成本为每千克50元，甲产品的材料消耗定额为2千克，乙产品的材料消耗定额为3千克，该月份甲产品投产500件，乙产品投产400件。C材料成本材料差异率为2%。

要求：

（1）计算C材料消耗量分配率；

（2）计算甲、乙产品应分配C材料的计划成本；

（3）计算甲、乙产品应分配C材料的实际成本；

（4）编制甲、乙产品应负担材料费用的会计分录。

训练六

目的：训练学生掌握材料费用的分配方法及其会计处理的应用。

资料：万达公司生产甲、乙两种产品，200×年6月原材料费用分配表中：甲材料直接领A料5 000元，乙产品直接领B料3 000元，甲、乙两种产品共同耗用C料2 000元。甲产品投产100件，C材料单件消耗定额2千克，乙产品投产200件，C材料单件消耗定额3千克。基本生产车间一般耗用D料500元，行政管理部门耗用D料200元。

要求：

（1）按照定额消耗比例分配甲、乙产品耗用的C材料；

（2）编制分配原材料的会计分录。

训练七

目的：训练学生运用定额工时比例法分配人工费用并进行相应的会计处理。

资料：万达公司2010年6月份职工薪酬结算凭证汇总的费用为：生产工人的计时薪酬共计44 800元，车间管理人员薪酬11 840元，行政管理人员薪酬81 840元。基本生产车间甲、乙两种产品，甲产品产量10 000件，乙产品产量8 000件；单件产品工时定额：甲产品4小时，乙产品3小时。

要求：

（1）按定额工时比例分配甲、乙产品生产工人薪酬；

（2）编制职工薪酬分配的会计分录。

训练八

目的：训练学生掌握外购动力费用的分配方法及其会计处理的应用。

资料：万达公司200×年6月30日通过银行支付外购动力（电力）费用26 000元。该月末各车间、部门耗电度数为：基本生产车间动力用电12 000度，辅助生产车间动力用电3 000度，基本生产车间照明用电2 000度，辅助生产车间照明用电1 000度，行政管理部门照明用电 2 000 度。

要求：

（1）按照用电度数分配计算各车间、部门动力和照明用电费。

（2）按照机器工时分配计算基本生产车间甲、乙两种产品的动力费用。产品机器工时分别为：甲产品 11 500 工时；乙产品 8 500 工时。

（3）编制该月份支付外购电力费用的会计分录（该企业外购动力费用通过"应付账款"科目核算）。

（4）编制该月份分配外购电力费用的会计分录（辅助生产车间的制造费用不通过"制造费用"科目核算）。

项目三
辅助生产费用的归集与分配

知识目标
- 熟悉辅助生产的特点
- 掌握辅助生产费用的归集方法
- 掌握辅助生产费用的各种分配方法
- 掌握辅助生产费用分配结果的账务处理方法

技能目标
- 能根据辅助生产成本明细账进行辅助生产费用的归集
- 能使用直接分配法进行辅助生产费用分配
- 能使用交互分配法进行辅助生产费用分配
- 能使用计划成本分配法进行辅助生产费用分配
- 能使用代数分配法进行辅助生产费用分配
- 能根据辅助生产费用的分配结果进行账务处理

任务一 辅助生产费用分配的准备

一、任务描述

天华有限公司是一家机械设备生产企业,该公司设有机修车间与锅炉车间两个辅助生产车间,分别为基本生产车间和其他部门提供修理劳务和蒸汽,辅助生产车间发生的制造费用直接记入辅助生产成本明细账,不单设制造费用账户。

本月辅助车间发生的材料费用、人工费用、动力费用、固定资产折旧费用已经登记入账

(如表 3-1 和表 3-2 所示)，另：财会部门以现金为辅助生产车间支付日常办公费用为：锅炉车间 400 元；机修车间 635 元。

表 3-1 生产成本——辅助生产成本——锅炉车间

2009年		凭证号数	摘　要	直接材料	直接人工	制造费用	小　计
月	日						
1	31	略	材料费用分配	8 800			8 800
	31	略	薪酬费用分配		44 608		44 608
	31	略	计提折旧			5 200	5 200
	31	略	外购动力费用分配			4 041	4 041

表 3-2 生产成本——辅助生产成本——机修车间

2009年		凭证号数	摘　要	直接材料	直接人工	制造费用	小　计
月	日						
1	31	略	材料费用分配	8 500			8 500
	31	略	薪酬费用分配		13 600		13 600
	31	略	计提折旧			15 000	15 000
	31	略	外购动力费用分配			6 465	6 465

月末公司会计应归集辅助生产车间发生的辅助生产费用。

二、任务分析

该企业设置两个辅助生产车间，即锅炉车间和机修车间，而且不单独设置制造费用明细账，辅助车间发生的全部费用计入"生产成本——辅助生产成本"锅炉车间、机修车间明细账中，项目二的三个任务已经确定了辅助车间发生的材料费用、职工薪酬费用、折旧费用和外购动力费用，并根据记账凭证登记入账，根据本任务资料，应把财会部门为辅助生产车间支付的办公费填制记账凭证并登记入账，至此已经完成辅助生产费用归集的第一步，第二步求出本期辅助生产车间为提供产品或劳务发生的生产费用合计，即完成辅助生产费用归集。

三、知识链接

（一）辅助生产和辅助生产费用概述

企业的辅助生产，是指为基本生产和其他部门提供劳务或产品而进行的生产活动。从事辅助生产活动的车间称为辅助生产车间，一般包括供电、供水、供汽、供风、机修、运输和工具模具生产等车间。

辅助生产与基本生产的最大区别是生产产品的目的不同。基本生产车间生产的产品主要是对外销售的，而辅助生产车间生产的产品或劳务主要是对内服务的。如图 3-1 所示。

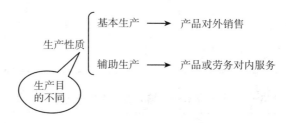

图 3-1　企业生产性质

辅助生产车间在生产产品或提供劳务过程中发生的材料费用、动力费用、人工费用、制造费用等，就是辅助生产费用的核算范围，发生的费用金额构成辅助车间生产的产品或劳务的成本。而辅助生产车间生产的产品是为其他受益对象服务的，所以辅助车间归集的辅助生产费用应当由接受辅助生产产品或劳务的受益对象来承担，也就是辅助生产费用的分配。

（二）辅助生产费用核算的账户设置

辅助生产车间发生的各种生产费用，首先要按辅助生产车间设置"生产成本——辅助生产成本"账户，通过该账户归集辅助生产费用，计算辅助生产产品或劳务的成本。为了反映各个辅助生产车间的费用发生情况，在"生产成本——辅助生产成本"账户下，按不同的辅助生产车间分户，进行辅助生产的明细分类核算。对辅助生产车间发生的制造费用是否通过"制造费用"核算，没有统一要求，企业可以按照辅助生产车间规模的大小，制造费用额的多少，以及辅助生产车间提供产品或劳务是否单一等情况确定。通常情况下，对规模较大，制造费用发生较多，提供的产品或劳务不止一种的辅助生产车间，其制造费用应当通过"制造费用"核算，在月末分配后计入辅助生产成本。反之，则不通过"制造费用"核算，将发生的制造费用直接记入辅助生产成本明细账户的"制造费用"成本项目。

（三）辅助生产费用的归集

辅助生产费用归集的核算比较简单，对不设置制造费用账户的辅助生产车间，只要将发生在某个辅助生产车间的全部生产费用记入"生产成本——辅助生产——××辅助生产车间"账户即可。对制造费用进行单独核算的辅助生产车间,将制造费用以外的生产费用直接记入"生产成本——辅助生产——××辅助生产车间"账户;将制造费用通过归集并分配后计入"生产成本——辅助生产——××辅助生产车间"账户。

四、任务实施

首先,根据任务资料"财会部门以现金为辅助生产车间支付日常办公费用为:锅炉车间400元;机修车间635元",编制会计分录(凭证)如下。

借:生产成本——辅助生产成本——锅炉车间　　　　　　　　　　400
　　　　　　　　　　　　　　　　——机修车间　　　　　　　　635
　　贷:库存现金　　　　　　　　　　　　　　　　　　　　　1 035

然后,根据该记账凭证登记生产成本——辅助生产成本明细账。

最后,在锅炉车间、机修车间辅助生产成本明细账增加一行"待分配费用小计",求出本期辅助车间发生的生产费用合计,如表3-3和表3-4所示。

表3-3　生产成本——辅助生产成本——锅炉车间

2009年		凭证号数	摘要	直接材料	直接人工	制造费用	小计
月	日						
1	31	略	材料费用分配	8 800			8 800
	31	略	薪酬费用分配		44 608		44 608
	31	略	计提折旧			5 200	5 200
	31	略	外购动力费用分配			4 041	4 041
	31	略	现金支付日常办公费			400	400
			待分配费用小计	8 800	44 608	9 641	63 049

表3-4　生产成本——辅助生产成本——机修车间

2009年		凭证号数	摘要	直接材料	直接人工	制造费用	小计
月	日						
1	31	略	材料费用分配	8 500			8 500
	31	略	薪酬费用分配		13 600		13 600
	31	略	计提折旧			15 000	15 000

续表

2009年		凭证号数	摘要	直接材料	直接人工	制造费用	小计
月	日						
	31	略	外购动力费用分配			6 465	6 465
	31	略	现金支付日常办公费			635	635
			带分配费用小计	8 500	13 600	22 100	44 200

本期归集出锅炉车间发生生产费用为 63 049 元，机修车间发生生产费用为 44 200 元，该费用应由使用两个车间产品或劳务的各受益对象负担，计算各受益对象负担生产费用的过程即为辅助生产费用的分配过程。

任务二　辅助生产费用的分配

一、任务描述

续前任务已经归集出的锅炉车间待分配生产费用为 63 049 元，机修车间待分配生产费用为 44 200 元，辅助生产车间本月提供的劳务量如表 3-5 所示。

表 3-5　天华有限公司辅助生产车间提供劳务情况明细表

2009 年 1 月 31 日　　　　　　　　　　　　　　　　　　单位：元

接受劳务部门	辅助生产车间	
	锅炉车间	机修车间
锅炉车间		50 工时
机修车间	500 吨	
一车间	3 000 吨	2 420 工时
公司管理部门	500 吨	30 工时
合　计	4 000 吨	2 500 工时

月末公司会计采用交互分配法分配天华有限公司归集的辅助生产费用。

二、任务分析

根据任务一归集的辅助生产费用总额和本任务给定的天华有限公司辅助生产车间提供劳务情况明细表，辅助生产车间归集的费用应采用一定的方法分配计入劳务或产品的受益对象成本，具体可采用交互分配法进行分配。

三、知识链接

辅助生产车间归集的辅助生产费用构成了辅助生产车间的产品或劳务成本，应当由接受辅助生产产品或劳务的受益对象来承担。如果辅助生产车间的产品或劳务是由单一受益对象消耗的，则相关的辅助生产费用可直接计入该受益对象的成本费用项目。如果辅助生产车间的产品或劳务是由多种产品或各个部门共同消耗的，则要采用一定的方法对辅助生产费用进行分配后，再计入各个受益对象的成本费用项目之中。辅助生产费用的分配方法通常有：直接分配法、交互分配法、代数分配法和计划分配率分配法等4种。其中，最常用的分配方法是直接分配法和交互分配法。

（一）直接分配法

直接分配法是一种"团结一致，共同对外"的分配方法，即对归集的辅助生产费用只对辅助生产车间以外的受益对象进行分配。其特点是：辅助生产车间互相消耗的辅助生产产品或劳务不考虑，将所归集的辅助生产费用全部由辅助生产车间以外的受益对象承担。分配公式如下：

$$\text{某辅助车间费用分配率} = \frac{\text{该辅助生产车间归集的辅助生产费用}}{\text{各辅助车间以外的受益对象接受该辅助车间劳务总量}}$$

$$\text{某受益对象应负担的辅助生产费用} = \text{该受益对象接受劳务数量} \times \text{该辅助车间费用分配率}$$

采用直接分配法分配辅助生产费用比较简单，但分配结果不够正确，适用于辅助生产车间之间互相消耗的劳务量较少的企业。

【例3-1】 根据任务一、二描述所给资料，天华有限公司辅助生产车间提供劳务情况明细表，并归集"生产成本——辅助生产成本——锅炉车间"待分配费用合计为63 049元，机修车间待分配费用合计为44 200元，采用直接分配法分配过程如下。

$$\text{锅炉车间费用分配率} = \frac{63\ 049}{3\ 500} = 18.014$$

$$\text{机修车间费用分配率} = \frac{44\ 200}{2\ 450} = 18.040\ 8$$

一车间应负担的辅助生产费用：

　　　　应负担锅炉车间费用＝3 000×18.014＝54 042（元）
　　　　应负担机修车间费用＝2 420×18.040 8＝43 658.74（元）

公司管理部门应负担的辅助生产费用：

　　　　应负担锅炉车间费用＝63 049－54 042＝9 007（元）
　　　　应负担机修车间费用＝44 200－43 658.74＝541.26（元）

根据分配结果编制辅助生产费用分配表如表3-6所示。

表3-6 辅助生产费用分配表（直接分配法）

2009年1月　　　　　　　　　　　　　　　　　　　　　　　　　　　　单位：元

项目		锅炉车间	机修车间	合计
待分配辅助生产费用		63 049	44 200	107 249
提供给辅助车间以外的劳务数量		3 500	2 450	—
费用分配率		18.014	18.040 8	—
一车间耗用	耗用数量	3 000	2 420	—
	分配金额	54 042	43 658.74	97 700.74
行政管理部门耗用	耗用数量	500	30	—
	分配金额	9 007	541.26	9 548.26
分配金额合计		63 049	44 200	107 249

根据分配表编制会计分录如下。

借：制造费用——一车间　　　　　　　　　　　　　　　97 700.74
　　管理费用　　　　　　　　　　　　　　　　　　　　 9 548.26
　　贷：生产成本——辅助生产成本——锅炉车间　　　　　63 049
　　　　　　　　　　　　　　　　——机修车间　　　　　44 200

根据记账凭证登记账簿（略）。

（二）交互分配法

交互分配法是一种"亲兄弟，明算账；算账后，再对外"的分配方法。即对归集的辅助生产费用先在辅助生产车间之间进行交互分配，计算出交互分配后的辅助生产费用，再在辅助生产车间以外的受益对象之间进行分配。其特点是：对发生的辅助生产费用要经过两次分配，第一次分配是在辅助生产车间之间按照互相消耗劳务量的情况进行交互分配；第二次分配是将交互分配后形成的辅助生产费用，在其他受益对象之间按受益情况进行分配。

交互分配法的分配程序及有关计算公式如下。

（1）计算交互分配率

$$交互分配率 = \frac{某辅助生产车间归集的生产费用}{该辅助生产车间提供的劳务总量}$$

（2）计算交互分配的费用额

$$\begin{matrix}某辅助生产车间\\应负担交互费用\end{matrix} = \begin{matrix}该辅助生产车间消耗\\某辅助车间的劳务量\end{matrix} \times \begin{matrix}提供辅助生产劳务\\车间的交互分配率\end{matrix}$$

（3）计算交互分配后的实际辅助生产费用

$$\begin{matrix}某辅助生产车间\\交互后生产费用\end{matrix} = \begin{matrix}该辅助生产车间\\交互前生产费用\end{matrix} - \begin{matrix}该辅助生产车间\\交互后转出费用\end{matrix} + \begin{matrix}该辅助生产车间\\交互后转入费用\end{matrix}$$

(4) 计算对外分配的费用分配率

$$对外分配率 = \frac{某辅助生产车间交互后归集的实际生产费用}{该辅助生产车间对外提供的劳务量}$$

(5) 计算辅助生产车间以外的受益对象应负担的辅助生产费用

$$\begin{matrix}某受益对象应负\\担辅助生产费用\end{matrix} = \begin{matrix}该受益对象接受该\\辅助车间的劳务量\end{matrix} \times \begin{matrix}该辅助生产车\\间对外分配率\end{matrix}$$

采用交互分配法分配的结果较直接分配法分配的结果更符合实际，也比较正确，但增加了分配的工作量。同时，在进行交互分配时，计算的交互分配率并非辅助生产车间提供劳务的实际单位成本，因而分配的结果也不可能完全正确。交互分配法通常适用于辅助生产车间之间相互耗用劳务较多的企业。

【例3-2】 红光工厂设有供电和机修两个辅助生产车间，在交互分配前，供电车间本月生产费用为36 400元，机修车间为33 600元。本月供电车间供电110 000度，其中机修车间耗用10 000度，产品生产耗用80 000度，基本生产车间照明耗用8 000度，厂部管理部门耗用12 000度。本月机修车间修理工时为10 600小时，其中供电车间600小时，基本生产车间7 000小时，厂部管理部门3 000小时。

采用交互分配法分配辅助生产费用过程如下。

(1) 交互分配的单位成本

$$电单位成本 = 36\ 400 \div 110\ 000 = 0.331$$
$$机修费用单位成本 = 33\ 600 \div 10\ 600 = 3.17$$

(2) 交互分配

$$供电车间分来机修费用 = 3.17 \times 600 = 1\ 902（元）$$
$$机修车间分来电费 = 0.331 \times 10\ 000 = 3\ 310（元）$$

(3) 交互分配后的实际费用

$$供电车间 = 36\ 400 + 1\ 902 - 3\ 310 = 34\ 992（元）$$
$$机修车间 = 33\ 600 + 3\ 310 - 1\ 902 = 35\ 008（元）$$

(4) 对外分配的单位成本

$$电单位成本 = 34\ 992 \div 100\ 000 = 0.35$$
$$机修费用单位成本 = 35\ 008 \div 10\ 000 = 3.5$$

(5) 对外分配

$$基本生产产品电费 = 0.35 \times 80\ 000 = 28\ 000（元）$$
$$基本生产车间电费 = 0.35 \times 8\ 000 = 2\ 800（元）$$
$$基本生产车间机修费用 = 3.5 \times 7\ 000 = 24\ 500（元）$$

管理部门电费＝0.35×12 000＝4 200（元）

管理部门机修费用＝3.5×3 000＝10 500（元）

根据分配结果编制会计分录。

借：生产成本——辅助生产成本——供电车间	1 902
生产成本——辅助生产成本——机修车间	3 310
贷：生产成本——辅助生产成本——机修车间	1 902
生产成本——辅助生产成本——供电车间	3 310
借：基本生产成本	28 000
制造费用	27 300
管理费用	14 700
贷：辅助生产成本——供电车间	35 000
——机修车间	35 000

（三）代数分配法

代数分配法是一种"运用数学方法，准确分配费用"的分配方法。即将分配率设为未知数，根据辅助生产车间交互服务关系建立联立方程组求解，再按各辅助生产车间提供的劳务量分配辅助生产费用。其特点是：运用数学方法求得辅助生产费用的分配率，使计算的结果正确，但计算过程比较复杂。适用于实现会计电算化的企业。

【例3-3】　宏发公司有供水和供汽两个辅助生产车间，为企业提供水和蒸汽，2008年3月企业供水和供汽两个车间分别发生生产费用为4 085元和9 020元，各辅助车间提供的劳务数量如表3-7所示。

表3-7　辅助车间提供劳务数量统计表

受益单位	耗水量/吨	耗蒸汽量/立方米
辅助生产车间——供水车间		6 000
——供汽车间	20 000	
基本生产车间	41 000	36 600
行政管理部门	21 600	3 400
合　　计	82 600	46 000

采用代数分配法分配辅助生产费用。

设每吨水的成本为 X，每立方米蒸汽的成本为 Y，则：

$$\begin{cases} 4\,085 + 6\,000Y = 82\,600X \\ 9\,020 + 20\,000X = 46\,000Y \end{cases}$$

解得：$X = 0.065\,8$

　　　$Y = 0.225$

根据计算过程编制辅助生产费用分配表，如表 3-8 所示。

表 3-8 辅助生产费用分配表（代数分配法）

2008 年 3 月　　　　　　　　　　　　　　　　　　　　　　　　　　　单位：元

项　目		供汽车间	供水车间	金额合计
待分配辅助生产费用		9 020	4 085	13 105
劳务供应总量		46 000	82 600	—
费用分配率（单位成本）		0.225	0.065 8	—
辅助生产车间耗用	供汽车间 耗用数量		20 000	
	供汽车间 分配金额		1 316	1 316
	供水车间 耗用数量	6 000		
	供水车间 分配金额	1 350		1 350
	分配金额小计	1 350	1 316	2 666
基本生产车间耗用	耗用数量	36 600	41 000	—
	分配金额	8 235	2 697.8	10 932.8
行政管理部门耗用	耗用数量	3 400	21 600	—
	分配金额	765	1 421.28	2 186.28
分配金额合计		10 350	5 435.08	15 785.08

根据分配表编制会计分录（记账凭证）。

　　借：生产成本——辅助生产成本——供汽车间　　　　　　　　　　1 316
　　　　　　　　　　　　　　　　——供水车间　　　　　　　　　　1 350
　　　　制造费用——基本生产车间　　　　　　　　　　　　　　　10 932.8
　　　　管理费用　　　　　　　　　　　　　　　　　　　　　　　2 186.28
　　　贷：生产成本——辅助生产成本——供汽车间　　　　　　　　　10 350
　　　　　　　　　　　　　　　　——供水车间　　　　　　　　　　5 435.08

（四）计划成本分配法

计划成本分配法是指按照辅助生产车间提供产品或劳务的计划单位成本和各受益单位的受益量计算，分配辅助生产成本的方法。辅助生产车间为各受益对象提供产品或劳务，一般按产品或劳务的实际耗用量和计划单位成本进行分配，然后再将计划成本分配额与"实际"费用（待分配费用＋按计划成本分入的费用）之间的差额进行调整分配。为简化核算工作量，差额较小时可将差异计入"管理费用"。

【例 3-4】 以宏发公司为例，设供水车间的计划成本为每吨 0.06 元，供汽车间的计划成本为每立方米 0.24 元，采用计划成本法分配辅助生产费用，分配表如表 3-9 所示。

表 3-9　辅助生产成本分配表

2008 年 3 月　　　　　　　　　　　　　　　　　　　　　　　单位：元

项目		供水车间	供汽车间	合计
待分配辅助生产费用		4 085	9 020	13 105
劳务供应数量		82 600	46 000	
计划单位成本		0.06	0.24	
辅助生产车间耗用	供水车间 耗用数量		6 000	
	供水车间 分配金额		1 440	1 440
	供电车间 耗用数量	20 000		
	供电车间 分配金额	1 200		
	分配金额小计	1 200	1 440	2 640
基本生产车间	耗用数量	41 000	36 600	
	分配金额	2 460	8 784	11 244
行政管理部门	耗用数量	21 600	3 400	
	分配金额	1 296	816	2 112
按计划成本分配合计		4 956	11 040	15 996
辅助生产实际成本		5 525*	10 220*	15 745
辅助生产成本差异		+569	-820	-251

注：5 525＝4 085＋1 440；
　　10 220＝9 020＋1 200

根据分配表编制会计分录（记账凭证）如下。

首先，按计划成本分配。

借：生产成本——辅助生产成本——供水车间　　　　　　　　　　1 440
　　　　　　　　　　　　　　　——供汽车间　　　　　　　　　　1 200
　　制造费用　　　　　　　　　　　　　　　　　　　　　　　　　11 244
　　管理费用　　　　　　　　　　　　　　　　　　　　　　　　　2 112
　　贷：生产成本——辅助生产成本——供水车间　　　　　　　　　4 956
　　　　　　　　　　　　　　　　——供汽车间　　　　　　　　　11 040

然后，结转辅助生产成本的差异。

借：管理费用　　　　　　　　　　　　　　　　　　　　　　　　251
　　贷：生产成本——辅助生产成本——供水车间　　　　　　　　　569
　　　　　　　　　　　　　　　　——供汽车间　　　　　　　　　820

四、任务实施

根据交互分配法的分配过程计算如下。

(1) 计算交互分配率

$$锅炉车间交互分配率 = \frac{63\ 049}{4\ 000} = 15.762\ 3$$

$$机修车间交互分配率 = \frac{44\ 200}{2\ 500} = 17.68$$

(2) 计算交互分配的费用额

机修车间应负担锅炉车间的费用 = 500×15.762 3 = 7 881（元）

锅炉车间应负担机修车间的费用 = 50×17.68 = 884（元）

(3) 计算交互分配后的实际辅助生产费用

交互分配后锅炉车间的实际生产费用 = 63 049 − 7 881 + 884 = 56 052（元）

交互分配后机修车间的实际生产费用 = 44 200 − 884 + 7 881 = 51 197（元）

(4) 计算对外分配的费用分配率

锅炉对外车间分配率 = 56 052 ÷ 3 500 = 16.014 9

机修车间对外分配率 = 51 197 ÷ 2 450 = 20.896 7

(5) 计算辅助生产车间以外的受益对象应负担的辅助生产费用

一车间应负担的辅助生产费用：

应负担锅炉车间费用 = 3 000×16.014 9 = 48 045（元）

应负担机修车间费用 = 2 420×20.896 7 = 50 570 元）

公司管理部门应负担的辅助生产费用：

应负担锅炉车间费用 = 56 052 − 48 045 = 8 007（元）

应负担机修车间费用 = 51 197 − 50 570 = 627（元）

根据分配结果编制辅助生产费用分配表如表 3−10 所示。

表 3−10 辅助生产费用分配表

2009 年 1 月 单位：元

项目		交互分配			对外分配		
辅助生产车间		机修车间	锅炉车间	合计	机修车间	锅炉车间	合计
归集的辅助生产费用		44 200	63 049	107 249	51 197	56 052	107 249
供应的劳务数量		2 500	4 000		2 450	3 500	
费用分配率		17.68	15.762 3		20.896 7	16.014 9	
机修车间	劳务量		500				
	金额		7 881	7 881			

续表

项目		交互分配			对外分配		
锅炉车间	劳务量	50					
	金额	884		884			
交互分配金额		884	7 881	8 765			
一车间	劳务量				2 420	3 000	
	金额				50 570	48 045	98 615
管理部门	劳务量				30	500	
	金额				627	8 007	8 634
对外分配金额合计					51 197	56 052	107 249

根据分配表编制会计分录（凭证）。

借：生产成本——辅助生产成本——机修车间　　　　　　7 881
　　贷：生产成本——辅助生产成本——锅炉车间　　　　　　7 881
借：生产成本——辅助生产成本——锅炉车间　　　　　　　884
　　贷：生产成本——辅助生产成本——机修车间　　　　　　　884
借：制造费用——一车间　　　　　　　　　　　　　　　98 615
　　管理费用　　　　　　　　　　　　　　　　　　　　　8 634
　　贷：生产成本——辅助生产成本——锅炉车间　　　　　 56 052
　　　　　　　　　　　　　　　　　　——机修车间　　　 51 197

根据记账凭证登记账簿，如表3-11和表3-12所示。

表3-11　生产成本——辅助生产成本——锅炉车间

2009年		凭证号数	摘要	直接材料	直接人工	制造费用	小计
月	日						
1	31	略	材料费用分配	8 800			8 800
	31	略	薪酬费用分配		44 608		44 608
	31	略	计提折旧			5 200	5 200
	31	略	外购动力费用分配			4 041	4 041
	31	略	现金支付日常办公费			400	400
			待分配费用小计	8 800	44 608	9 641	63 049
	31	略	机修负担锅炉费用	1 200	5 576	1 105	7 881
	31	略	锅炉负担机修费用	123	625	136	884
	31	略	辅助对外分配	7 723	39 657	8 672	56 052

表 3-12 生产成本——辅助生产成本——机修车间

2009 年		凭证号数	摘 要	直接材料	直接人工	制造费用	小 计
月	日						
1	31	略	材料费用分配	8 500			8 500
	31	略	薪酬费用分配		13 600		13 600
	31	略	计提折旧			15 000	15 000
	31	略	外购动力费用分配			6 465	6 465
	31	略	现金支付日常办公费			635	635
			带分配费用小计	8 500	13 600	22 100	44 200
	31	略	机修负担锅炉费用	1 516	2 425	3 940	7 881
	31	略	锅炉负担机修费用	170	272	442	884
	31	略	辅助对外分配	9 846	15 753	25 598	51 197

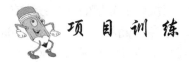

项 目 训 练

（一）单项选择题

1. 辅助生产费用的直接分配法，是将辅助生产费用（　　）。
   A. 直接计入基本生产成本的方法
   B. 直接计入辅助生产成本的方法
   C. 直接分配给辅助生产车间以外各受益单位的方法
   D. 直接分配给所有受益单位的方法

2. 辅助生产费用的交互分配法，进行一次交互分配时是在（　　）。
   A. 各受益单位之间进行分配
   B. 辅助生产车间之间进行分配
   C. 辅助生产车间以外受益单位之间进行分配
   D. 各受益的基本车间之间进行分配

3. 辅助生产费用交互分配后的实际费用，再在（　　）。
   A. 辅助生产车间以外的受益单位之间进行分配
   B. 各受益单位之间分配
   C. 各辅助生产车间之间进行分配
   D. 各受益的基本车间进行分配

4. 将各种辅助生产费用直接分配给辅助生产以外各受益单位的方法称为（　　）。
   A. 顺序分配法　　B. 计划成本分配法　　C. 代数分配法　　D. 直接分配法

5. 某企业的辅助生产费用按计划成本分配法进行分配，计划成本分配的费用与辅助生产实际成本的差额应记入（　　）。

　　A. "管理费用"账户　　　　　　　　B. "制造费用"账户

　　C. "辅助生产成本"账户　　　　　　D. "销售费用"账户

（二）多项选择题

1. 在辅助生产费用的分配方法中，对各受益单位均分配费用的方法有（　　）。

　　A. 顺序分配法　　　B. 直接分配法　　　C. 交互分配法　　　D. 代数分配法

2. 有的企业辅助生产车间不设"制造费用"科目核算时，是因为（　　）。

　　A. 辅助生产车间规模较小，发生制造费用较少

　　B. 辅助生产车间不对外销售产品

　　C. 为了简化核算工作

　　D. 没有必要

3. 下列方法中，属于辅助生产费用分配方法的有（　　）。

　　A. 定额比例法　　　B. 交互分配法　　　C. 代数分配法　　　D. 顺序分配法

4. 辅助生产费用进行两次或两次以上分配的分配方法有（　　）。

　　A. 顺序分配法　　　B. 直接分配法　　　C. 交互分配法　　　D. 代数分配法

5. 按计划成本分配法分配辅助生产费用的优点有（　　）。

　　A. 分配结果最正确

　　B. 简化和加速了分配的计算工作

　　C. 便于考核和分析各受益单位的经济责任

　　D. 能够反映辅助生产车间产品或劳务实际成本脱离计划的差异

（三）判断题

1. 用交互分配法分配辅助生产费用，需要进行两次费用分配。（　　）

2. 在辅助生产费用分配的各种方法中，交互分配法的结果最正确。（　　）

3. 在直接分配法下，其费用分配率（单位成本）应以待分配费用除以供应的劳务总量。（　　）

4. 采用按计划成本分配法分配辅助生产费用，不必在辅助生产车间之间进行分配。（　　）

5. 辅助生产单位发生的制造费用，可以直接记入辅助生产成本明细账。（　　）

（四）技能训练

训练一

　　目的：训练学生掌握辅助生产费用的直接分配法的运用，练习分配表的填制及其会计处理。

　　资料：万达公司设置供电、供水两个辅助生产车间。供电车间本月发生的费用为11 280元，供电总量为20 000度，其中：供水车间用电1 200度，生产甲产品用电11 000度，基本生产车间照明用电5 000度，管理部门用电2 800度。供水车间本月发生费用31 500度，

供水 8 000 吨，其中：供电车间用水 1 000 吨，基本生产车间甲产品用水 5 000 吨，基本生产车间一般用水 1 000 吨，管理部门用水 1 000 吨。

要求：

(1) 采用直接分配法进行辅助生产费用分配，编制辅助生产费用分配表，如表 3-13 所示；

(2) 编制辅助生产费用分配表的会计分录。（辅助生产车间不设"制造费用"科目）

表 3-13 辅助生产费用分配表（直接分配法）

辅助生产车间			供电车间	供水车间	合　计
待分配辅助生产费用					
供应辅助生产以外部门的劳务数量					
费用分配率（单位成本）					
基本生产车间耗用	产品用	耗用数量			
		分配金额			
	车间用	耗用数量			
		分配金额			
行政管理部门耗用		耗用数量			
		分配金额			
分配金额合计					

训练二

目的：训练学生掌握辅助生产费用的交互分配方法的运用，练习分配表的填制及其会计处理。

资料：万达公司有供水、供电两个辅助生产车间，其费用发生和劳务提供情况见表 3-14 所示。

表 3-14 辅助车间提供劳务数量及费用统计表

辅助生产车间名称		供水车间	供电车间
待分配费用		8 000 元	16 920 元
耗用劳务数量	供水车间	—	800 度
	供电车间	1 000 吨	—
	基本生产甲产品动力耗用	6 000 吨	9 200 度
	基本生产乙产品动力耗用	5 000 吨	6 800 度
	行政管理部门	4 000 吨	2 000 度
	合　计	16 000 吨	18 800 度

要求：采用交互分配法进行辅助生产费用分配，并编制辅助生产费用分配表（如表3-15所示）及相应的会计分录。（分配率小数保留4位，分配金额保留2位小数，尾差记入管理费用。辅助产生产车间的制造费用不通过"制造费用"科目）。

表 3-15 辅助生产费用分配表（交互分配法）

项　　目			交互分配			对外分配		
辅助生产车间名称			供水	供电	合　计	供水	供电	合　计
待分配辅助生产费用								
供应劳务数量								
费用分配率（单位成本）								
辅助生产车间耗用	供水车间	耗用数量						
		分配金额						
	供电车间	耗用数量						
		分配金额						
交互分配小计								
基本生产车间	甲产品	耗用数量						
		分配金额						
	乙产品	耗用数量						
		分配金额						
行政管理部门		耗用数量						
		分配金额						
对外分配小计								

训练三

目的：训练学生辅助生产费用分配的计划成本法的运用，练习分配表的填制及其会计处理。

资料：万达公司设置供电、运输两个辅助生产车间，6月份供电车间发生的费用为15 500元，运输车间发生的费用为7 100元，计划单位成本：每公里费用3.5元；每度电0.70元。提供劳务量及各受益单位耗用劳务量资料如表3-16所示。

表 3-16 辅助车间提供劳务数量统计表

提供车间 受益部门	供电车间	运输车间	基本生产产品用	车间一般耗用	行政管理部门	合　计
供电车间/度	—	1 200	18 300	1 000	1 500	22 000
运输车间/公里	200	—		300	1 500	2 000

要求：按计划成本法分配辅助生产费用，并编制辅助生产费用分配表（如表3-17所

示)及分配的会计分录。

表 3-17 辅助生产费用分配表(计划成本分配法)

辅助生产车间			供电车间	运输车间	合　　计
待分配费用					
劳务供应量					
计划单位成本					
辅助生产	供电车间	耗用数量			
		分配金额			
	运输车间	耗用数量			
		分配金额			
基本生产产品耗用		耗用数量			
		分配金额			
生产车间一般耗用		耗用数量			
		分配金额			
管理部门		耗用数量			
		分配金额			
按计划成本分配金额合计					
辅助生产实际成本					
辅助生产成本差异					

项目四

制造费用的归集与分配

知识目标
- 理解制造费用的核算范围
- 掌握制造费用归集的方法
- 掌握制造费用的分配方法
- 掌握制造费用分配结果账务处理方法

技能目标
- 能进行制造费用的归集
- 能使用各种方法进行制造费用的分配
- 能根据制造费用的分配结果进行账务处理

任务一 制造费用分配的准备

一、任务描述

天华有限公司是一家机械设备生产企业,设有一个基本生产车间(一车间)生产A、B两种产品,产品生产过程中发生的材料费用、薪酬费用、折旧费用、动力费用、辅助生产费用均已登记入账(如表4-1所示),财会部门为一车间现金支付日常办公费用1 273元。

表 4-1 制造费用明细账

生产单位：一车间

2009年		凭证号数	摘要	合计	借方金额分析						
月	日				机物料消耗	薪酬	折旧费	办公费	水电费	蒸汽费用	机修费用
1	31	略	材料费用分配	1 170	1 170						
	31	略	薪酬费用分配	9 330		8 160					
	31	略	计提折旧	30 330			21 000				
	31	略	外购动力费用分配	30 734					404		
	31	略	辅助对外分配	129 349						48 045	50 570

月末公司会计归集车间本月发生的制造费用总额。

二、任务分析

该企业一车间为基本生产车间，其为组织和管理生产活动发生的各项费用（物料消耗、人工费用、动力费等），以及车间固定资产的使用和维修费（折旧费、机修费等），均为直接或间接用于产品的生产，由于不便于直接计入产品成本，所以单独设置"制造费用——一车间"单独核算，但最终要计入车间所生产的产品成本当中。

所以要想把一车间发生的制造费用分配计入一车间生产的 A、B 产品成本中，首先要确定一车间所发生的所有制造费用总额，即要归集出一车间制造费用金额。

三、知识链接

企业在生产产品的过程中，会发生车间管理人员的工资，厂房、机器、设备的折旧、车间管理部门为管理产品生产而发生的其他管理费用等。对在组织产品生产过程中所发生的管理费用，以及在产品生产过程中发生而不能直接归属到所制造产品成本中的各种生产费用称为制造费用。随着整个社会科学技术的不断进步，企业生产自动化程度的不断提高，生产管理手段的不断更新，使企业的制造费用在产品成本中所占的比重不断上升，从而对制造费用进行管理和核算显得越来越重要。

（一）制造费用的范围

企业制造费用的范围广、内容多、情况比较复杂，通常包括以下 3 类。

1. 直接用于产品生产未单独设置成本项目的费用

这类制造费用主要有：未单独设置"燃料及动力"成本项目的企业所发生的，用于产品生产的动力费用；专门用于某产品生产的机器设备的折旧费、修理费、租赁费、保险费等。

2. 间接用于产品生产不能单设产品成本项目的费用

这是企业在生产过程中经常发生的费用，内容比较多。通常包括生产用的房屋、建筑物、修理费用、保险费用及租赁费用；机物料消耗费用；车间的照明、取暖、降温、通风、除尘等费用；发生的季节性停工或固定资产大修理期间停工所造成的损失等。

3. 为组织和管理产品生产而发生的费用

这是车间（分厂）管理机构及人员在日常生产管理过程中发生的费用，主要有生产管理人员的工资及按规定提取并交纳的社会保险费用；生产管理部门使用的固定资产折旧费用、修理费用、保险费用及租赁费用；生产管理过程中使用低值易耗品的摊销费用；管理部门发生的照明、取暖、降温、通信、出差、办公费用等。

对上述发生在生产过程中的费用，构成制造费用的核算范围。为便于资料对比，可以根据企业实际情况设置制造费用的费用项目，归类反映制造费用的构成。制造费用的明细项目一般设置为：职工薪酬、折旧费、保险费、租赁费、低值易耗品摊销、水电费、取暖费、运输费、差旅费、办公费、机物料消耗、劳动保护费、在产品损耗、停工损失等。

（二）制造费用核算的账户设置

为了正确反映制造费用的发生和分配情况，企业要设置"制造费用"账户进行核算。该户的借方登记发生的各项制造费用，贷方登记分配转销的制造费用，分配后，一般无余额。为了反映不同生产车间发生的制造费用，要按车间分设明细账户，采用多栏式账页进行明细分类核算。

（三）制造费用归集的核算

制造费用的归集，是在制造费用发生时，根据有关的付款凭证、转账凭证和各种费用分配表，计入"制造费用"账户的借方，并分别计入相应的费用项目，通过登记，所发生的所有费用求和汇总。

四、任务实施

首先，根据"财会部门为一车间现金支付日常办公费用 1 273 元"，编制会计分录（凭证）如下：

借：制造费用——一车间　　　　　　　　　　　　　　　　　　　　1 273
　　贷：库存现金　　　　　　　　　　　　　　　　　　　　　　　　　　　1 273

然后，根据该记账凭证登记"制造费用——一车间"明细账（如表 4-2 所示）。至此，一车间为组织和管理生产所发生的所有费用全部登记"制造费用——一车间"，该账户金额合计 130 622 元即为账户归集的费用总额。该费用应由该车间生产的 A、B 产品成本负担，计算两种产品负担制造费用的金额的过程即为制造生产费用的分配过程。

表 4-2 制造费用明细账

生产单位：一车间

2009年		凭证号数	摘要	合计	借方金额分析						
月	日				机物料消耗	薪酬	折旧费	办公费	水电费	蒸汽费用	机修费用
1	31	略	材料费用分配	1 170	1 170						
	31	略	薪酬费用分配	9 330		8 160					
	31	略	计提折旧	30 330			21 000				
	31	略	外购动力费用分配	30 734					404		
	31	略	辅助对外分配	129 349						48 045	50 570
	31	略	现金付日常办公费	130 622				1 273			

任务二 制造费用的分配

一、任务描述

天华有限公司一车间归集制造费用合计为 130 622 元，本月一车间消耗的生产工时共计 16 500 小时，其中：A 产品 10 500 小时，B 产品 6 000 小时。月末公司会计采用工时比例法分配一车间的制造费用。

二、任务分析

一车间归集的制造费用应由车间生产的产品成本负担，采用一定的标准和方法分配计入 A、B 产品成本，根据任务描述应按照工时分配计入 A、B 产品成本。

三、知识链接

企业按生产车间归集的制造费用，要根据受益原则进行分配，计入本车间生产的产品成本之中。制造费用进行分配的方法较多，主要有工时比例法、工资比例法、机时比例法、年度计划分配率法等，企业可以根据实际情况选择使用，但不得随意变更已经确定的制造费用分配方法。

（一）工时比例法

工时比例法是按照各种产品所耗生产工人工时的比例分配制造费用的方法。分配公式如下：

$$某车间制造费用分配率 = \frac{该车间制造费用额}{该车间实际生产工时总量}$$

某产品应负担的制造费用＝该产品所耗工时×该车间制造费用分配率

采用工时比例法分配制造费用，使制造费用的分配与劳动生产率相结合，分配结果比较合理，在实际工作中应用较广泛。为保证分配结果的正确，分配公式中的工时，应按实际消耗工时计算。在没有实际工时记录时，也可以按定额工时分配制造费用。

(二) 工资比例法

工资比例法是按照计入各种产品成本的生产工人工资比例分配制造费用的方法。分配公式如下。

$$某车间制造费用分配率 = \frac{该车间制造费用额}{该车间生产工人工资总额}$$

某产品应负担制造费用＝该产品负担的生产工人工资×该车间制造费费用分配率

采用工资比例法分配制造费用，分配依据容易取得，但其正确性受机械化程度的影响较大。机械化程度越高的产品，负担的生产工人工资额相对较少，负担的制造费用就少；反之，负担的制造费用就多。因此，使用工资比例法时，要注意各种产品的机械化程度应当基本相近。值得说明的是，如果计入产品成本的生产工人工资是按工时比例分配的，则工资比例分配法与工时比例分配法对制造费用进行分配的结果是相同的。

【例 4-1】 甲企业 2010 年 10 月制造费用明细账记录费用总额为 90 000 元，该企业基本生产车间生产 A、B、C 三种产品，三种产品直接生产工人工资分别是 20 000、18 000 和 37 000元，则分配过程如下。

$$制造费用分配率 = \frac{90\ 000}{20\ 000 + 18\ 000 + 37\ 000} = 1.2$$

A 产品应负担制造费用＝20 000×1.2＝24 000（元）
B 产品应负担制造费用＝18 000×1.2＝21 600（元）
C 产品应负担制造费用＝37 000×1.2＝<u>44 400</u>（元）
　　　　　　　　　　　　　　　　　90 000 元

根据上述计算过程，编制制造费用分配表，如表 4-3 所示。

表 4-3 制造费用分配表

2010 年 10 月　　　　　　　　　　　　　　　　单位：元

分配对象	生产工人工资	分配率	分配金额
A 产品	20 000		24 000
B 产品	18 000		21 600
C 产品	37 000		44 400
合　计	75 000	1.2	90 000

根据制造费用分配表，编制会计分录如下。

借：生产成本——基本生产成本——A产品　　　　　　　　　　　24 000
　　　　　　　　　　　　——B产品　　　　　　　　　　　　21 600
　　　　　　　　　　　　——C产品　　　　　　　　　　　　44 400
　　贷：制造费用　　　　　　　　　　　　　　　　　　　　　　90 000

（三）机时比例法

机时比例法是按照各种产品所消耗的机器工时比例分配制造费用的方法。分配公式如下：

$$某车间制造费用分配率=\frac{该车间制造费用额}{该车间所耗机时总额}$$

$$某产品应负担制造费用=该产品耗用的机时×该车间制造费用分配率$$

在机械化程度较高的企业中，机器设备成为生产的主要因素，按照机器工时比例分配制造费用就显得更为合理。采用机时比例法，要有完整的机器工时原始记录，才能正确分配制造费用。

【例4-2】 甲企业10月份制造费用明细账记录费用总额为10 000元，该企业基本生产车间生产A、B两种产品，两种产品机器工时分别为3 000小时和2 000小时，则制造费用分配过程如下。

$$制造费用分配率=\frac{10\ 000}{3\ 000+2\ 000}=2$$

A产品负担的制造费用=3 000×2=6 000（元）

B产品负担的制造费用=2 000×2=$\underline{4\ 000}$（元）
　　　　　　　　　　　　　　　　　　10 000元

根据上述计算结果，编制制造费用分配表，如表4-4所示。

表4-4 制造费用分配表

2010年10月　　　　　　　　　　　　　　　　　　　　　　单位：元

分配对象	机器工时	分配率	分配金额
A产品	3 000		6 000
B产品	2 000		4 000
合　计	75 000	2	10 000

根据制造费用分配表，编制会计分录如下。

借：生产成本——基本生产成本——A产品　　　　　　　　　　　　6 000
　　　　　　　　　　　　——B产品　　　　　　　　　　　　4 000
　　贷：制造费用　　　　　　　　　　　　　　　　　　　　　　10 000

(四)年度计划分配率法

年度计划分配率法是企业在正常生产经营条件下,依据年度制造费用预算数与各种产品预计产量的相关定额标准(如工时、机时等)确定计划分配率,并以此分配制造费用的方法。分配公式如下:

$$某车间制造费用计划分配率 = \frac{该车间年度制造费用预算数}{\sum(该车间某种产品计划产量 \times 标准单位定额)}$$

某产品应负担制造费用=该产品实际产量×标准单位定额×车间制造费用计划分配率

采用年度计划分配率法分配制造费用后,必定会使实际归集的制造费用与按计划分配率分配的制造费用之间产生差异。对两者之间的差异,可在年末按 12 月份制造费用计划分配额为标准再进行一次分配。对实际制造费用大于已分配的计划制造费用的差异,补记入各产品的生产成本;对实际制造费用小于已分配的计划制造费用的差异,用红字冲回多记的产品生产成本。

制造费用差异额的分配公式如下:

$$制造费用差异分配率 = \frac{年度制造费用差异额}{当年12月份制造费用计划分配额}$$

$$某产品应负担制造费用差异额 = 该产品12月份负担的制造费用额 \times 制造费用差异分配率$$

【例 4-3】 某企业基本生产车间全年制造费用计划发生额为 400 000 元,全年各种产品的计划产量为:甲产品 2 500 件,乙产品 1 000 件;单件产品工时定额为:甲产品 6 小时,乙产品 5 小时。2009 年 10 月实际产量为:甲产品 200 件,乙产品 80 件。本月实际发生的制造费用 33 000,制造费用账户本月期初余额借方 1 000 元。则制造费用分配如下。

甲产品年度计划产量的定额工时=2 500×6=15 000(小时)
乙产品年度计划产量的定额工时=1 000×5=5 000(小时)
年度计划分配率=400 000÷(15 000+5 000)=20
本月甲产品的实际产量的定额工时=200×6=1 200(小时)
本月乙产品的实际产量的定额工时=80×5=400(小时)
本月甲产品应分配的制造费用=1 200×20=24 000(元)
本月乙产品应分配的制造费用=400×20=<u>8 000(元)</u>
　　　　　　　　　　　　　　　　　　　 32 000 元

制造费用账户的期末余额为借方 2 000 元。

假定本年度实际发生制造费用 408 360 元,至年末累计已经分配制造费用 41 5000(其中甲产品已经分配 311 250 元,乙产品已经分配 103 750 元),试将制造费用的差额进行调整。年末制造费用账户有贷方余额 6 640 元(408 360-415 000),应按已经分配的比例调整冲回。

甲产品应调减制造费用＝6 640×311 250÷415 000＝4 980（元）
乙产品应调减制造费用＝6 640×103 750÷415 000＝1 660（元）
调整分录如下。

借：生产成本——基本生产成本——甲产品　　　　　　　　4 980
　　　　　　　　　　　　　　——乙产品　　　　　　　　1 660
　　贷：制造费用　　　　　　　　　　　　　　　　　　　　6 640

采用年度计划分配率分配制造费用，分配手续简便，有利于及时计算产品成本，适用于季节性生产企业，使单位产品负担的制造费用相对均衡。为保证产品成本计算的正确性，要求采用年度计划分配率的企业有比较准确的定额标准和较高的计划管理水平。

无论采用何种方法分配制造费用，都要将分配结果编制制造费用分配表。并根据制造费用分配表编制会计分录。

根据会计分录（记账凭证）登记制造费用明细账后，一般会结平各个制造费用明细账户。但在采用年度计划分配率分配制造费用的企业中，由于存在制造费用分配差异，在月末分配制造费用后，很可能会有余额存在，只有在年末分配制造费用差异并将差异分配结果记入各制造费用明细账后，才能结平各个制造费用明细账户。

四、任务实施

根据任务所给资料及任务分析，采用工时比例法分配制造费用过程如下。

制造费用分配率＝130 622÷16 500＝7.916 5
A 产品应负担的制造费用＝10 500×7.916 5＝83 123（元）
B 产品应负担的制造费用＝130 622－83 123＝47 499（元）
　　　　　　　　　　　　　　　　　　　　　130 622 元

根据上述计算过程，编制制造费用分配表，如表 4－5 所示。

表 4－5　制造费用分配表

2009 年 1 月　　　　　　　　　　　　　　　　　　　　　　　　单位：元

分配对象	生产工时	分配率	分配金额
A 产品	10 500		83 123
B 产品	6 000		47 499
合计	16 500	7.916 5	130 622

根据制造费用分配表，编制会计分录（凭证）如下。

借：生产成本——基本生产成本——A 产品　　　　　　　　83 123
　　　　　　　　　　　　　　——B 产品　　　　　　　　47 499
　　贷：制造费用——一车间　　　　　　　　　　　　　　130 622

根据记账凭证登记账簿（如表4-6所示）。

表4-6 制造费用明细账

生产单位：一车间

2009年		凭证号数	摘要	合计	借方金额分析						
月	日				机物料消耗	薪酬	折旧费	办公费	水电费	蒸汽费用	机修费用
1	31	略	材料费用分配	1 170	1 170						
	31	略	薪酬费用分配	9 330		8 160					
	31	略	计提折旧	30 330			21 000				
	31	略	外购动力费用分配	30 734					404		
	31	略	辅助对外分配	129 349						48 045	50 570
	31	略	现金付日常办公费	130 622				1 273			
	32	略	制造费用分配	130 622	1 170	8 160	21 000	1 273	404	48 045	50 570

项 目 训 练

（一）单项选择题

1. 季节生产的车间分配制造费用适用的方法是（　　）。
   A. 生产工时比例法　　　　　　B. 生产工资比例法
   C. 机器工时比例法　　　　　　D. 按年度计划分配率分配法

2. 制造费用分配以后，"制造费用"科目月末一般应无余额，只有在采用（　　）时，"制造费用"科目月末才有余额。
   A. 按年度计划分配率分配法　　B. 机器工时比例法
   C. 生产工时比例法　　　　　　D. 生产工资比例法

3. 机器工时比例分配法适用于（　　）。
   A. 季节性生产的车间　　　　　B. 制造费用较多的车间
   C. 机械化程度大致相同的各种产品　D. 机械化程度较高的车间

4. 下列不属于制造费用的是（　　）。
   A. 车间机物料消耗　　　　　　B. 融资租入固定资产的租赁费
   C. 劳动保护费　　　　　　　　D. 季节性停工损失

5. 按照生产工时比例分配制造费用，要求（　　）。
   A. 各种产品的机械化程度较高
   B. 各种产品的机械化程度较低
   C. 各种产品的机械化程度相差不大

D. 不考虑各种产品的机械化程度差异

(二)多项选择题

1. 制造费用的分配方法有( )。
   A. 生产工时比例法　　　　　B. 机器工时比例法
   C. 计划成本分配法　　　　　D. 按计划分配率分配法

2. 下列项目中,应记入制造费用账户的有( )。
   A. 机物料消耗　　　　　　　B. 车间折旧费
   C. 税金　　　　　　　　　　D. 车间办公费用

3. 分配制造费用时,可能借记的账户有( )。
   A. 生产费用　　　　　　　　B. 营业费用
   C. 管理费用　　　　　　　　D. 生产成本——基本生产成本
   E. 生产成本——辅助生产成本

4. 下列说法正确的有( )。
   A. 在只生产一种产品的车间,制造费用直接计入产品成本
   B. 制造费用应按产品品种开设明细账
   C. 制造费用应按车间开设明细账
   D. 制造费用应从该账户贷方转至"基本生产成本"账户借方
   E. 制造费用总账账户下可以不按辅助生产车间开设明细账

5. 按年度计划分配率分配制造费,"制造费用"账户月末( )。
   A. 可能有余额　　　　　　　B. 无余额
   C. 可能有借方余额　　　　　D. 可能有贷方余额

(三)判断题

1. 企业各车间的制造费用应于月末进行汇总,在整个企业各种产品之间统一分配。( )

2. 所有生产车间发生的各种制造费用,一律通过"制造费用"科目核算。( )

3. 制造费用大部分是间接用于产品生产的费用,也有一部分是直接用于产品生产,但管理上不要求单独核算,也不专设成本项目的费用。( )

4. 分配制造费用采用的所有分配方法,分配结果是"制造费用"科目期末都没有余额。( )

5. 企业制造费用分配方法一经确定,不得随意变更。( )

(四)技能训练

训练一

目的:训练学生掌握按年度计划分配率法分配制造费用。

资料:某企业基本车间全年制造费用计划为 234 000 元,全年各种产品的计划产量为:甲产品 19 000 件,乙产品 6 000 件,丙产品 8 000 件。单件产品工时定额为:甲产品 5 小

时，乙产品 7 小时，丙产品 7.25 小时。本月实际产量为：甲产品 1 800 件，乙产品 700 件，丙产品 500 件。本月实际发生制造费用为 20 600 元。

要求：按年度计划分配率法分配制造费用（列示计算过程）：
(1) 计算各种产品年度计划产量的定额工时；
(2) 计算年度计划分配率；
(3) 计算各种产品本月实际产量的定额工时；
(4) 计算各种产品本月应分配制造费用；
(5) 编制制造费用分配的会计分录。

训练二

目的：训练学生运用年度计划分配率法分配制造费用及其会计处理。

资料：万达公司只有一个基本生产车间，制造费用采用按年度计划分配率分配法。全年制造费用计划为 58 560 元，全年各种产品的计划产量为：丙产品 1 200 件，丁产品 1 000 件；单件产品的工时定额为：丙产品 6 小时，丁产品 5 小时。10 月份实际产量为：丙产品 150 件，丁产品 100 件，该月实际制造费用为 6 900 元；"制造费用"科目月初余额为借方 200 元。

要求：
(1) 计算制造费用年度计划分配率；
(2) 计算 10 月份应分配转出的制造费用；
(3) 编制分配制造费用的会计分录；
(4) 计算"制造费用"科目 10 月末的余额。

训练三

目的：训练学生运用工时比例法分配制造费用。

资料：某企业基本生产车间同时生产甲乙两种产品，本期共归集制造费用 58 000 元，甲产品生产工人工时为 26 000 小时，乙产品生产工人工时 24 000 小时。

要求：采用工时比例法分配制造费用。

项目五

生产费用在完工产品和在产品之间的分配

知识目标
- 理解生产费用的归集过程
- 掌握生产费用在完工产品与在产品之间的分配程序及方法
- 掌握完工产品成本结转的账务处理方法

技能目标
- 能够进行生产费用的归集
- 能够采用简化的分配方法确定完工产品成本
- 能够采用约当产量法确定完工产品成本
- 能够采用定额比例法确定完工产品成本
- 能够采用定额成本计价法确定完工产品成本
- 能够进行完工产品成本结转的账务处理

任务一 简化分配的几种方法

一、任务描述

金鑫有限公司 2009 年 8 月甲产品月初在产品成本为 4 200 元,本月发生原材料费用 31 800 元,薪酬和制造费用等共计 3 000 元;本月完工产品 860 件,月末在产品 40 件。该产品的原材料费用在生产开始时一次性投入,由于产品成本中原材料费用所占比重较大,所以期末在产品成本只计算原材料费用。月末公司会计要采用一定的方法确定月末完工产品与在产品的成本。

二、任务分析

该公司甲产品月初在产品成本 4 200 元就是"生产成本——基本生产成本——甲产品"明细账期初余额；本月发生原材料费用 31 800 元，薪酬和制造费用等共计 3 000 元，就是本月根据相关费用分配表和记账凭证登记计入"生产成本——基本生产成本——甲产品"明细账的金额，所以 39 000 元（4 200＋31 800＋3 000）是"生产成本——基本生产成本——甲产品"明细账"期初余额＋本期发生额"的合计数额，根据公式：

期初在产品成本＋本期生产费用＝期末在产品成本＋本期完工产品成本

39 000 元就是"期末在产品成本＋本期完工产品成本"之和，也就是要把 39 000 元在期末完工产品与在产品成本之间分配。

又根据任务给定资料"期末在产品成本只计算原材料费用"，所以甲产品月初在产品成本 4 200 元就是月初在产品原材料费用，所以只需要把 36 000 元（4 200＋31 800）在完工产品与在产品之间分配；而且"产品的原材料费用在生产开始时一次性投入"，一件在产品和一件完工产品耗用的原材料费用相等，36 000 元按照完工产品和月末在产品的数量比例分配即可。

三、知识链接

（一）在产品的含义

在产品就是尚未最终完工的产品，包括广义在产品与狭义在产品。广义在产品是指从投产开始至尚未制成最终产品入库的产品，包括正在加工过程中的在制品、正在返修过程中的废品、已完成一个或几个生产步骤还需继续加工的半成品、已完工但尚未入库的完工产品、等待返修的可修复废品等。狭义在产品仅指正在各个生产车间处于相关生产步骤进行加工的在制品。本项目的在产品是指狭义在产品。

（二）在产品与完工产品之间的关系

存在期末在产品的制造企业，首先要把期初在产品成本与本期发生的生产费用求和，即计算出本期"生产成本——基本生产成本"明细账本期生产费用合计，该过程就是生产费用的归集过程。本期归集的生产费用应当由本期完工产品与月末在产品共同负担。

期初在产品成本＋本期发生生产费用＝期末在产品成本＋本期完工产品成本

所以在产品与完工产品之间存在如下关系：

本期完工产品成本＝期初在产品成本＋本期发生生产费用－期末在产品成本

上述关系式中的期初在产品成本就是上期末的在产品成本，是已知的；本期发生生产费用通过要素费用的分配与归集可以得到确定；因此，只要确定期末在产品成本，就能计算出本期完工产品成本。由于产品成本通常在月末进行计算，因此期末在产品通常指月末在产品；期初在产品通常指月初在产品。

(三) 生产费用在完工产品与在产品之间分配的程序

为了正确计算完工产品成本,必须将各个基本生产车间归集的生产费用在完工产品与月末在产品之间进行分配。其分配程序如下。

(1) 确定期末在产品成本

即根据期末在产品结存数量,运用一定的计算方法,确定期末在产品应负担的生产费用。

(2) 确定本期完工产品总成本

本期完工产品成本＝期初在产品成本＋本期发生生产费用－期末在产品成本

(3) 计算完工产品单位成本

$$产品单位成本 = \frac{该产品总成本}{该产品完工数量}$$

(四) 生产费用在完工产品与在产品之间分配的简化分配方法

由于各个制造企业的生产规模、工艺流程、成本构成、管理水平、核算要求各不相同,月末在产品的数量也有多有少,因此,在产品成本的确定方法也比较多。目前常用的在产品成本计算方法有:不计在产品成本法、固定计算在产品成本法、只计材料法、约当产量法、定额成本计价法和定额比例法,其中前三种方法为简化分配的方法。

企业可以根据实际情况选择使用,在产品成本计算方法一经确定,不得随意变更,以保证产品成本资料的可比性。

1. 不计在产品成本法

不计在产品成本法,简称"不计成本法"。是指月末在产品不计算成本,本期归集的生产费用全部由本期完工产品承担的方法。

它的特点是有月末在产品,但不计算其应负担的生产费用。采用这种方法的条件是月末在产品数量很少,是否计算其成本,对完工产品成本影响很小。采用这种方法确定在产品成本,则本期完工产品总成本就是本期该产品所归集的生产费用。

2. 固定计算在产品成本法

固定计算在产品成本法,简称"固定成本法"。是指年内各月末的在产品成本固定,并以此确定当月完工产品成本的方法。

它的特点是每年只在年末计算12月末在产品成本,在次年1—11月份,不论在产品数量是否发生变化,都固定的以上年12月末的在产品成本作为各月在产品成本。

采用这种方法的条件是各月的在产品数量是基本均衡的,而且单位产品成本变化很小,按固定成本作为月末在产品成本对完工产品成本计算的正确性影响不大。采用此方法,使当月完工产品总成本与当月发生的生产费用相同。

3. 只计材料法

只计材料法是指在确定月末在产品成本时,只计算在产品所消耗的材料费用,将人工费用与制造费用全部由当期完工产品负担的方法。它的特点是用月末在产品所消耗的材料费用来代替月末在产品成本。

采用这种方法的条件是在产品的成本构成中，材料费用占绝大比重，不计算在产品应负担的人工费用与制造费用，对正确计算完工产品成本影响不大。

以生产开始时材料一次投入为例，说明具体的计算公式。

$$产品单位材料成本 = \frac{该产品所耗材料费用总额}{该产品完工数量 + 月末在产品数量}$$

月末在产品成本＝月末在产品数量×该产品单位材料成本

本期完工产品总成本＝月初在产品成本＋本期发生生产费用－月末在产品成本

采用此种方法，使当月完工产品总成本中包含本月发生的人工费用与制造费用。

四、任务实施

本月所归集材料费用总额为 36 000 元，则：

产品单位材料成本＝36 000÷(860＋40)＝40
月末在产品成本＝40×40＝1 600（元）
完工产品应负担的材料费用＝36 000－1 600＝34 400（元）
完工产品总成本＝34 400＋3 000＝37 400（元）
或＝4 200＋(31 800＋3 000)－1 600＝37 400（元）

任务二　约当产量法

一、任务描述

天华有限公司是一家机械设备生产企业，生产 A、B 两种产品，A 产品生产经过三道工序连续完成，B 产品经过一道工序完成；其"生产成本——基本生产成本"账户的相关记账凭证已经登记入账，如表 5-1 和表 5-2 所示。

表 5-1　生产成本——基本生产成本——A 产品

2009 年		凭证号数	摘　要	直接材料	直接人工	制造费用	小　计
月	日						
1	31	略	材料费用分配	170 000			170 000
	31	略	薪酬费用分配		57 120		57 120
	31	略	外购动力费用分配			17 484	17 484
	31	略	制造费用分配			83 123	83 123

表 5-2 生产成本——基本生产成本——B 产品

2009 年		凭证号数	摘　要	直接材料	直接人工	制造费用	小　计
月	日						
1	31	略	材料费用分配	94 000			94 000
	31	略	薪酬费用分配		32 640		32 640
	31	略	外购动力费用分配			9 991	9 991
	31	略	制造费用分配			47 499	47 499

该公司的材料在生产开始时一次性投入，完工程度按定额工时计算。各工序的工时定额如表 5-3 所示。

表 5-3 产品工时定额表

产品名称	工时定额			
	一工序	二工序	三工序	合　计
A 产品	4	6	10	20
B 产品		6		6

2009 年 1 月末，一车间对 A、B 产品的月末在产品进行实地盘点，盘点结果如表 5-4 所示。

表 5-4 月末在产品盘存表
2009 年 1 月 31 日

品　名	单　位	生产工序			合　计
		一	二	三	
A 产品	件	20	40	40	100
B 产品	件		80		80

2009 年 1 月产品入库情况如表 5-5 所示。

表 5-5 产品入库单
2009 年 1 月 31 日

产品名称	单　位	入库数量
A 产品	件	900
B 产品	件	1 920

月末公司会计可采用约当产量法确定完工产品和在产品成本，并完成完工产品入库的账务处理。

二、任务分析

企业为生产 A、B 产品所发生的直接归属于其产品成本的材料费用、薪酬费用、动力费用、一车间为组织和生产两种产品生产所发生的制造费用均已经登记入账（生产成本——基本生产成本明细账）；这些费用的合计就是归集的 A、B 产品生产费用总额，该费用就是"期初在产品成本＋本期生产费用"（本系列任务无期初在产品成本），需要采用一定的方法计算出两种产品本月完工产品成本和月末在产品成本，即把生产费用在完工产品与在产品之间分配。根据任务所给资料和要求，应采用约当产量法进行分配。

三、知识链接

生产费用在完工产品和在产品之间分配方法除了本项目任务一的简化分配方法以外，还有其他方法，比如约当产量法、定额成本计价法和定额比例法等。

（一）约当产量法

约当产量法又称按约当产量计算在产品成本法，是将月末在产品数量折合成完工产品数量参与生产费用的分配，同时确定月末在产品成本与本期完工产品成本的方法。

它的特点是先计算在产品的约当产量（一件在产品大约相当于多少完工产品产量，该数值必定小于等于1），把月末在产品数量按材料消耗比例或完工程度折合成完工产品数量，再将归集的生产费用在月末在产品约当产量和完工产品产量之间进行分配，分别确定其成本。

适用于期末的在产品数量较多，各月月末的在产品数量变化较大，产品中各个成本项目所占比重相差不大的产品。

1. 约当产量法确定产品成本的程序

（1）计算在产品约当产量

$$在产品约当产量＝月末在产品数量×折算比例$$

其中：折算比例 $\begin{cases} 直接材料费用分配时，在产品约当产量计算使用"材料消耗比例" \\ 其他生产费用（人工、制造费用）分配时，在产品约当产量计算使用"完工程度" \end{cases}$

（2）计算约当总产量

$$约当总产量＝本月完工产品数量＋月末在产品约当产量$$

（3）计算生产费用分配率

$$某项生产费用分配率＝\frac{该项费用总额}{约当总产量}$$

项目五 生产费用在完工产品和在产品之间的分配

其中：某项生产费用指直接材料、直接人工、燃料及动力或制造费用等，下同。

（4）计算月末在产品应负担的某项生产费用

$$月末在产品应负担某项生产费用 = 在产品约当产量 \times 该项费用分配率$$

（5）计算本期完工产品应负担的某项生产费用

$$本期完工产品应负担的某项生产费用 = 该项费用总额 - 月末在产品应负担的该项费用额$$

（6）计算本期完工产品总成本

$$本期完工产品总成本 = \sum (本期完工产品应负担的各项生产费用)$$

（7）计算本期完工产品单位成本

$$本期完工某产品单位成本 = \frac{本期完工的该产品总成本}{本期完工的该产品产量}$$

由于原材料的投料方式不一定与产品的完工程度同步，因而运用约当产量法计算在产品成本时，要将材料费用与其他生产费用分别加以计算。

2. 运用约当产量法计算在产品的材料费用

月末在产品应负担的材料费用与投料方式相关。采用约当产量法时，需要将月末在产品数量按投料程度折合为完工产品数量。在实际工作中，原材料的投料方式有三种情况（如图5-1所示），即生产开始时一次投入全部所需材料；每道工序开始时一次投入该工序所需的全部材料；在产品生产过程中均衡投入所需材料。针对不同的投料方式，月末在产品约当产量的计算方式也有所区别。

投料方式 $\begin{cases} 生产开始时一次投入全部材料 \\ 每道工序开始时投入本工序所需材料 \\ 随生产进度逐步均衡投料 \begin{cases} 单步骤生产 \\ 多步骤生产 \end{cases} \end{cases}$

图5-1 实际工作中原材料的投料方式

1）生产开始时一次投料

生产开始时一次投料是指在产品生产开始时，一次投入生产该产品所需的全部材料，这种投料方式下一件月末在产品所耗材料与一件完工产品所耗材料相同，在产品的材料消耗程度为100%。

$$月末在产品约当产量 = 月末在产品数量$$

2）每道工序开始时投入本工序所需材料

月末在产品可按材料消耗比例折合为完工产品。确定月末在产品约当产量的公式如下。

某工序在产品消耗比例＝截止该工序止累计材料投料定额（数量）÷
完工产品材料消耗定额（数量）×100％

某工序在产品约当产量＝该工序在产品数量×该工序材料消耗比例

【例5-1】 月华公司A车间生产甲产品需经过三道工序，材料于每道工序开始时投入本工序所需，在产品数量及材料消耗定额资料如表5-6所示。

表5-6 在产品数量及材料消耗定额资料

工 序	月末在产品数量/件	单位产品原材料消耗定额/千克
1	100	70
2	120	80
3	140	100
合 计	360	250

要求：计算各工序在产品材料消耗程度和月末在产品直接材料成本项目的约当产量。计算过程如表5-7所示。

表5-7 约当产量计算表

工 序	1	2	3	合 计
月末在产品数量/件	100	120	140	360
单位产品原材料消耗定额/千克	70	80	100	250
材料消耗程度	70÷250×100％=28％	(70+80)÷250×100％=60％	(70+80+100)÷250×100％=100％	—
在产品约当产量	100×28％=28	120×60％=72	140×100％=140	240

如果不能取得各工序材料消耗定额资料，而是能够取得各工序投放材料比例，比如：某产品投放材料比例第一工序50％、第二工序30％、第三工序20％。某月末各工序的在产品数量分别是100件、80件和120件，据以计算月末在产品约当产量如表5-8所示。

表5-8 月末在产品约当产量计算表

项 目	第一工序	第二工序	第三工序	合 计
单位产品投料比例	50％	30％	20％	100％
月末在产品数量	100	80	120	300
材料消耗程度	50％	50％+30％=80％	80％+20％=100％	—
在产品约当产量	100×50％=50	80×80％=64	120×100％=120	234

3）在生产过程中均衡投料

在逐步投料方式下，由于在产品所消耗的原材料费用均衡投入的，所以分配费用的方法和人工、制造等加工费用分配方法基本相同。

（1）单步骤生产

$$在产品消耗比例 = 50\%$$

（2）多步骤生产

某工序月末在产品材料消耗比例＝前面工序累计投料比例＋本工序投料比例×50%

或

$$= \frac{前面工序累计投料额（数量）+ 本工序投料额（数量）\times 50\%}{该产品投料总额（数量）} \times 100\%$$

【例 5-2】 以月华公司的在产品数量及材料消耗定额资料为例，假设材料在每道工序中均衡投入，则材料消耗程度和约当产量计算如表 5-9 所示。

表 5-9 在产品约当产量计算表

工 序	1	2	3	合 计
月末在产品数量/件	100	120	140	360
单位产品原材料消耗定额/千克	70	80	100	250
材料消耗程度	70×50%÷250×100%＝14%	(70+80×50%)÷250×100%＝44%	(70+80+100×50%)÷250×100%＝80%	—
在产品约当产量	100×14%＝14	120×44%＝52.8	140×80%＝112	178.8

3. 运用约当产量法计算在产品的其他费用

这里所说的在产品其他费用是指月末在产品应负担的人工费用、制造费用及动力费用。月末在产品应负担的其他费用与产品的完工程度相关。产品完工程度是指某产品已消耗工时占生产该产品所需全部工时的比例。

1）单步骤均衡生产的产品

月末在产品会均衡地分布在生产线上，因此月末在产品的平均完工程度通常为 50%。月末在产品约当产量的计算公式为

$$月末在产品约当产量 = 月末在产品数量 \times 完工程度（通常为 50\%）$$

2）多步骤连续均衡生产的产品

由于各工序所耗工时不一定相同，使各道工序的月末在产品的完工程度也不同，各工序月末在产品完工程度和月末在产品约当产量可按下列公式计算。

$$某工序月末在产品完工程度 = \frac{前面各工序已耗工时 + 本工序消耗工时 \times 50\%}{该产品应消耗总工时} \times 100\%$$

月末在产品约当产量 = $\sum$（各工序月末在产品数量×该工序完工程度）

【例 5-3】 某企业生产 A 产品，分三道工序完成，A 产品工时定额为 100 小时，各工序工时定额和在产品数量如表 5-10 所示。

表 5-10　工时定额和在产品数量统计表

工　序	第一工序	第二工序	第三工序	合　计
工时定额	40	30	30	100
月末在产品数量/件	1 000	1 200	1 500	3 700

要求：计算在产品各工序的完工程度和约当产量。

计算过程如表 5-11 所示。

表 5-11　在产品约当产量计算表

工　序	第一工序	第二工序	第三工序	合　计
工时定额	40	30	30	100
月末在产品数量/件	1 000	1 200	1 500	3 700
完工程度	40×50%÷100×100%=20%	(40+30×50%)÷100×100%=55%	(40+30+30×50%)÷100×100%=85%	—
在产品约当产量	1 000×20%=200	1 200×55%=660	1 500×85%=1 275	2 135

【例 5-4】 黄河公司基本生产车间生产甲、乙两种产品，均需经过三道工序。甲产品所需材料在投产时一次投入，2009 年 3 月共投入材料 204 930 元，已归集薪酬费用为 48 960 元，归集的制造费用为 40 128.3 元；乙产品所需材料在每道工序中均衡投入，其中第一工序 60%、第二工序 30%、第三工序 10%，本月共投入材料 77 476.50 元，归集的薪酬费用为 39 168 元；归集的制造费用为 32 175.40 元。3 月份，该车间完工甲产品 450 件，完工乙产品 742 件；月末在产品情况如表 5-12 所示。

表 5-12　月末在产品情况表

产品名称	单　位	第一工序	第二工序	第三工序	合　计
甲月末在产品	件	20	15	15	50
乙月末在产品	件	30	40	20	90

各工序的定额工时如表 5-13 所示。

表 5-13　各工序的定额工时统计表

项　目	定额工时			
	一工序	二工序	三工序	合　计
甲产品	20	20	10	50
乙产品	10	6	4	20

要求：运用约当产量法，确定企业甲、乙完工产品成本。

首先，运用约当产量分配材料费用。

①计算月末在产品约当产量如表5-14所示。

表5-14 月末在产品约当产量计算表

项 目	甲 产 品				乙 产 品			
	一工序	二工序	三工序	合计	一工序	二工序	三工序	合计
投料比例	100%	—	—	100%	60%	30%	10%	100%
在产品数量	20	15	15	50	30	40	20	90
材料消耗比例	100%	100%	100%	100%	30%	75%	95%	—
约当产量	20	15	15	50	9	30	19	58

②计算约当总产量。

$$甲产品约当总产量=450+50=500（件）$$
$$乙产品约当总产量=742+58=800（件）$$

③计算分配材料费用。

$$甲产品材料费用分配率=\frac{204\ 930}{500}=409.86（元）$$

甲产品月末在产品应负担的材料费用=50×409.86=20 493（元）

甲产品完工产品应负担的材料费用=204 930-20 493=184 437（元）

$$乙产品材料费用分配率=\frac{77\ 476.50}{800}=96.845\ 6$$

乙产品月末在产品应负担的材料费用=58×96.845 6=5 617.04（元）

乙产品完工产品应负担的材料费用=77 476.50-5 617.04=71 859.46（元）

其次，采用约当产量法分配薪酬、制造费用。

①计算月末在产品约当产量如表5-15所示。

表5-15 月末在产品约当产量计算表

项 目	甲 产 品				乙 产 品			
	一工序	二工序	三工序	合计	一工序	二工序	三工序	合计
定额工时	20	20	10	50	10	6	4	20
在产品数量	20	15	15	50	30	40	20	90
各工序完工程度	20%	60%	90%	—	25%	65%	90%	—
约当产量	4	9	13.5	26.5	7.5	26	18	51.5

②计算约当总产量。

$$甲产品约当总产量=450+26.5=476.5（件）$$
$$乙产品约当总产量=742+51.5=793.5（件）$$

③计算分配人工费用。

$$甲产品人工费用分配率 = \frac{48\,960}{476.5} = 102.749\,2$$

甲产品月末在产品应负担的人工费用 = 26.5×102.749 2 = 2 722.85（元）
甲产品完工产品应负担的人工费用 = 48 960 − 2 722.85 = 46 237.15（元）

$$乙产品人工费用分配率 = \frac{39\,168}{793.5} = 49.361\,1$$

乙产品月末在产品应负担的人工费用 = 51.5×49.361 1 = 2 542.10（元）
乙产品完工产品应负担的人工费用 = 39 168 − 2 542.10 = 36 625.90（元）

④计算分配制造费用。

$$甲产品制造费用分配率 = \frac{40\,128.30}{476.5} = 84.214\,7$$

甲产品月末在产品应负担的制造费用 = 26.5×84.214 7 = 2 231.69（元）
甲产品完工产品负担应的制造费用 = 40 128.30 − 2 231.69 = 37 896.61（元）

$$乙产品制造费用分配率 = \frac{32\,175.40}{793.5} = 40.548\,7$$

乙产品月末在产品应负担的制造费用 = 51.5×40.548 7 = 2 088.26（元）
乙产品完工产品应负担的制造费用 = 32 175.40 − 2 088.26 = 30 087.14（元）

根据计算结果编制本期完工产品与月末在产品生产费用分配表，如表 5-16 和表 5-17 所示。

表 5-16 甲产品生产费用分配表

2009 年 3 月 31 日　　　　　　　　　　　　　　　　　　　　单位：元

项　目	成 本 项 目			合　计
	直接材料	直接人工	制造费用	
期初在产品成本	—	—	—	—
本月发生生产费用	204 930	48 960	40 128.30	319 477.50
本月生产费用合计	204 930	48 960	40 128.30	319 477.50
本期完工产品数量	450	450	450	—
月末在产品数量	50	50	50	—
在产品约当产量	50	26.5	26.5	—
约当总产量	500	476.5	476.5	—
费用分配率	409.86	102.749 2	84.214 7	—
月末在产品成本	20 493	2 722.85	2 231.69	26 863.42
完工产品总成本	184 437	46 237.15	37 896.61	292 614.08
完工产品单位成本	409.86	102.75	84.21	650.25

表 5-17　乙产品生产费用分配表

2009 年 3 月 31 日　　　　　　　　　　　　　　　　　　　　　　单位：元

项　　目	成本项目			合　　计
	直接材料	直接人工	制造费用	
期初在产品成本	—	—	—	—
本月发生生产费用	77 476.50	39 168	32 175.40	165 792.70
本月生产费用合计	77 476.50	39 168	32 175.40	165 792.70
本期完工产品数量	742	742	742	—
月末在产品数量	90	90	90	
在产品约当产量	58	51.5	51.5	
约当总产量	800	793.5	793.5	
费用分配率	96.845 6	49.361 1	40.548 7	
月末在产品成本	5 617.04	2 542.10	2 088.26	11 348.97
完工产品总成本	71 859.46	36 625.90	30 087.14	154 443.73
完工产品单位成本	96.85	49.36	40.55	208.15

（二）完工产品入库的核算

1. 账户设置

完工产品是指完成全部生产过程，符合技术与质量要求，验收入库，具备对外销售条件的完工产品。为了反映完工产品入库情况，需要设置"库存商品"账户按产品品种明细核算。"库存商品"账户是资产类账户，该账户的借方登记验收入库的外购商品或完工入库的完工产品的实际成本，贷方登记结转的商品销售成本和其他原因付出商品的实际成本，余额为借方，表示企业在库商品的实际成本。企业应当按照商品的品名、规格分户设置"库存商品数量金额明细账"，对库存商品进行明细分类核算。

2. 会计处理

无论采用何种方法确定月末在产品成本，并计算出本期完工产品的总成本和单位成本后，都要根据编制的产品生产费用分配表或产品成本计算表，结合产品入库单进行会计处理。

借：库存商品
　　贷：生产成本——基本生产成本

根据会计分录（记账凭证）登记基本生产成本明细账，转出完工产品成本，结出月末在产品成本。

四、任务实施

第一步,归集 A、B 产品基本生产成本明细账发生的生产费用合计,A 产品 327 727 元、B 产品 184 130 元,如表 5-18 和表 5-19 所示。

表 5-18 生产成本——基本生产成本——A 产品

2009 年		凭证号数	摘 要	直接材料	直接人工	制造费用	小 计
月	日						
1	31	略	材料费用分配	170 000			170 000
	31	略	薪酬费用分配		57 120		57 120
	31	略	外购动力费用分配			17 484	17 484
	31	略	制造费用分配			83 123	83 123
			本月生产费用合计	170 000	57 120	100 607	327 727

表 5-19 生产成本——基本生产成本——B 产品

2009 年		凭证号数	摘 要	直接材料	直接人工	制造费用	小 计
月	日						
1	31	略	材料费用分配	94 000			94 000
	31	略	薪酬费用分配		32 640		32 640
	31	略	外购动力费用分配			9 991	9 991
	31	略	制造费用分配			47 499	47 499
			本月生产费用合计	94 000	32 640	57 490	184 130

第二步,按约当产量法确定完工产品成本和月末在产品成本。

首先,计算在产品约当产量,如表 5-20 和表 5-21 所示。

表 5-20 月末在产品材料费用约当产量计算表

2009 年 1 月

项 目	A 产 品				B 产品
	一工序	二工序	三工序	合 计	
投料比例	100%	—	—	100%	100%
在产品数量	20	40	40	100	80
材料消耗比例	100%	100%	100%		100%
约当产量	20	40	40	100	80

表 5-21　月末在产品其他费用约当产量计算表

2009 年 1 月

项目	A 产品				B 产品
	一工序	二工序	三工序	合计	
工时定额	4	6	10	20	6
在产品数量	20	40	40	100	80
完工程度	10%	35%	75%	—	50%
约当产量	2	14	30	46	40

其次，计算程序的后六步，可以由产品生产费用分配表（表 5-22 和表 5-23）来体现，所以省略计算过程。

表 5-22　A 产品生产费用分配表

2009 年 1 月　　　　　　　　　　　　　　　　　　　　　　单位：元

项目	成本项目			合计
	直接材料	直接人工	制造费用	
期初在产品成本	0	0	0	0
本月发生生产费用	170 000	57 120	100 607	327 727
本月生产费用合计	170 000	57 120	100 607	327 727
本期完工产品数量	900	900	900	—
月末在产品数量	100	100	100	—
在产品约当产量	100	46	46	—
约当总产量	1 000	946	946	—
费用分配率	170	60.380 5	106.349 9	—
月末在产品成本	17 000	2 778	4 892	24 670
完工产品总成本	153 000	54 342	95 715	303 057
完工产品单位成本	170	60.38	106.35	336.73

表 5-23　B 产品生产费用分配表

2009 年 1 月　　　　　　　　　　　　　　　　　　　　　　单位：元

项目	成本项目			合计
	直接材料	直接人工	制造费用	
期初在产品成本	0	0	0	0
本月发生生产费用	94 000	32 640	57 490	184 130
本月生产费用合计	94 000	32 640	57 490	184 130

续表

项 目	成本项目			合 计
	直接材料	直接人工	制造费用	
本期完工产品数量	1 920	1 920	1 920	—
月末在产品数量	80	80	80	—
在产品约当产量	80	40	40	—
约当总产量	2 000	1 960	1 960	—
费用分配率	47	16.653 1	29.331 6	—
月末在产品成本	3 760	666	1 173	5 599
完工产品总成本	90 240	31 974	56 317	178 531
完工产品单位成本	47	16.653 1	29.3316	92.984 7

最后,编制完工产品成本汇总表(如表5-24所示)。

表5-24 完工产品成本汇总表

2009年1月

项 目		直接材料	直接人工	制造费用	合 计
A产品	完工总成本	153 000	54 342	95 715	303 057
	单位成本	170	60.380 5	106.349 9	336.730 4
B产品	完工总成本	90 240	31 974	56 317	178 531
	单位成本	47	16.653 1	29.331 6	92.984 7

根据产品入库验收单、生产费用分配表及完工产品成本汇总表,编制完工产品入库会计分录(记账凭证)如下。

借:库存商品——A产品　　　　　　　　　　　　　　　　　303 057
　　　　　　——B产品　　　　　　　　　　　　　　　　　178 531
　贷:生产成本——基本生产成本——A产品　　　　　　　　303 057
　　　　　　　　　　　　　　　——B产品　　　　　　　178 531

根据会计分录登记账簿,如表5-25和表5-26所示。

表5-25 生产成本——基本生产成本——A产品

2009年		凭证号数	摘 要	直接材料	直接人工	制造费用	小 计
月	日						
1	31	略	材料费用分配	170 000			170 000
	31	略	薪酬费用分配		57 120		57 120
	31	略	外购动力费用分配			17 484	17 484

续表

2009年		凭证号数	摘要	直接材料	直接人工	制造费用	小计
月	日						
	31	略	制造费用分配			83 123	83 123
			本月生产费用合计	170 000	57 120	100 607	327 727
	31	略	完工产品入库	153 000	54 342	95 715	303 057

表 5-26　生产成本——基本生产成本——B 产品

2009年		凭证号数	摘要	直接材料	直接人工	制造费用	小计
月	日						
1	31	略	材料费用分配	94 000			94 000
	31	略	薪酬费用分配		32 640		32 640
	31	略	外购动力费用分配			9 991	9 991
	31	略	制造费用分配			47 499	47 499
			本月生产费用合计	94 000	32 640	57 490	184 130
	31	略	完工产品入库	90 240	31 974	56 317	178 531

任务三　定额比例法

一、任务描述

某企业 2009 年 12 月生产的丁产品本月完工 2 000 件，单位产品定额消耗：材料定额 6 千克，工时定额 2 小时；月末在产品为 500 件，单位在产品定额消耗：材料定额 4 千克，工时定额 1 小时。生产丁产品本月生产费用资料如表 5-27 所示。

表 5-27　生产费用资料表

项目	直接材料	直接人工	制造费用	合计
月初生产费用	2 000	800	1 500	4 300
本月发生生产费用	12 000	4 000	6 000	22 000
生产费用合计	14 000	4 800	7 500	26 300

根据任务所给资料，采用定额比例法确定完工产品成本，并编制完工产品入库凭证。

二、任务分析

采用定额比例法把生产费用在完工产品和月末在产品之间分配，可以按定额消耗量也可以按定额成本分配，任务给定了完工产品和月末在产品的材料和工时定额，所以应采用完工产品定额成本与在产品定额成本占总定额成本的比例计算分配。

三、知识链接

定额比例法又称为按定额比例计算在产品成本法，是指在确定月末在产品与本期完工产品定额成本的基础上，按实际生产费用与定额总成本的比例分别确定月末在产品与本期完工产品实际成本的方法。

其特点是按照生产费用占月末在产品和本期完工产品的定额成本的比例进行分配后，确定各自应负担的生产费用。

适用于有比较准确的各种产品成本定额标准，各项消耗定额比较稳定，月末在产品数量变化较大的产品。按照此种方法确定的完工产品和月末在产品成本，使二者共同负担了实际成本脱离定额的差异。

定额比例法由于既可以按定额消耗量，又可以按定额成本比例分配，这里以定额成本比例分配为例。

$$直接材料成本分配率=\frac{月初在产品实际材料成本+本月投入的实际材料成本}{完工产品定额材料成本+月末在产品定额材料成本}$$

完工产品应负担的直接材料成本＝完工产品定额材料成本×直接材料成本分配率

月末在产品应负担直接材料成本＝月末在产品定额材料成本×直接材料成本分配率

$$直接人工成本分配率=\frac{月初在产品实际人工成本+本月投入的实际人工成本}{完工产品定额工时+月末在产品定额工时}$$

完工产品应负担直接人工成本＝完工产品定额工时×直接人工成本分配率

月末在产品应负担直接人工成本＝月末在产品定额工时×直接人工费用分配率

制造费用等其他间接费用的分配计算参照人工费用的分配计算过程。

采用定额比例法分配完工产品与月末在产品的费用，不仅分配结果比较正确，同时还便于将实际费用与定额费用相比较，分析考核定额的执行情况。但是采用定额比例法，在月初消耗定额或费用降低时，如果月末在产品费用消耗是采用倒挤法计算，那么月初在产品定额消耗应按新的定额重新计算，否则，由于本月定额费用和本月完工产品定额费用均已按降低后的定额，月初在产品应降低而未降低的定额费用，全部倒挤入月末在产品定额费用中，使月末在产品定额费用虚增，从而使月末在产品所负担的实际费用虚增，影响完工产品与月末在产品计算费用分配的合理性。若定额增加时，则会导致相反的结果，同时按新的定额重新计算月初在产品定额费用，会增加核算的工作量。

四、任务实施

采用定额比例法分配本月生产费用。

(1) 计算完工产品的定额

完工产品定额材料消耗＝2 000×6＝12 000（千克）

完工产品定额工时＝2 000×2＝4 000（小时）

(2) 计算月末在产品的定额

月末在产品定额材料消耗＝500×4＝2 000（千克）

月末在产品定额工时＝500×1＝500（小时）

(3) 计算定额比例

$$直接材料费用分配率 = \frac{2\,000 + 12\,000}{12\,000 + 2\,000} = 1$$

$$直接人工费用分配率 = \frac{800 + 4\,000}{4\,000 + 500} = 1.07$$

$$制造费用分配率 = \frac{1\,500 + 6\,000}{4\,000 + 500} = 1.67$$

(4) 分配成本

完工产品直接材料费用＝12 000×1＝12 000（元）

月末在产品直接材料费用＝2 000×1＝2 000（元）

完工产品直接人工费用＝4 000×1.07＝4 280（元）

月末在产品直接人工费用＝4 800－4 280＝520（元）

完工产品制造费用＝4 000×1.67＝6 680（元）

月末在产品制造费用＝7 500－6 680＝820（元）

丁产品本月完工产品成本＝12 000＋4 280＋6 680＝22 960（元）

丁产品本月在产品产品成本＝2 000＋520＋820＝3 340（元）

(5) 编制生产费用分配表

生产费用分配表如表 5-28 所示。

表 5-28　生产费用分配表

产品名称：丁产品　　　　　　　2009 年 12 月　　　　　　　　　　单位：元

项　目		直接材料	直接人工	制造费用	合　计
月初在产品成本		2 000	800	1 500	4 300
本月发生生产费用		12 000	4 000	6 000	22 000
本月生产费用合计		14 000	4 800	7 500	26 300
定额材料费用	完工产品	12 000			
	月末在产品	2 000			

续表

项　　目		直接材料	直接人工	制造费用	合　　计
定额工时	完工产品		4 000	4 000	
	月末在产品		500	500	
费用分配率		1	1.07	1.67	
完工产品成本		12 000	4 280	6 680	22 960
月末在产品成本		2 000	520	820	3 340

根据生产费用分配表编制完工产品入库会计分录（记账凭证）。

借：库存商品——丁产品　　　　　　　　　　　　　　　　　22 960
　　贷：生产成本——基本生产成本——丁产品　　　　　　　　22 960

任务四　定额成本计价法

一、任务描述

某企业生产甲产品，2009 年 8 月生产归集原材料费用总额 48 000 元，人工费用总额为 20 000 元，制造费用总额为 20 000 元。完工产品数量为 400 件，月末在产品数量为 200 件。原材料在生产开始时一次性投入，月末在产品相关定额资料为：原材料消耗定额 60 公斤/件，计划单价 1 元/公斤；工时定额 20 小时，计划小时工资率 1.5 元/小时，计划计划小时费用率 1.2 元/小时。

采用定额成本计价法分配完工产品和在产品成本，并编制完工产品入库凭证。

二、任务分析

采用定额成本计价法把生产费用在完工产品和月末在产品之间分配，首先需要按照在产品有关定额资料及月末在产品数量，计算月末在产品定额成本，然后根据月末完工产品成本与在产品成本之间的关系计算完工产品总成本。

三、知识链接

定额成本计价法是指月末在产品成本根据月末在产品数量和在产品定额成本相关资料计算、确定本期完工产品成本的方法。

其特点是在产品只按定额成本计算，月末在产品的实际成本与定额成本之间的差额由本期完工产品负担。

适用于在产品定额成本比较准确，消耗定额相对比较稳定，各期月末在产品数量较少的产品。采用定额计算法计算产品成本的基本计算公式为

$$月末在产品定额成本 = 在产品直接材料定额成本 + 在产品直接人工定额成本 + 在产品制造费用定额成本$$

其中：

在产品直接材料定额成本＝月末在产品数量×材料消耗定额×材料计划单价
在产品直接人工定额成本＝月末在产品数量×工时定额×计划小时工资率
在产品制造费用定额成本＝月末在产品数量×工时定额×计划小时费用率

$$本期完工产品总成本 = 月初在产品定额成本 + 本月发生生产费用 - 月末在产品定额成本$$

$$= 本月生产费用合计 - 月末在产品定额成本$$

上述计算公式中，月末在产品的定额成本通常是按产品成本项目确定的，因此在具体计算月末在产品定额成本时，要按不同的定额标准分别计算月末在产品各个成本项目的定额成本，再加总确定月末在产品定额成本。

四、任务实施

首先，计算月末在产品定额成本。

在产品直接材料定额成本＝200×60×1＝12 000（元）
在产品直接人工定额成本＝200×20×1.5＝6 000（元）
在产品制造费用定额成本＝200×20×1.2＝4 800（元）
月末在产品定额成本＝12 000＋60 00＋4 800＝22 800（元）

其次，计算完工产品总成本，编制产品成本计算单，如表5-29所示。

本期完工产品总成本＝48 000＋20 000＋20 000－22 800＝65 200（元）

表5-29　产品成本计算单

产品名称：甲产品　　　　　　　　　　　2009年8月　　　　　　　　　　　　单位：元

项　目	直接材料	直接人工	制造费用	合　计
本月生产费用合计	48 000	20 000	20 000	88 000
月末在产品成本	12 000	6 000	4 800	22 800
完工产品成本	36 000	14 000	15 200	65 200

最后，根据产品成本计算单编制完工产品入库会计分录（记账凭证）。

借：库存商品——甲产品　　　　　　　　　　　　　　　　　　　　　　65 200
　　贷：生产成本——基本生产成本——甲产品　　　　　　　　　　　　　　65 200

项 目 训 练

（一）单项选择题

1. 完工产品与在产品之间分配费用，采用不计算在产品成本法，适用的情况是（　　）。
   A. 各月在产品数量很小或没有　　　　B. 各月在产品数量很大
   C. 各月末在产品数量变动较大　　　　D. 各月末在产品数量变化较小

2. 完工产品与在产品之间分配费用，采用按年初固定计算在产品成本法，适用情况是（　　）。
   A. 各月末在产品数量较小
   B. 各月末在产品数量虽大但各月之间在产品数量变动不大
   C. 各月成本水平相差不大
   D. 各月末在产品数量较大

3. 完工产品与在产品之间分配费用，采用在产品按所耗的直接材料费用计价法，适用的情况是（　　）。
   A. 各月末在产品数量较大
   B. 各月末在产品数量变化较大
   C. 直接材料费用在产品成本中比重较大
   D. 以上三个条件同时具备

4. 某种产品月末在产品数量较大，各月末在产品数量变化也较大，直接材料费用占产品成本比重较大，为了简化费用的分配工作，月末在产品与完工产品之间分配费用，可采用（　　）。
   A. 约当产量比例法　　　　　　　　　B. 在产品按定额成本计价法
   C. 完工产品成本计算法　　　　　　　D. 在产品按所耗直接材料费用计价法

5. 某种产品在月末产品数量较小，或者数量虽大但各月之间产品数量变动不大，月初、月末在产品成本的差额对完工产品成本的影响不大，为了简化核算工作，可采用（　　）。
   A. 不计算在产品成本法　　　　　　　B. 在产品按所耗原材料费用计价法
   C. 按年初数固定计算在产品成本法　　D. 定额比例法

6. 某企业定额数量管理基础比较好，能够制定比较准确、稳定的消耗定额。各月末在产品数量变化不大的产品，应采用（　　）。
   A. 在产品按定额成本计价法　　　　　B. 定额比例法
   C. 在产品所耗原材料费用计价法　　　D. 按年初数固定计算在产品成本法

7. 某企业定额管理基础比较好，能够制定比较准确、稳定的消耗定额，各月末在产品数量变化较大的产品，应采用（　　）。

項目五　生產費用在完工產品和在產品之間的分配

　　A. 定額比例法　　　　　　　　　　　　B. 在產品按定額成本計價法
　　C. 在產品按多耗原材料費用計價法　　　D. 固定成本計價法
8. 某企業生產產品經過兩道工序，各工序的工時定額分別為 30 小時和 40 小時，則第二道工序在產品的完工程度為（　　）。
　　A. 68.7%　　　　B. 69.6%　　　　C. 50%　　　　D. 71.4%
9. 採用約當產量法計算在產品成本時，影響在產品成本準確性的關鍵因素是（　　）。
　　A. 在產品數量　　　　　　　　B. 在產品完工程度
　　C. 完工產品的數量　　　　　　D. 廢品的數量
10. 下列方法中屬於完工產品與月末在產品之間分配費用的方法是（　　）。
　　A. 直接分配法　　　　　　　　B. 計劃成本分配法
　　C. 生產工人工時比例分配法　　D. 定額比例法

（二）多項選擇題

1. 完工產品與在產品之間分配費用的方法有（　　）。
　　A. 約當產量比例法　　　　　　B. 交互分配
　　C. 按年初數固定成本計價法　　D. 定額比例法
2. 選擇完工產品與在產品之間費用分配方法時，應考慮的條件是（　　）。
　　A. 期末在產品數量的多少　　　B. 各月在產品數量變化的大小
　　C. 各項費用比重的大小　　　　D. 定額管理基礎的好壞
3. 約當產量比例法適用於（　　）的產品。
　　A. 月末在產品接近完工
　　B. 月末在產品數量較大
　　C. 各月末在產品數量變化較大
　　D. 產品成本中直接材料費用和加工費用比重相差不多
4. 採用在產品按所耗原材料費用計價法，分配完工產品和月末在產品費用，應具備下列條件（　　）。
　　A. 原材料費用在產品成本中占比重較大　　B. 各月末在產品數量較大
　　C. 各月末在產品數量比較穩定　　　　　　D. 各月末在產品數量變化較大
5. 廣義的在產品包括（　　）。
　　A. 正在車間加工的在產品
　　B. 本步驟已完工轉入半成品庫的半成品
　　C. 已從半成品庫轉到以後各步驟進一步加工、尚未最後產成的在產品
　　D. 產成品

（三）判斷題

1. 在任何情況下都需要經過生產費用在完工產品與月末在產品之間分配這項工作。（　　）

2. 各月末的在产品数量变化不大的产品可以不计算月末在产品成本。（   ）

3. 月末在产品数量较小，或者在产品数量虽大但各月之间在产品数量变化不大的产品，月末在产品成本可以按年初固定计算。（   ）

3. 采用按年初数固定计算在产品成本法时，某种产品本月在产品的生产费用就是本月完工产品的成本。（   ）

4. 采用在产品按所耗直接材料费用计价法时，某种产品月末在产品只计算所耗的直接材料费用，不计算各项加工费用，产品的其他费用全部计入完工产品成本。（   ）

5. 约当产量比例法适用于月末在产品数量较小、各月末在产品数量变化也较小、产品成本中原材料费用和工资等其他费用比重相差不多的产品。（   ）

6. 完工产品与在产品之间分配费用的约当产量比例法只适用于加工费用的分配。不适用于直接材料费用分配。（   ）

7. 分工序计算完工率时，某工序在产品的完工率，为该工序累计的工时定额占完工产品工时定额的比率。（   ）

8. 完工产品与在产品之间分配费用，采用月末在产品按定额成本计价法时，定额成本与实际成本的差异，由完工产品与在产品共同负担。（   ）

9. 直接分配法、约当产量比例法、定额比例法等都是完工产品与月末在产品之间分配费用的方法。（   ）

10. 在随产品加工进度陆续投料，且投入程度与加工进度一致情况下，分配原材料费用的在产品完工率与分配加工费用的在产品完工率相同。（   ）

（四）技能训练

训练一

目的：训练学生运用约当产量法确定完工产品和在产品成本。

资料：某企业 A 产品月初和本月生产费用共计为：原材料 38 080 元，工资等加工费用 10 472 元。本月完工产量 120 件，月末在产品 40 件，完工程度为 40%，原材料费用生产开始时一次投入。

要求：采用约当产量法分配计算完工产品和月末在产品成本。

训练二

目的：训练学生运用只计材料法确定完工产品和在产品成本。

资料：某企业 B 产品原材料在生产开始时一次投料，产品成本中原材料费用所占比重较大，月末在产品按所耗原材料费用计价。6 月份月初在产品费用 2 800 元。本月生产费用：直接材料 12 200 元，燃料及动力费用 4 000 元，直接人工 2 800 元，制造费用 8 000 元。本月完工产品 400 件，月末在产品 100 件。

要求：计算本月 B 产品完工产品成本和月末在产品成本。

训练三

目的：训练学生运用定额比例法分配生产费用。

资料：D产品采用定额比例法计算完工产品成本和在产品成本，原材料费用按定额费用比例分配，其他费用按定额工时比例分配，有关成本计算资料见表5-30。

表5-30 产品成本计算单

成本项目		直接材料	直接人工	制造费用	合 计
月初在产品费用/元		1 100	950	810	2 860
本月生产费用/元		8 800	7 600	6 600	23 000
生产费用合计					
定额材料费用	完工产品	5 500			
	月末在产品	3 500			
定额工时	完工产品		3 820工时	3 820工时	
	月末在产品		1 880工时	1 880工时	
费用分配率					
完工产品成本					
月末在产品成本					

要求：采用定额比例法计算D产品完工产品成本和月末在产品成本。

训练四

目的：训练学生运用约当产量法确定完工产品和在产品成本。

资料：某企业E产品分两道工序制成，其工时定额为：第一道工序20小时，第二道工序30小时，每道工序按本道工序工时定额的50%计算。在产品数量为：第一道工序100件；第二道工序200件。本月完工产品300件，月初在产品和本月发生的直接人工费用共计64 400元。

要求：

(1) 计算两道工序在产品的完工率；

(2) 计算月末在产品约当产量；

(3) 按约当产量比例分配计算完工产品和月末在产品的直接人工费用。

训练五

目的：训练学生运用约当产量法确定完工产品和在产品成本。

资料：某企业F产品由两道工序制成，原材料随生产进度分工序投入，每道工序开始时料是一次性投入。第一道工序投入原材料定额为160公斤，月末在产品数量100件；第二道工序投入原材料定额为240公斤，月末在产品数量200件。完工产品为500件，月初在产品和本月发生的原材料费用累计为65 120元。

要求：

(1) 分别计算两道工序原材料成本项目的在产品材料消耗程度；

(2) 计算原材料成本项目的在产品约当产量；

（3）按约当产量比例分配完工产品和月末在产品原材料成本。

训练六

目的：训练学生运用定额成本法确定完工产品和在产品成本。

资料：某企业某月份生产乙产品，本月完工产品产量1 000件，期末在产品数量100件，期初在产品成本为2 600元，本期发生费用共计45 000元。原材料在生产开始时一次投入，在产品单件材料定额成本20元，单件定额工时为40小时，每小时直接人工0.05元，每小时制造费用0.2元。

要求：在产品采用定额成本法确定，计算完工产品成本和期末在产品成本。

项目六

单步骤生产企业成本核算

知识目标
- 了解选择成本计算方法的影响因素，理解与生产特点和管理要求相适应的成本计算方法
- 理解品种法的概念、特点和适用范围
- 掌握产品成本的核算过程

技能目标
- 能够根据资料判断企业应当采用的成本计算方法
- 能根据给定的资料采用品种法计算各种完工产品成本和月末在产品成本
- 能根据产品成本计算结果进行账务处理

任务一　认识企业生产工艺流程及成本核算程序

一、任务描述

柔柔服装厂是一家中型全棉运动服生产企业，分男款和女款两个系列，除大批大量生产"柔柔牌"运动服并通过自己的销售网络销售以外，还接受社会签约订单生产。该厂设有裁剪、缝纫、整理3个基本生产车间。裁剪车间将布料按规定的尺寸裁剪，然后将半成品送交缝纫车间；缝纫车间经缝纫再将半成品送到整理车间；最后由整理车间制成成衣。

企业会计要根据本企业的生产类型、生产步骤和管理水平，选择合适的成本计算方法。

二、任务分析

柔柔服装厂的全棉运动服生产可以分为两个类型：第一，自有"柔柔牌"男款运动服和女款运动服两个品种的大批量连续生产；第二，接受社会签约的订单式加工生产。每个类型都可以分为3个步骤进行生产。对于第一个类型的生产，如果成本管理上不要求考核每个步骤的生产费用发生情况，则可以直接采用品种法核算单件运动服的成本；如果成本管理上要求考核每个步骤的生产费用发生情况，则除最终要计算出每件产品成本外，还要以每个步骤为成本计算对象核算每个步骤的成本。对于第二个生产类型首先要以接受的每个订单为成本计算对象，除此之外可以根据企业成本管理要求，结合其他成本计算方法。

三、知识链接

产品成本计算方法，是指将一定会计期间发生的生产费用归集到产品成本计算对象上，据以确定各个产品总成本与单位成本的方法。确定产品成本计算对象是进行产品成本计算的前提。决定产品成本计算方法的因素主要是企业的生产类型和管理要求。

（一）生产的类型

1. 从工艺特点的角度，可分为单步骤生产与多步骤生产两类

前者指产品的生产过程在工艺上不能间断或不便分散加工的生产方式，因而生产周期较短，如采掘、发电等企业。

后者指产品的生产过程在工艺上可以间断或可分散在不同地点加工的生产方式，包括连续多步骤生产方式与装配式多步骤方式，通常生产周期较长；连续多步骤生产比如纺织、冶金、造纸等企业，装配式多步骤生产比如造船、汽车等企业。两种生产工艺流程如图6-1和图6-2所示。

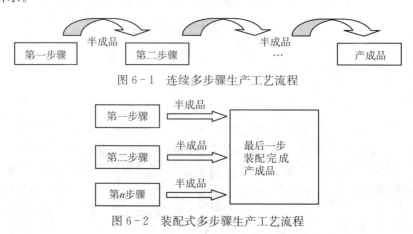

图6-1　连续多步骤生产工艺流程

图6-2　装配式多步骤生产工艺流程

2. 按组织方式可分为大量生产、成批生产和单件生产

大量生产是指不断地重复生产相同产品的生产。例如采掘、钢铁、纺织、造纸、面粉等的生产。

成批生产是指按照签订的订单，事先规定产品批别和数量进行的生产。例如服装、机械的生产等。成批生产按照产品批量的大小，又可以分为大批生产和小批生产，大批生产由于产品批量大，可能要在几个月内不断重复生产一种或几种产品，因而接近于大量生产，小批生产由于生产的产品批量小，因而接近于单件生产。

单件生产指根据购买单位的要求，生产个别的、性质特殊的产品，例如重型机器制造和船舶工业的生产。

（二）生产类型和管理要求对产品成本计算的影响

1. 管理要求对成本计算方法的影响

管理要求是指企业管理者对提供成本信息方面的要求。一般企业按品种进行成本计算就能够满足管理者的成本信息需求；但是为了加强对各个生产步骤的成本管理，对重要产品不仅要按批别或按品种计算产品成本，还要按生产步骤计算；而对于一些次要产品或零星产品，则不要求提供成本明细资料，可以合并成一个类别归集成本，再按照一定的标准在各种产品之间分配。

2. 生产类型对成本计算方法的影响

1）生产工艺的影响

单步骤生产中，生产过程不可间断，没有必要也不能按照生产步骤来计算产品成本，因此只能以品种作为成本计算对象；在多步骤生产中，不管是连续式生产还是装配式生产，其生产工艺可以划分成相对独立的生产步骤，如果管理上要求提供详细的成本信息，不仅要以产品品种为成本计算对象，还要按生产步骤计算中间产品或半成品的成本。

2）组织方式的影响

在大量连续生产中，生产重复不间断进行，只能按产品品种作为成本计算对象，按会计期间计算产品成本。

批量生产中，生产按产品的批别组织：批量大时，可以把品种或批别作为成本计算对象来计算产品成本；批量小时，一般产品可以短期内同时完工，所以最好按产品批别作为成本计算对象。批量生产成本计算期与生产周期一致。

单件生产中，生产按件组织，而一件即为一批，产品成本按件（批）为成本计算对象，所以单件生产是批量生产的特例。

综上所述，生产类型和管理要求对产品成本计算方法的影响表现在 3 个方面：一是影响成本计算对象的确定；二是影响成本计算期；三是影响生产费用在完工产品与期末在产品之间分配方法。

生产类型和管理要求对上述三方面的影响是相互联系的，其对成本计算对象的影响是最主要的。成本计算对象的不同，决定了成本计算方法也不同。因此，正确确定成本计算对

象,是正确计算产品成本的前提,同时成本计算对象也是区别各种成本计算方法的主要标志。

(三) 产品成本计算的基本方法和辅助方法

产品成本计算是对有关费用进行处理的过程,它是以一定的标的物作为成本核算对象,归集与分配生产费用并计算其总成本和单位成本的过程。产品成本计算对象确定了成本费用的归属,是产品成本计算方法的核心。

1. 产品成本计算的基本方法

为了适应各种类型生产的特点和管理要求,产品成本计算存在3种不同的产品成本计算对象,以及以产品成本计算对象为标志的3种不同的产品成本计算方法,具体如下。

1) 品种法

品种法是指按产品品种设置生产成本——基本生产成本明细账,并据此归集和分配产品生产费用,从而计算每种产品的总成本和单位成本的方法。品种法是最基本的产品成本计算方法。

2) 分批法

分批法是指按产品生产的批别(或订单)设置生产成本——基本生产成本明细账,并据此归集和分配产品生产费用,从而计算每批产品的总成本和单位成本的方法。

3) 分步法

分步法是指它是按每种产品的生产步骤设置生产成本——基本生产成本明细账,并据此归集和分配产品费用,从而反映每种产品在各生产步骤的产品费用发生情况,并最终计算每种产品的总成本和单位成本的方法。

各种产品成本计算的基本方法的适用范围如表6-1所示。

表6-1 成本计算的基本方法的适用范围

方 法	成本计算对象	生 产 类 型		
		生产组织特点	生产工艺特点	成本管理
品种法	产品品种	大量大批生产	单步骤生产 多步骤生产	不要求分步骤计算成本
分批法	产品批别	单件小批生产	单步骤生产 多步骤生产	不要求分步骤计算成本
分步法	生产步骤	大量大批生产	多步骤生产	要求分步骤计算成本

2. 产品成本计算的辅助方法

随着成本计算方法发展的和企业成本管理的需要,产品成本计算方法又在上述基本方法的基础上,衍生出了一些辅助方法。

例如,在产品品种、规格繁多的企业,为了简化成本计算工作,可以采用一种更为简便的产品成本计算方法——分类法;在定额管理基础比较好的,为了配合和加强生产费用和产品品种的定额管理,可以采用一种适应这种要求的产品成本计算方法——定额法;此外,企业有时还可以运用标准成本法和作业成本法等其他成本计算方法。本书只介绍分类法和定额法。

3. 二者的联系与区别

1）区别

采用品种法、分批法、分步法中任何一种都可以单独计算出产品的成本，这也正是为什么此3种方法属于产品成本计算的基本方法；而采用分类法、定额法任何一种都不能单独计算出产品成本，它们必须结合基本方法才能计算出产品成本，故而称为产品成本计算的辅助方法。

2）联系

从管理的角度来说，在采用产品成本计算的基本方法的基础上，采用辅助方法，可以使管理更加有效，而且在一定程度上代表着产品成本计算方法的发展方向。

需要指出的是，基本方法与辅助方法的划分，是从计算产品成本和管理要求考虑的，并不是因为辅助方法不重要，相反，为了加强成本管理控制生产费用，辅助方法发挥着更加重要的作用。

而且，在实际工作中，企业往往同时运用或结合使用几种成本计算方法，而不是单纯运用一种方法。比如几种基本方法同时使用，或一种基本方法结合多种辅助方法同时使用，或几种基本方法结合集中辅助方法同时使用。具体因企业生产工艺流程、生产组织特点及管理要求不同而灵活使用。

产品成本计算方法的种类如图6-3所示。

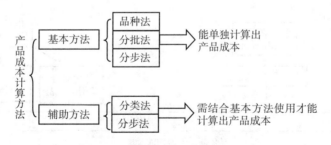

图6-3 产品成本计算方法

（四）不同成本计算基本方法的成本计算程序

1. 按成本计算对象开设基本生产成本明细账（或产品成本计算单）

建立"生产成本——基本生产成本"明细账，根据企业管理要求设置成本项目专栏。如果有月初在产品，把在产品成本登记基本生产成本明细账的期初余额栏。

根据企业情况，按辅助生产车间开设"生产成本——辅助生产成本"明细账，按生产车间开设"制造费用"明细账。

2. 分配本月发生的各种要素费用

依据当月发生的各种生产费用（材料、动力、人工、折旧、其他费用等）的原始凭证和其他相关资料，运用一定的方法分配要素费用，编制各种费用分配表。依据生产费用分配表编制记账凭证，最后依据记账凭证登记各生产成本明细账。

3. 分配辅助生产费用

将当月归集的辅助生产成本明细账中的各种辅助生产费用，采用适当的方法在各个受益对象之间进行分配，编制辅助生产费用分配表，并据以填制记账凭证登记有关的生产成本或制造费用明细账。

4. 分配基本生产车间制造费用

根据当月制造费用明细账归集的制造费用总额，按照一定的分配标准确定分配方法，把基本车间的制造费用分配给本车间生产的各种成本计算对象，编制制造费用分配表，并据以填制记账凭证登记基本生产成本明细账和制造费用明细账。

5. 确定本月完工产品总成本和月末在产品成本

根据上述计算程序登记的各成本计算对象基本生产成本明细账金额和期初资料，归集各基本生产明细账本月生产费用合计，采用适当的方法，分成本项目，将生产费用在完工产品与在产品之间分配，计算出本月完工产品成本和月末在产品成本。

6. 结转完工产品成本，确定单位成本

根据计算出来的完工产品总成本，计算出完工产品单位成本，填制记账凭证，登记相关基本生产成本明细账和库存商品明细账，完成完工产品成本的结转，注意库存商品明细账的明细为品种。

产品成本计算程序如图6-4所示。

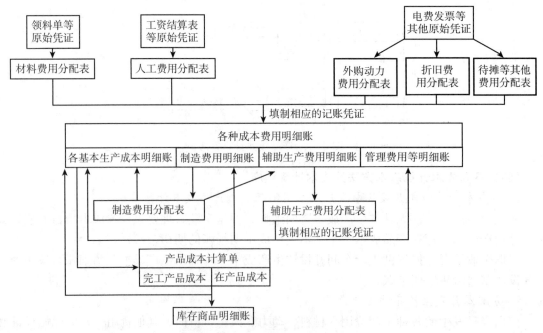

图6-4 产品成本计算程序

四、任务实施

根据本任务所给资料和任务分析,柔柔服装厂"柔柔牌"男款和女款运动服应当品种法核算男款运动服和女款运动服的成本,此外结合企业成本管理要求,可以品种法与分步法相结合同时使用,还可以把品种法、分步法和定额法同时使用。而接受签约订单加工的服装,应采用分批法生产,结合企业成本管理要求,配合使用分步法和定额法计算每批次产品成本。

任务二　品种法的应用

一、任务描述

(一) 企业成本核算基本情况

鑫泰轮胎厂主要生产摩托车胎和汽车胎。该企业设有两个基本生产车间专业生产摩托车内外胎和汽车内外胎:内胎车间、外胎车间。设有两个辅助生产车间:动力车间和机修车间。内外胎产品的生产属于大量大批连续生产,成本核算采用品种法。

产品成本核算要求如下。

① 产品成本中原材料费用按定额耗用量分配,为了简化核算,不考虑材料种类不同的定额耗用差异;职工薪酬、制造费用按生产工时比例分配。

② 生产费用在完工产品及月末在产品之间分配,采用约当产量法。内外胎产品原材料费用在生产开始时一次投入,在产品完工程度均为50%。

③ 辅助生产:动力车间为企业提供电力服务。机修车间为全厂提供修理服务。为简化核算,两个辅助生产车间发生的制造费用不通过"制造费用"账户核算。辅助生产费用分配采用交互分配法。

(二) 企业2009年1月产品成本核算基本资料

1. 月初在产品成本资料(如表6-2所示)

表6-2　月初在产品成本资料

单位:元

成本项目＼产品名称	直接材料	直接人工	制造费用	合　计
摩托车内胎	348	58	34	440
汽车内胎	697	136	75	908
摩托车外胎	1 800	360	160	2 320
汽车外胎	2 140	350	150	2 640

2. 单位产品材料消耗定额（如表6-3所示）

表6-3 单位产品材料消耗定额

产品名称	摩托车	汽车
内胎	0.53	2.0
外胎	0.67	3.0

3. 本月生产产量及工时统计（如表6-4所示）

表6-4 产品产量及工时统计表

2009年1月

产品名称	产量/条				实际工时
	月初在产品	本月投产	本月完工	月末在产品	
摩托车内胎	58	6 000	5 990	68	4 000
汽车内胎	80	3 000	2 990	90	6 000
摩托车外胎	200	5 000	5 100	100	7 000
汽车外胎	100	2 000	2 040	60	8 000

4. 本月生产费用发生情况

1）本月领用材料种类及领料单

原料及主要材料：$\begin{cases}$内胎车间：生胶、填充剂1#、硫化剂、京光红、普通嘴子 \\ 外胎车间：生胶、填充剂2#、硫化剂、炭黑、帘子布 $\end{cases}$

燃料：煤

辅助材料：机油、汽油

备品备件：保险片、挤出机嘴子

包装物：包装纸箱、包装袋

领料单见表6-5～表6-13。

表6-5 领料单

2009年1月

领料部门：内胎车间　　　　　　　　　　　　　　　　发料仓库：A仓库

用途：产品领用　　　　　　2009年1月8日

材料名称	规格	计量单位	请领数量	实发数量	单价	金额
生胶		千克	5 400	5 400	6	32 400
填充剂1#		千克	4 500	4 500	4	18 000
硫化剂		千克	630	630	5	3 150
接受部门签字××	主管××	收料员××	发料部门签字××	主管××	发料员××	备注：

表6-6 领料单

领料部门：外胎车间　　　　　　　　　　　　　　　　　　　　　　　　　发料仓库：A仓库
用途：产品领用　　　　　　　　　　2009年1月8日

材料名称	规　格	计量单位	请领数量	实发数量	单　价	金　额
生胶		千克	7 000	7 000	6	42 000
填充剂2#		千克	4 900	4 900	4	19 600
硫化剂		千克	2 800	2 800	5	14 000
接受部门签字××	主管××	收料员××	发料部门签字××	主管××	发料员××	备注：

表6-7 领料单

领料部门：机修车间　　　　　　　　　　　　　　　　　　　　　　　　　发料仓库：A仓库
用途：修理领用　　　　　　　　　　2009年1月12日

材料名称	规　格	计量单位	请领数量	实发数量	单　价	金　额
保险片		个	50	50	8	400
挤出机嘴子		套	3	3	200	600
机油		公升	4	4	20	80
接受部门签字××	主管××	收料员××	发料部门签字××	主管××	发料员××	备注：

表6-8 领料单

领料部门：动力车间　　　　　　　　　　　　　　　　　　　　　　　　　发料仓库：A仓库
用途：生产领用　　　　　　　　　　2009年1月14日

材料名称	规　格	计量单位	请领数量	实发数量	单　价	金　额
保险片		个	25	25	8	200
机油		公升	4	4	20	80
煤		吨	10	10	1 400	14 000
接受部门签字××	主管××	收料员××	发料部门签字××	主管××	发料员××	备注：

表6-9 领料单

领料部门：外胎车间　　　　　　　　　　　　　　　　　　　　　　　　　发料仓库：A仓库
用途：车间一般用　　　　　　　　　2009年1月18日

材料名称	规　格	计量单位	请领数量	实发数量	单　价	金　额
机油		公升	5	5	20	100
接受部门签字××	主管××	收料员××	发料部门签字××	主管××	发料员××	备注：

表 6-10 领料单

领料部门：内胎车间　　　　　　　　　　　　　　　　　　　　　　　发料仓库：A 仓库
用途：产品领用　　　　　　　　　　　2009 年 1 月 18 日

材料名称	规格	计量单位	请领数量	实发数量	单价	金额
京光红		千克	270	270	15	4 050
普通嘴子		套	9 000	9 000	0.5	4 500
包装盒		个	300	300	2	600
接受部门签字××	主管××	收料员××	发料部门签字××	主管××	发料员××	备注：

表 6-11 领料单

领料部门：厂部　　　　　　　　　　　　　　　　　　　　　　　　发料仓库：A 仓库
用途：汽车领用　　　　　　　　　　　2009 年 1 月 20 日

材料名称	规格	计量单位	请领数量	实发数量	单价	金额
汽油		公升	200	200	3.5	700
接受部门签字××	主管××	收料员××	发料部门签字××	主管××	发料员××	备注：

表 6-12 领料单

领料部门：外胎车间　　　　　　　　　　　　　　　　　　　　　　发料仓库：A 仓库
用途：产品领用　　　　　　　　　　　2009 年 1 月 25 日

材料名称	规格	计量单位	请领数量	实发数量	单价	金额
炭黑		千克	2 100	2 100	5	10 500
帘子布		千克	3 500	3 500	1.8	6 300
包装袋		个	350	350	0.5	175
接受部门签字××	主管××	收料员××	发料部门签字××	主管××	发料员××	备注：

表 6-13 领料单

领料部门：内胎车间　　　　　　　　　　　　　　　　　　　　　　发料仓库：A 仓库
用途：产品领用　　　　　　　　　　　2009 年 1 月 28 日

材料名称	规格	计量单位	请领数量	实发数量	单价	金额
机油		公升	4	4	20	80
接受部门签字××	主管××	收料员××	发料部门签字××	主管××	发料员××	备注：

2) 职工薪酬费用

职工薪酬结算汇总如表 6-14 所示。

表 6-14 职工薪酬结算汇总表

2009 年 1 月　　　　　　　　　　　　　　　　　　　　　　　　　　　　　　　单位：元

部门			应付职工薪酬			
			基本工资	各种津贴	奖金	应发合计
基本生产车间	内胎车间	生产工人	16 000	2 000	2 000	20 000
		管理人员	4 500	1 000	500	6 000
	外胎车间	生产工人	28 000	1 000	1 000	30 000
		管理人员	5 000	1 000	500	6 500
辅助车间	动力车间		5 300	500	200	6 000
	机修车间		4 000	300	100	4 400
厂部			13 500		2 500	16 000
合计			76 300	5 800	6 800	88 900

注：按工资总额的 36% 计提企业负担的社会保险费

3) 固定资产原值及折旧计提资料

2009 年 1 月 1 日固定资产原值资料如表 6-15 所示（本月无新增或减少固定资产）。该企业固定资产折旧计提率：房屋建筑物月折旧率 0.2%，机器设备月折旧率 0.8%。

表 6-15 固定资产原值明细表

2009 年 1 月 1 日　　　　　　　　　　　　　　　　　　　　　　　　　　　　　单位：元

车间、部门	房屋建筑物	机器设备
内胎车间	260 000	85 500
外胎车间	280 000	95 175
动力车间	150 000	29 300
机修车间	150 000	36 650
厂部	300 000	46 000
合计	1 140 000	292 625

4) 其他费用

本月用银行存款支付其他费用如表 6-16 所示。

表 6-16 其他费用资料

单位：元

车间、部门	办公费	水费	差旅费	其他	合计
内胎车间	300	300		160	760
外胎车间	400	400		220	1 020
动力车间	200	200		100	500
机修车间	150	200			350
厂部	600	200	3 000		3 800

5）辅助生产费用

辅助生产车间提供的劳务情况如表 6-17 和表 6-18 所示。

表 6-17 劳务供应通知单

车间名称：动力车间　　　　　　　　　　　　　　　　　　　　　　　　2009 年 1 月

车间、部门	内胎车间	外胎车间	机修车间	厂部	合计
受益数量/度	200	400	1 000	200	1 800

表 6-18 劳务供应通知单

车间名称：机修车间　　　　　　　　　　　　　　　　　　　　　　　　2009 年 1 月

车间、部门	内胎车间	外胎车间	动力车间	厂部	合计
受益数量/小时	400	540	100	60	1 100

（三）任务要求

① 按照产品品种设置"生产成本——基本生产成本"明细账、按车间设置"生产成本——辅助生产成本"、"制造费用"明细账（辅助车间不设制造费用账），并登记期初余额。

② 编制各种要素费用分配表，填制记账凭证，并登记有关账户。

③ 采用交互分配法，分配辅助生产费用；编制记账凭证，登记有关账户。

④ 分配并结转基本生产车间的制造费用，登记有关账户。

⑤ 通过生产费用分配表计算完工产品成本及月末在产品成本，编制成本计算单；编制产品完工入库业务的记账凭证并登账。

（成本计算过程分配率保留小数点后 4 位，金额保留两位小数）

二、任务分析

根据任务描述，鑫泰轮胎厂内外胎产品的生产属于大量大批连续生产，符合采用品种法进行成本核算的要求，所以成本核算采用品种法。

首先，设置摩托车内胎、摩托车外胎、汽车内胎和汽车外胎 4 个生产成本——基本生产成本明细账并登记期初余额；设置动力车间、机修车间两个生产成本——辅助生产成本明细账；按内胎车间和外胎车间设置制造费用明细账；生产成本明细账设置"直接材料""直接人工""制造费用"3个成本项目。

然后,根据成本核算程序,依次分配要素费用(本任务涉及材料费用、薪酬费用、折旧费用和其他费用);归集并分配辅助生产费用;归集并分配基本生产车间制造费用;编制生产费用分配表确定完工产品成本。

三、知识链接

(一)品种法的概念

产品成本计算的品种法是以产品的品种作为成本计算对象,归集生产费用,计算产品成本的方法。品种法是最基本的产品成本计算方法。不论是何种生产类型、采用何种生产工艺、成本管理要求如何,最终都必须计算出每种产品的成本。因此,按产品品种计算产品成本是进行产品成本核算最基本、最起码的要求。

(二)品种法的特点

1. 以产品品种作为成本计算对象

就是说按产品的品种开设"基本生产成本明细账",并按成本项目分专栏登记发生的生产费用。如果一个车间只生产一种产品,为生产该种产品发生的所有生产费用可以直接计入该产品成本明细账的各个成本项目专栏中;如果一个车间同时生产几种产品,那么能够直接认定某种产品耗用的生产费用直接计入该产品成本明细账的各个成本项目专栏中,几种产品共同消耗的间接费用,要采用一定的方法分配后计入各产品成本明细账的相关成本项目中。

2. 以会计期间作为产品成本计算期

由于品种法一般适用于大批大量连续生产产品的企业,所以不可能等到所有产品全部完工以后再来计算完工产品成本,需要定期在月末计算出完工产品的总成本和单位成本。因此,采用品种法计算产品成本的企业,其成本计算期与会计报告期一致,按月进行计算。

3. 月末一般要在完工产品与月末在产品之间分配生产费用

在大批大量连续生产产品的企业,月末通常会或多或少存在在产品。为此,必须把当月归集的生产费用在本月完工产品与月末在产品之间进行分配。如果企业生产工艺采用单步骤生产,且生产过程很短,月末也可能无或很少有在产品,这种情况则不必计算月末在产品成本,当期归集的生产费用全部构成本月完工产品成本。这种不计算月末在产品成本的品种法是一种特例,被称为简单的或简化的品种法。

品种法的特点如图6-5所示。

品种法的特点
- 成本计算对象——产品品种
- 成本计算期——会计期间
- 月末生产费用的分配——一般要确定月末完工产品与在产品成本

图6-5 品种法的特点

(三) 品种法的适用范围

1. 适用于大量大批单步骤生产的产品

凡是大批大量连续生产一种或几种产品的企业,如粮食加工、发电、采掘、供水等的企业,均可以采用品种法计算产品成本。

2. 适用于大量大批多步骤生产,但是不要求分步骤计算半成品成本的产品

这类企业一般规模较小,而且管理上不要求按照生产步骤计算产品成本,比如制砖,水泥生产企业等。

3. 适用于企业内部辅助生产车间生产的产品或劳务

企业的辅助生产车间如供水、供电、供汽、模具制造、机修等车间,为基本生产车间、企业管理部门等其他部门提供产品或劳务,产品品种单一,生产过程比较简单,可以采用品种法计算其成本。

品种法的适用范围如图 6-6 所示。

品种法的适用范围 {
1. 大批大量单步骤生产企业
2. 大批大量多步骤,但是不要求计算半成品成本的企业
3. 企业内部辅助生产车间
}

图 6-6 品种法的适用范围

四、任务实施

(一) 建账

见表 6-19～表 6-26。

表 6-19 生产成本——辅助生产成本——动力车间

2009 年		凭证号数	摘要	直接材料	直接人工	制造费用	小计
月	日						

表 6-20 生产成本——辅助生产成本——机修车间

2009年		凭证号数	摘要	直接材料	直接人工	制造费用	小计
月	日						

表 6-21 制造费用明细账

生产单位：内胎车间

2009年		凭证号数	摘要	合计	借方金额分析						
月	日				机物料消耗	薪酬	折旧费	差旅及办公费	水费	电费	修理费	其他费用

表 6-22 制造费用明细账

生产单位：外胎车间

2009年		凭证号数	摘要	合计	借方金额分析						
月	日				机物料消耗	薪酬	折旧费	差旅及办公费	水费	电费	修理费	其他费用

表 6-23　生产成本——基本生产成本——摩托车内胎

2009年		凭证号数	摘　要	直接材料	直接人工	制造费用	小　计
月	日						
1	1		期初余额	348	58	34	440

表 6-24　生产成本——基本生产成本——摩托车外胎

2009年		凭证号数	摘　要	直接材料	直接人工	制造费用	小　计
月	日						
1	1		期初余额	1 800	360	160	2 320

表 6-25　生产成本——基本生产成本——汽车内胎

2009年		凭证号数	摘　要	直接材料	直接人工	制造费用	小　计
月	日						
1	1		期初余额	697	136	75	908

表 6-26　生产成本——基本生产成本——汽车外胎

2009 年		凭证号数	摘　要	直接材料	直接人工	制造费用	小　计
月	日						
1	1		期初余额	2 140	350	150	2 640

（二）分配本月发生的各种要素费用，并登记入账

1. 分配材料费用

① 根据领料单编制材料消耗汇总表，如表 6-27 所示。

表 6-27　材料消耗汇总表

2009 年 1 月

材料类别	材料名称	单位	材料单价	内胎车间				外胎车间				动力车间		机修车间		厂部		合计	
				产品		车间		产品		车间									
				数量	金额	数量	金额	数量	金额	数量	金额	数量	金额	数量	金额	数量	金额	数量	金额
原材料	生胶	千克	6	5 400	32 400			7 000	42 000									12 400	74 400
	填充剂 1#	千克	4	4 500	18 000													4 500	18 000
	填充剂 2#	千克	4					4 900	19 600									4 900	19 600
	硫化剂	千克	5	630	3 150			2 800	14 000									3 430	17 150
	炭黑	千克	5					2 100	10 500									2 100	10 500
	京光红	千克	15	270	4 050													270	4 050
	普通嘴子	套	0.5	9 000	4 500													9 000	4 500
	帘子布	千克	1.8					3 500	6 300									3 500	6 300
辅料	机油	公升	20			4	80			5	100	4	80	4	80			17	340
	汽油	公升	3.5													200	700	200	700
燃料	煤	吨	1 400									10	14 000					10	14 000
备件	保险片	个	8							25	200	50	400					75	600
	挤出机嘴子	套	200											3	600			3	600
包装物	包装袋	个	0.5					350	175									350	175
	包装盒	个	2	300	600													300	600
合　计				20 100	62 700	4	80	20 650	92 575	5	100	39	14 280	57	1 080	200	700	41 055	171 515

② 根据材料消耗汇总表编制材料费用分配表，如表 6-28 和表 6-29 所示。

表 6-28　材料费用分配表（内胎车间）

2009 年 1 月　　　　　　　　　　　　　　　　　　　　　　　　　单位：元

分配对象	分配记录				
	定额	产量	定额耗用量	分配率	分配金额
摩托车内胎	0.53	6 000	3 180		21 719.72
汽车内胎	2	3 000	6 000		40 980.28
合　计			9 180	6.830 1	62 700

表 6-29　材料费用分配表（外胎车间）

2009 年 1 月　　　　　　　　　　　　　　　　　　　　　　　　　单位：元

分配对象	分配记录				
	定额	产量	定额耗用量	分配率	分配金额
摩托车外胎	0.67	5 000	3 350		33 168.69
汽车外胎	3	2 000	6 000		59 406.31
合　计			9 350	9.901 1	92 575

③ 根据材料消耗汇总表及费用分配表填制会计分录（记账凭证）并登账。

借：生产成本——基本生产成本——摩托车内胎　　　　　　　21 719.72
　　　　　　　　　　　　　　——汽车内胎　　　　　　　　40 980.28
　　　　　　　　　　　　　　——摩托车外胎　　　　　　　33 168.69
　　　　　　　　　　　　　　——汽车外胎　　　　　　　　59 406.31
　　　　——辅助生产成本——动力车间　　　　　　　　　　14 280
　　　　　　　　　　　　——机修车间　　　　　　　　　　 1 080
　　制造费用——内胎车间　　　　　　　　　　　　　　　　　 80
　　　　　——外胎车间　　　　　　　　　　　　　　　　　　100
　　管理费用　　　　　　　　　　　　　　　　　　　　　　　700
　　贷：原材料　　　　　　　　　　　　　　　　　　　　171 515

④ 账簿登记见后续（三）、（四）、（五）步骤。

2. 分配薪酬费用

① 根据职工薪酬结算汇总表编制职工薪酬费用分配表，如表 6-30 所示。

② 根据费用分配表填制会计分录（记账凭证）。

借：生产成本——基本生产成本——摩托车内胎　　　　　　　10 880
　　　　　　　　　　　　　　——汽车内胎　　　　　　　　16 320

		——摩托车外胎	19 040

```
              ——摩托车外胎                        19 040
              ——汽车外胎                         21 760
        ——辅助生产成本——动力车间                    8 160
                    ——机修车间                    5 984
    制造费用——内胎车间                              8 160
          ——外胎车间                              8 840
    管理费用                                      21 760
      贷：应付职工薪酬                              120 904
```

表 6-30 职工薪酬费用分配表

2009 年 1 月 单位：元

分配对象		工 资			社保（36%）金额	合 计
		生产工时	分配率	分配金额		
内胎车间产品消耗	摩托车内胎	4 000		8 000	2 880	10 880
	汽车内胎	6 000		12 000	4 320	16 320
	合 计	10 000	2	20 000	7 200	27 200
外胎车间产品消耗	摩托车外胎	7 000		14 000	5 040	19 040
	汽车外胎	8 000		16 000	5 760	21 760
	合 计	15 000	2	30 000	10 800	40 800
辅助生产车间	动力车间			6 000	2 160	8 160
	机修车间			4 400	1 584	5 984
	小 计			10 400	3 744	14 144
车间管理	内胎车间			6 000	2 160	8 160
	外胎车间			6 500	2 340	8 840
	小 计			12 500	4 500	17 000
厂 部				16 000	5 760	21 760
合 计				88 900	32 004	120 904

（3）账簿登记见后续（三）、（四）、（五）步骤。

3. 分配固定资产折旧费用

① 编制固定资产折旧计提表，如表 6-31 所示。

② 根据费用分配表填制会计分录（记账凭证）。

```
    借：生产成本——辅助生产成本——动力车间              534.4
                          ——机修车间              593.2
        制造费用——内胎车间                          1 204
              ——外胎车间                         1 321.4
```

管理费用　　　　　　　　　　　　　　　　　　　968
　　　贷：累计折旧　　　　　　　　　　　　　　　　　　4 621

表 6-31　固定资产折旧计提表

2009 年 1 月　　　　　　　　　　　　　　　　　单位：元

分配对象	房屋建筑物 0.2%		机器设备 0.8%		合　计
	固定资产原值	月折旧额	固定资产原值	月折旧额	
内胎车间	26 0000	520	85 500	684	1 204
外胎车间	280 000	560	95 175	761.4	1 321.4
动力车间	150 000	300	29 300	234.4	534.4
机修车间	150 000	300	36 650	293.4	593.2
厂　部	300 000	600	46 000	368	968
合　计	1140 000	2 280	292 625	2 441	4 621

③ 账簿登记见后续（三）、（四）、（五）步骤。

4．其他费用分配

① 编制其他费用分配表，如表 6-32 所示。

表 6-32　其他费用分配表

2009 年 1 月　　　　　　　　　　　　　　　　　单位：元

分配对象	办公费	水　费	差旅费	其　他	合　计
内胎车间	300	300		160	760
外胎车间	400	400		220	1 020
动力车间	200	200		100	500
机修车间	150	200			350
厂　部	600	200	3 000		3 800
合　计	1 650	1 300	3 000	480	6 430

② 根据费用分配表填制会计分录（记账凭证）。

　　借：生产成本——辅助生产成本——动力车间　　　　　　500
　　　　　　　　　　　　　　　　　——机修车间　　　　　　350
　　　　制造费用——内胎车间　　　　　　　　　　　　　　760
　　　　　　　　——外胎车间　　　　　　　　　　　　　1 020
　　　　管理费用　　　　　　　　　　　　　　　　　　　3 800

贷：银行存款　　　　　　　　　　　　　　　　　　　　　　　6 430

③ 账簿登记见后续（三）、（四）、（五）步骤。

（三）归集并分配辅助生产费用

① 根据辅助生产成本明细账本期发生额归集生产费用，如表6-33和表6-34所示。

表6-33　生产成本——辅助生产成本——动力车间

2009年		凭证号数	摘要	直接材料	直接人工	制造费用	小计
月	日						
1	31	略	材料费用分配	14 280			14 280
	31	略	薪酬费用分配		8 160		8 160
	31	略	折旧费用分配			534.4	534.4
	31	略	其他费用分配			500	500
	31		待分配费用小计	14 280	8 160	1 034.4	23 474.4

表6-34　生产成本——辅助生产成本——机修车间

2009年		凭证号数	摘要	直接材料	直接人工	制造费用	小计
月	日						
1	31	略	材料费用分配	1 080			1 080
	31	略	薪酬费用分配		5 984		5 984
	31	略	折旧费用分配			593.2	593.2
	31	略	其他费用分配			350	350
	31		待分配费用小计	1 080	5 984	943.2	8 007.2

② 根据归集结果编制辅助生产费用分配表，如表6-35所示。

表 6-35 辅助生产费用分配表

2009 年 1 月　　　　　　　　　　　　　　　　　　　　　　　单位：元

项目		交互分配			对外分配		
辅助生产车间		机修车间	动力车间	合计	机修车间	动力车间	合计
归集的辅助生产费用		8 007.2	23 474.4	31 481.60	20 320.57	11 161.03	31 481.60
供应的劳务数量		1 100	1 800		1 000	800	
费用分配率		7.279 3	13.041 3		20.320 6	13.951 3	
机修车间	劳务量		1 000				
	金额		13 041.3	13 041.3			
动力车间	劳务量	100					
	金额	727.93		727.93			
交互分配金额		727.93	13 041.3	13 769.23			
基本生产车间	内胎车间 劳务量				400	200	
	金额				8 128.24	2 790.26	10 918.5
	外胎车间 劳务量				540	400	
	金额				10 973.12	5 580.52	16 553.64
厂部	劳务量				60	200	
	金额				1 219.21	2 790.25	4 009.46
对外分配金额合计					20 320.57	11 161.03	31 481.60

③ 根据费用分配表编制会计分录（记账凭证）。

借：生产成本——辅助生产成本——动力车间　　　　　　　　　　727.93
　　贷：生产成本——辅助生产成本——机修车间　　　　　　　　　727.93
借：生产成本——辅助生产成本——机修车间　　　　　　　　　　13 041.3
　　贷：生产成本——辅助生产成本——动力车间　　　　　　　　　13 041.3
借：制造费用——内胎车间　　　　　　　　　　　　　　　　　　10 918.5
　　　　　　——外胎车间　　　　　　　　　　　　　　　　　　16 553.64
　　管理费用　　　　　　　　　　　　　　　　　　　　　　　　4 009.46
　　贷：生产成本——辅助生产成本——动力车间　　　　　　　　　11 161.03
　　　　　　　　　　　　　　　　——机修车间　　　　　　　　　20 320.57

④ 生产成本——辅助生产成本账簿登记如表 6-36 和表 6-37 所示，其他账簿登记见后续（四）、（五）步骤。

表 6-36　生产成本——辅助生产成本——动力车间

2009年		凭证号数	摘要	直接材料	直接人工	制造费用	小　计
月	日						
1	31	略	材料费用分配	14 280			14 280
	31	略	薪酬费用分配		8 160		8 160
	31	略	折旧费用分配			534.4	534.4
	31	略	其他费用分配			500	500
			待分配费用小计	14 280	8 160	1 034.4	23 474.4
	31	略	动力负担机修费用	7 933.31	4 533.32	574.67	13 041.3
	31	略	机修负担动力费用	442.82	253.04	32.07	727.93
	31	略	辅助对外分配	6 789.51	3 879.72	491.8	11 161.03

表 6-37　生产成本——辅助生产成本——机修车间

2009年		凭证号数	摘要	直接材料	直接人工	制造费用	小　计
月	日						
1	31	略	材料费用分配	1 080			1 080
	31	略	薪酬费用分配		5 984		5 984
	31	略	折旧费用分配			593.2	593.2
	31	略	其他费用分配			350	350
			待分配费用小计	1 080	5 984	943.2	8 007.2
	31	略	动力负担机修费用	1 757.88	9 746.08	1 537.34	13 041.3
	31	略	机修负担动力费用	98.12	544	85.81	727.93
	31	略	辅助对外分配	2 739.76	15 186.08	2 394.73	20 320.57

(四) 归集并分配制造费用

① 根据制造费用明细账归集本月发生的制造费用,如表6-38和表6-39所示。

表6-38 制造费用明细账

生产单位:内胎车间

2009年		凭证号数	摘 要	合 计	借方金额分析							
月	日				机物料消耗	薪酬	折旧费	差旅及办公费	水费	电费	修理费	其他费用
1	31	略	材料费用分配	80	80							
	31	略	薪酬费用分配	8 240		8 160						
	31	略	折旧费用分配	9 444			1 204					
	31	略	其他费用分配	10 204				300	300			160
	31	略	辅助费用分配	21 122.5						2 790.26	8 128.24	

表6-39 制造费用明细账

生产单位:外胎车间

2009年		凭证号数	摘 要	合 计	借方金额分析							
月	日				机物料消耗	薪酬	折旧费	差旅及办公费	水费	电费	修理费	其他费用
1	31	略	材料费用分配	100	100							
	31	略	薪酬费用分配	8 940		8 840						
	31	略	折旧费用分配	10 261.40			1 321.4					
	31	略	其他费用分配	11 281.40				400	400			220
	31	略	辅助费用分配	27 835.04						5 580.52	10 973.12	

② 根据归集结果编制制造费用分配表,如表6-40所示。

表6-40 制造费用分配表

2009年1月　　　　　　　　　　　　　　　　　　　　　　　　　单位:元

内胎车间				外胎车间			
分配对象	生产工时	分配率	分配金额	分配对象	生产工时	分配率	分配金额
摩托车内胎	4 000		8 449.2	摩托车外胎	7 000		12 989.9
汽车内胎	6 000		12 673.3	汽车外胎	8 000		14 845.14
合 计	10 000	2.112 3	21 122.5	合 计	15 000	1.855 7	27 835.04

③ 根据费用分配表编制会计分录记账凭证。

借：生产成本——基本生产成本——摩托车内胎　　　　　　8 449.2
　　　　　　　　　　　　　　——汽车内胎　　　　　　　12 673.3
　　　　　　　　　　　　　　——摩托车外胎　　　　　　12 989.9
　　　　　　　　　　　　　　——汽车外胎　　　　　　　14 845.14
　　贷：制造费用——内胎车间　　　　　　　　　　　　　21 122.5
　　　　　　　　——外胎车间　　　　　　　　　　　　　27 835.04

④ 制造费用明细账登记如表6-41和表6-42所示，其他账簿登记见后续第（五）步骤。

表 6-41　制造费用明细账

生产单位：内胎车间

2009年		凭证号数	摘要	合计	借方金额分析							
月	日				机物料消耗	薪酬	折旧费	差旅及办公费	水费	电费	修理费	其他费用
1	31	略	材料费用分配	80	80							
	31	略	薪酬费用分配	8 240		8 160						
	31	略	折旧费用分配	9 444			1 204					
	31	略	其他费用分配	10 204				300	300			160
	31	略	辅助费用分配	21 122.5						2 790.26	8 128.24	
	31	略	制造费用分配	21 122.5	80	8 160	1 204	300	300	2 790.26	8 128.24	160

表 6-42　制造费用明细账

生产单位：外胎车间

2009年		凭证号数	摘要	合计	借方金额分析							
月	日				机物料消耗	薪酬	折旧费	差旅及办公费	水费	电费	修理费	其他费用
1	31	略	材料费用分配	100	100							
	31	略	薪酬费用分配	8 940		8 840						
	31	略	折旧费用分配	10 261.40			1 321.4					
	31	略	其他费用分配	11 281.40				400	400			220
	31	略	辅助费用分配	27 835.04						5 580.52	10 973.12	
	31	略	辅助费用分配	27 835.04	100	8 840	1 321.4	400	400	5 580.52	10 973.12	220

(五) 归集并分配基本生产成本明细账本月生产费用

① 归集各生产成本——基本生产成本明细账本月生产费用合计金额,如表6-43~表6-46所示。

表6-43 生产成本——基本生产成本——摩托车内胎

2009年		凭证号数	摘要	直接材料	直接人工	制造费用	小计
月	日						
1	1		期初余额	348	58	34	440
1	31	略	材料费用分配	21 719.72			21 719.72
	31	略	薪酬费用分配		10 880		10 880
	31	略	制造费用分配			8 449.2	8 449.2
	31	略	本月生产费用合计	22 067.72	10 938	8 483.2	41 488.92

表6-44 生产成本——基本生产成本——摩托车外胎

2009年		凭证号数	摘要	直接材料	直接人工	制造费用	小计
月	日						
1	1		期初余额	1 800	360	160	2 320
1	31	略	材料费用分配	33 168.7			33 168.7
	31	略	薪酬费用分配		19 040		19 040
	31	略	制造费用分配			12 989.9	12 989.9
	31	略	本月生产费用合计	34 968.7	19 400	13 149.9	67 518.6

表6-45 生产成本——基本生产成本——汽车内胎

2009年		凭证号数	摘要	直接材料	直接人工	制造费用	小计
月	日						
1	1		期初余额	697	136	75	908
1	31	略	材料费用分配	40 980.28			40 980.28
	31	略	薪酬费用分配		16 320		16 320
	31	略	制造费用分配			12 673.3	12 673.3
	31	略	本月生产费用合计	41 677.28	16 456	12 748.3	70 881.58

表6-46 生产成本——基本生产成本——汽车外胎

2009年		凭证号数	摘要	直接材料	直接人工	制造费用	小计
月	日						
1	1		期初余额	2 140	350	150	2 640
1	31	略	材料费用分配	59 406.3			59 406.3
	31	略	薪酬费用分配		21 760		21 760
	31	略	制造费用分配			14 845.14	14 845.14
	31	略	本月生产费用合计	61 546.3	22 110	14 995.14	98 651.44

② 根据基本生产明细账和任务所给资料，编制生产费用分配表，如表 6-47～表 6-50 所示。

表 6-47 生产费用分配表

产品名称：摩托车内胎　　　　2009 年 1 月　　　　　　　　　　　　　　　单位：元

项　目	成本项目			金额合计
	直接材料	直接人工	制造费用	
月初在产品成本	348	58	34	440
本月发生生产费用	21 719.72	10 880	8 449.2	41 048.92
本月生产费用合计	22 067.72	10 938	8 483.2	41 488.92
本月完工产品数量	5 990	5 990	5 990	
月末在产品数量	68	68	68	
在产品约当产量	68	34	34	
约当总产量	6 058	6 024	6 024	
费用分配率	3.642 7	1.815 7	1.408 2	
月末在产品成本	247.70	61.71	47.88	357.31
完工产品总成本	21 820.02	10 876.27	8 435.32	41 131.61
完工产品单位成本	3.64	1.82	1.41	6.87

表 6-48 生产费用分配表

产品名称：汽车内胎　　　　2009 年 1 月　　　　　　　　　　　　　　　单位：元

项　目	成本项目			金额合计
	直接材料	直接人工	制造费用	
月初在产品成本	697	136	75	908
本月发生生产费用	40 980.28	16 320	12 673.30	69 973.58
本月生产费用合计	41 677.28	16 456	12 748.30	70 881.58
本月完工产品数量	2 990	2 990	2 990	
月末在产品数量	90	90	90	
在产品约当产量	90	45	45	
约当总产量	3 080	3 035	3 035	
费用分配率	13.531 6	5.422 1	4.200 4	
月末在产品成本	1 217.84	243.99	189.02	1 650.85
完工产品总成本	40 459.44	16 212.01	12 559.28	69 230.73
完工产品单位成本	13.53	5.42	4.20	23.15

表 6-49 生产费用分配表

产品名称：摩托车外胎　　　　2009年1月　　　　　　　　　　　　　　单位：元

项　目	成本项目			金额合计
	直接材料	直接人工	制造费用	
月初在产品成本	1 800	360	160	2 320
本月发生生产费用	33 168.69	19 040	12 989.90	65 198.60
本月生产费用合计	34 968.69	19 400	13 149.90	67 518.60
本月完工产品数量	5 100	5 100	5 100	
月末在产品数量	100	100	100	
在产品约当产量	100	50	50	
约当总产量	5 200	5 150	5 150	
费用分配率	6.724 7	3.767 0	2.553 4	
月末在产品成本	672.47	188.35	127.67	988.5
完工产品总成本	34 296.22	19 211.65	13 022.23	66 530.1
完工产品单位成本	6.72	3.77	2.55	13.04

表 6-50 生产费用分配表

产品名称：汽车外胎　　　　2009年1月　　　　　　　　　　　　　　单位：元

项　目	成本项目			金额合计
	直接材料	直接人工	制造费用	
月初在产品成本	2 140	350	150	2 640
本月发生生产费用	59 406.30	21 760	14 845.14	96 011.44
本月生产费用合计	61 546.31	22 110	14 995.14	98 651.44
本月完工产品数量	2 040	2 040	2 040	
月末在产品数量	60	60	60	
在产品约当产量	60	30	30	
约当总产量	2 100	2 070	2 070	
费用分配率	29.307 8	10.681 2	7.244 0	
月末在产品成本	1 758.47	320.44	217.32	2 296.22
完工产品总成本	59 787.84	21 789.56	14 777.82	96 355.22
完工产品单位成本	29.31	10.68	7.24	47.23

③ 根据生产费用分配表编制完工产品成本汇总表,如表6-51所示。

表6-51 完工产品成本汇总表

2009年1月　　　　　　　　　　　　　　　　单位:元

项　　目		直接材料	直接人工	制造费用	合　　计
摩托车内胎	完工总成本	21 820.02	10 876.29	8 435.32	41 131.63
	单位成本	3.64	1.82	1.41	6.87
汽车内胎	完工总成本	40 459.44	16 212.01	12 559.28	69 230.73
	单位成本	13.53	5.42	4.20	23.15
摩托车外胎	完工总成本	34 296.22	19 211.65	13 022.23	66 530.1
	单位成本	6.72	3.78	2.55	13.05
汽车外胎	完工总成本	59 787.83	21 789.56	14 777.82	96 355.21
	单位成本	29.31	10.68	7.24	47.23

④ 根据生产费用分配表及完工产品成本汇总表,填制会计分录(记账凭证)。

借:库存商品——摩托车内胎　　　　　　　　　　　　　　41 131.61
　　　　　　——汽车内胎　　　　　　　　　　　　　　　69 230.73
　　　　　　——摩托车外胎　　　　　　　　　　　　　　66 530.1
　　　　　　——汽车外胎　　　　　　　　　　　　　　　96 355.22
　贷:生产成本——基本生产成本——摩托车内胎　　　　　41 131.61
　　　　　　　　　　　　　　　——汽车内胎　　　　　69 230.73
　　　　　　　　　　　　　　　——摩托车外胎　　　　66 530.1
　　　　　　　　　　　　　　　——汽车外胎　　　　　96 355.22

⑤ 根据记账凭证登记明细账,如表6-52~表6-55所示。

表6-52 生产成本——基本生产成本——摩托车内胎

2009年		凭证号数	摘　　要	直接材料	直接人工	制造费用	小　　计
月	日						
1	1		期初余额	348	58	34	440
1	31	略	材料费用分配	21 719.72			21 719.72
	31	略	薪酬费用分配		10 880		10 880
	31	略	制造费用分配			8 449.2	8 449.2
	31	略	本月生产费用合计	22 067.72	10 938	8 483.2	41 488.92
	31	略	完工产品入库	21 820.02	10 876.29	8 435.32	41 131.63

表6-53 生产成本——基本生产成本——摩托车外胎

2009年		凭证号数	摘要	直接材料	直接人工	制造费用	小计
月	日						
1	1		期初余额	1 800	360	160	2 320
1	31	略	材料费用分配	33 168.7			33 168.7
	31	略	薪酬费用分配		19 040		19 040
	31	略	制造费用分配			12 989.9	12 989.9
	31	略	本月生产费用合计	34 968.7	19 400	13 149.9	67 518.6
	31	略	完工产品入库	34 296.22	19 211.65	13 022.23	66 530.1

表6-54 生产成本——基本生产成本——汽车内胎

2009年		凭证号数	摘要	直接材料	直接人工	制造费用	小计
月	日						
1	1		期初余额	697	136	75	908
1	31	略	材料费用分配	40 980.28			40 980.28
	31	略	薪酬费用分配		16 320		16 320
	31	略	制造费用分配			12 673.3	12 673.3
	31	略	本月生产费用合计	41 677.28	16 456	12 748.3	70 881.58
	31	略	完工产品入库	40 459.44	16 212.01	12 559.28	69 230.73

表6-55 生产成本——基本生产成本——汽车内胎

2009年		凭证号数	摘要	直接材料	直接人工	制造费用	小计
月	日						
1	1		期初余额	2 140	350	150	2 640
1	31	略	材料费用分配	59 406.3			59 406.3
	31	略	薪酬费用分配		21 760		21 760
	31	略	制造费用分配			14 845.14	14 845.14
	31	略	本月生产费用合计	61 546.3	22 110	14 995.14	98 651.44
	31	略	完工产品入库	59 787.83	21 789.56	14 777.82	96 355.21

项目训练

(一) 单项选择题

1. 在单件小批多步骤生产条件下，如果管理上不要求分步骤计算产品成本，则采用的成本计算方法应该是（   ）。
   A. 分批法　　　B. 品种法　　　C. 分类法　　　D. 定额法
2. 品种法适用的生产组织是（   ）。
   A. 大量大批多步骤生产　　　B. 大量大批单步骤生产
   C. 大量小批生产　　　　　　C. 单件小批生产
3. 工业企业的生产，按照其（   ）特点，可以分为大量生产、成批生产和单件生产三种类型。
   A. 生产工艺　　　B. 生产　　　C. 生产组织　　　D. 经营
4. 品种法下，企业如果只生产一种产品，则其发生的生产费用全部都是（   ）。
   A. 间接费用　　　B. 直接费用　　　C. 固定费用　　　D. 变动费用
5. 品种法一般都定期在（   ）计算产品的生产成本。
   A. 生产周期末　　　B. 产品销售时　　　C. 月末　　　D. 产品完工时

(二) 多项选择题

1. 企业的生产特点指的是（   ）的特点。
   A. 单步骤生产　　　B. 多步骤生产　　　C. 生产工艺　　　D. 生产组织
2. 采用品种法计算产品成本，需根据各种费用分配表登记（   ）等。
   A. 基本生产成本明细账　　　B. 产品成本明细账
   C. 辅助生产成本明细账　　　D. 制造费用明细账
3. 品种法的特点是（   ）。
   A. 要求按产品的品种计算成本
   B. 按月定额计算产品成本
   C. 简单品种法一般要求计算在产品成本
   D. 一般适用于大批大量生产
4. 下面对品种法的正确描述有（   ）。
   A. 以产品的品种作为成本计算对象
   B. 成本计算程序较为复杂
   C. 是大批大量多步骤生产企业必须采用的成本计算方法
   D. 分类法是品种法的变通运用
5. 下列方法中，属于产品成本计算的辅助方法的是（   ）。
   A. 品种法　　　B. 分步法　　　C. 分类法　　　D. 定额法

(三) 判断题

1. 辅助生产常见如供水、供电车间，通常采用分批法计算成本。（　　）
2. 典型的品种法一般不需要将生产费用在完工产品和在产品之间进行分配。（　　）
3. 品种法是按月定期计算产品成本的。（　　）
4. 企业的生产经营特点和管理要求会对产品成本计算方法产生影响。（　　）
5. 按照生产组织特点，工业企业的生产可以分为大批生产和小批生产两种类型。（　　）

(四) 技能训练

训练一

目的：训练学生根据企业生产特点确定产品成本计算方法。

资料：众所周知，戴尔是以直销模式称雄的，直接经营模式指在将厂商与消费者之间建立起直接的联系，厂商接收到消费者的订购信息后，即组织生产、安装并送货，协助客户进行安装，并提供售后支持。对于家庭及中小企业客户，大多数是通过电话进行直接销售；针对大型行业用户，则通过基于现场的实地销售，与其建立面对面的直接关系。无论面向哪类客户，戴尔均强调直接的客户体验。

要求：根据戴尔公司生产特点，为该公司选择成本计算方法。

训练二

目的：训练学生品种法下要素费用分配的综合能力，包括相关会计处理及账簿登记等能力。

资料：某企业设有一个基本生产车间大量生产 A、B 两种产品，有一个供电辅助生产车间，2009 年 5 月有关成本资料如下。

(1) 本月材料发出汇总表：A 产品领用甲材料 74 970 元；B 产品领用乙材料 56 640 元；供电车间领用丙材料 600 元；基本生产车间一般性耗丁材料 3 140 元；行政管理部门领用丁材料 2 000 元。

(2) 本月发生职工薪酬费用 96 240 元：A 产品 36 000 元；B 产品 18 000 元；供电车间 6 240 元；基本生产车间管理人员 8 000 元；行政管理人员 28 000 元。

(3) 本月计提基本生产车间固定资产折旧费 16 840 元；供电车间折旧费 1 160 元；行政管理折旧费 4 000 元。

(4) 本月以银行存款支付基本生产车间办公费 3 400 元；行政管理部的办公费 5 600 元。

(5) 供电车间本月劳务总量 8 000 度，其中：基本生产车间 6 000 度；行政管理部门 2 000 度。

(6) 基本车间的制造费用按生产工时比例分配：A 产品为 10 000 工时，B 产品为 5 000 工时。

(7) 期初在产品成本资料见基本生产成本明细账。A 产品本月完工 5 000 件，月末在产品 400 件，在产品完工程度为 50%。材料在生产开始时一次投入，A 产品采用约当产量法计算完工产品成本和在产品成本。B产品本月完工2 000件，在产品20件，期末在产品各月数量较少，采用在产品不计算在产品成本法。

要求：

(1) 编制有关会计分录；

(2) 计算并登记A、B产品基本生产明细账（表6-56和表6-57），（计算过程分配率保留四位小数，金额保留两位小数）。

表6-56　A产品基本生产明细账

2009年5月　　　　　　　　　　　　　　　　　　　　　　　　单位：元

摘　　要	直接材料	直接人工	制造费用	合　　计
月初在产品成本	33 030	7 160	5 240	45 430
本月生产费用				
合计				
分配率				
完工产品成本				
月末产品成本				

表6-57　B产品基本生产明细账

2009年5月　　　　　　　　　　　　　　　　　　　　　　　　单位：元

摘　　要	直接材料	直接人工	制造费用	合　　计
月初在产品成本	—			
本月生产费用				
完工产品成本				
月末在产品成本				

训练三

目的：训练学生运用品种法计算产品成本的综合能力。

资料：笑笑食品厂是一家小型企业，主营饼干的生产与销售业务。该厂的基本生产车间是饼干车间，大量生产夹心饼干和曲奇饼干两种产品，采用封闭式的流水线生产，饼干的主要原料为面粉、植物油、鸡蛋、食糖等。还设有一个机修车间，为企业提供各种修理劳务。该企业的原材料根据生产需要领用，并在领用后一次投入（车间内期初期末均无材料余额），领用的鸡蛋按定额消耗比例分配，其定额为百公斤夹心饼干消耗10公斤鸡蛋，百公斤曲奇饼干消耗鸡蛋5公斤。其他原材料60%用于夹心饼干生产，40%用于曲奇饼干的生产。饼干车间工人的薪酬和制造费用按生产工时比例分配，机修车间费用按修理工时比例分配。两种饼干均采用约当产量法计算完工产品成本和月末在产品成本。企业发生的费用均用转账支票支付。

笑笑食品厂2008年3月有关经济业务的原始凭证和相关资料如下。

(1) 月初资料如表6-58和表6-59所示。

表 6-58　生产车间月初在产品盘存单

车间：饼干车间　　　　　　　　　　　　　2008 年 3 月

在产品名称	型号规格	单位	盘点数量	单位成本	总成本	在产品完工率
夹心饼干		公斤	1 860			50%
曲奇饼干		公斤	1 580			50%

表 6-59　月初在产品成本

2008 年 3 月　　　　　　　　　　　　　　　　　　　　　　　　　　单位：元

产品	直接材料	直接人工	制造费用	合计
夹心饼干	9 580	1 860	1 230	12 670
曲奇饼干	7 900	1 580	1 100	10 580

（2）本月的相关资料如表 6-60～表 6-76 所示。

表 6-60　领料单

部门：饼干车间　　　　　　　　　　　　　2008 年 3 月

用途＼项目	材料名称	单位	数量	单价/元	金额	备注
生产饼干用	植物油	公斤	2 000	16.00	32 000	

表 6-61　领料单

部门：饼干车间　　　　　　　　　　　　　2008 年 3 月

用途＼项目	材料名称	单位	数量	单价/元	金额	备注
生产饼干用	苏打	公斤	500	10.00	5 000	

表 6-62　领料单

部门：饼干车间　　　　　　　　　　　　　2008 年 3 月

用途＼项目	材料名称	单位	数量	单价/元	金额	备注
生产饼干用	面粉	公斤	20 000	3.00	60 000	

表 6-63　领料单

部门：饼干车间　　　　　　　　　　　　2008 年 3 月

用途＼项目	材料名称	单位	数量	单价/元	金额	备注
生产饼干用	鸡蛋	公斤	2 400	6.00	14 400	

表 6-64　领料单

部门：饼干车间　　　　　　　　　　　　2008 年 3 月

用途＼项目	材料名称	单位	数量	单价/元	金额	备注
生产饼干用	食糖	公斤	5 000	3.80	19 000	

表 6-65　领料单

部门：饼干车间　　　　　　　　　　　　2008 年 3 月

用途＼项目	材料名称	单位	数量	单价/元	金额	备注
生产一般用	食用添加剂	公斤	250	60.00	15 000	

表 6-66　领料单

部门：机修车间　　　　　　　　　　　　2008 年 3 月

用途＼项目	材料名称	单位	数量	单价/元	金额	备注
修理用	专用漏斗	只	30	20	600	

表 6-67　领料单

部门：机修车间　　　　　　　　　　　　2008 年 3 月

用途＼项目	材料名称	单位	数量	单价/元	金额	备注
一般用	手套	双	20	2	40	

表6-68　工资结算汇总表

2008年3月　　　　　　　　　　　　　　　　　　　　　　　　　　单位：元

部　门	各类人员	基本工资	奖　金	津　贴	合　计
饼干车间	生产饼干工人	40 000	3 600	1 200	44 800
	管理人员	3 500	700		4 200
机修车间	修理工人	4 500	1 000	300	5 800
	管理人员	2 000	500		2 500
合　计		50 000	5 800	1 500	57 300

表6-69　工资及社保费用计提表

2008年3月　　　　　　　　　　　　　　　　　　　　　　　　　　单位：元

部　门	各类人员	工资总额	计提比例/%	计提金额
饼干车间	生产饼干工人	44 800	36	16 128
	管理人员	4 200	36	1 512
机修车间	修理工人	5 800	36	2 088
	管理人员	2 500	36	900
合　计		57 300	36	20 628

表6-70　固定资产折旧计算表

2008年3月　　　　　　　　　　　　　　　　　　　　　　　　　　单位：元

使用单位和固定资产类别		原　值	年折旧率/%	上月计提折旧额	本月应计提折旧额
饼干车间	厂房	600 000	4	2 000	2 000
	设备	500 000	6	2 500	2 500
	合计	1 100 000		4 500	4 500
机修车间	厂房	180 000	4	600	600
	设备	50 000	6	250	250
	合计	230 000		850	850

表6-71　外购动力费用分配表

供电单位：市电力公司　　　　　　2008年3月　　　　　　　　　　　单位：元

部　门	耗电量	单　价	金　额
饼干车间	14 200	1.00	14 200
机修车间	5 800	1.00	5 800
合　计	20 000		20 000

表 6-72　待摊费用分摊表

2008 年 3 月　　　　　　　　　　　　　　　　　　　　　　　单位：元

部　　门	应摊报刊费	应摊保险费	低值易耗品摊销	合　　计
饼干车间	500	2 500	600	3 600
机修车间	200	800		1 000
合　　计	700	3 300	600	4 600

表 6-73　办公费用及其他费用分配表

2008 年 3 月　　　　　　　　　　　　　　　　　　　　　　　单位：元

部　　门	办公费用	其他费用	金　　额
饼干车间	9 000	1 800	10 800
机修车间	3 000	500	3 500
合　　计	12 000	2 300	14 300

表 6-74　产品成本入库单

交库单位：饼干车间　　　　　　　2008 年 3 月

产品名称	型号规格	单　位	交付数量	合格数量	实收数量
夹心饼干		公斤	16 300	16 300	16 300
曲奇饼干		公斤	10 800	10 800	10 800

表 6-75　生产车间月末在产品盘存单

车间：饼干车间　　　　　　　　2008 年 3 月

产品名称	型号规格	单　位	盘点数量	在产品完工率
夹心饼干		公斤	3 080	50%
曲奇饼干		公斤	2 250	50%

表 6-76　定额消耗量、工时记录

部　　门		生产工时	修理工时	定额消耗比例
饼干车间	夹心饼干	7 360		60%
	曲奇饼干	5 440		40%
	一般		700	
企业管理部门			220	
合　　计		12 800	920	100%

要求：

（1）开设夹心饼干和曲奇饼干的基本生产成本明细账、机修车间的辅助生产成本明细账和饼干车间的制造费用明细账；

(2) 对所给资料进行审核、整理与分析，编制各种费用分配表；

(3) 根据编制的费用分配表作编制相应的记账凭证；

(4) 根据记账凭证登记成本费用明细账；

(5) 对归集的辅助生产费用和制造费用按要求进行分配，并编制记账凭证、登账；

(6) 根据归集的生产费用在完工产品与月末在产品进行分配，计算夹心饼干和曲奇饼干的总成本和单位成本，编制产品成本计算单。

项目七

单件小批生产企业成本核算

> **知识目标**
> - 了解单件小批生产企业的生产工艺流程和特点
> - 掌握单件小批生产企业的成本核算程序
>
> **技能目标**
> - 会根据单件小批生产企业的生产工艺流程和管理要求选择使用成本计算的分批法
> - 能够熟练运用典型分批法和简化分批法进行成本核算

任务一 典型分批法的应用

一、任务描述

天津市龙腾轴承厂生产规模不大,按客户合同订单组织生产,产品的品种经常变动,每次批量不大。该企业设有一个基本生产车间进行各种型号轴承的生产,生产工艺主要由下料、冲片、拉伸、切边整形和旋压成型构成。设有一个辅助生产车间——机修车间,为企业提供机器修理。

2010年10月企业有3个批次轴承正在生产。

1. CA—A 型号轴承(生产批号100801)

2010年8月20日该厂与甲客户签订了一项订单,客户订购2 400件 CA—A 型号轴承,交货日期为2010年12月3日,根据生产订单已投产2 400件 CA—A 型号轴承,8月、9月没有完工产品,10月份生产完工产品1 600件。

2. CA—B/A 型号轴承(生产批号100901)

2010年9月10日该厂与乙客户签订了一项订单,客户订购2 000件 CA—B/A 型号轴承,交货日期为 2011 年 1 月 10 日,根据生产订单已投产 2 000 件 CA—B/A 型号轴承,9 月、10 月没有完工产品。

3. CA—8706 型号轴承(生产批号 101001)

2010 年 10 月 12 日该厂与丙客户签订了一项订单,客户订购 3 200 件 CA—8706 型号轴承,交货日期为 2011 年 3 月 30 日。企业生产科签发批号为 101001 号的生产 3 200 件 CA—8706 型号轴承的通知单,生产车间 10 月开始生产。

产品生产情况、期初在产品资料、生产费用资料如表 7-1、表 7-2 和表 7-3 所示。

表 7-1 产品生产情况

产品批号	产品名称	投产情况	本月完工数量/件	月末在产品/件
100801	CA—A 型号轴承	8 月 20 日投产 2 400 件	1 600	800
100901	CA—B/A 型号轴承	9 月 10 日投产 2 000 件	—	2 000
101001	CA—8706 型号轴承	10 月 12 日投产 3 200 件	800	2 400

表 7-2 期初在产品资料

产品批号	产品名称	成本项目			合计
		直接材料	直接人工	制造费用	
100801	CA—A 型号轴承	5 920	2 640	2 880	11 440
100901	CA—B/A 型号轴承	9 360	6 380	1 760	17 500

表 7-3 产品生产费用资料

产品批号	产品名称	成本项目			合计
		直接材料	直接人工	制造费用	
100801	CA—A 型号轴承	9 024	5 520	6 200	20 744
100901	CA—B/A 型号轴承	7 960	6 280	5 380	19 620
101001	CA—8706 型号轴承	4 400	4 280	5 000	13 680

CA—A 型号轴承(生产批号 100801),本月完工数量较大,采用约当产量法计算期末在产品成本,该批产品所需原材料在生产开始日一次投入,在产品完工程度为 50%。CA—B/A 型号轴承(生产批号 100901),本月全部未完工,本月生产费用全部为月末在产品成本。CA—8706 型号轴承(生产批号 101001),本月完工数量少,为了简化核算,完工产品按计划成本结转,CA—8706 型号轴承的单位计划成本为:原材料 5.2 元,直接人工 5.1 元,制造费用 5.6 元。

二、任务分析

有些制造企业在组织生产过程中,不是大量大批地重复生产一种或几种产品,而是根据用户的合同订单或企业事先确定的产品种类、规格,按单件或小批量地组织产品的生产。这种单件小批生产类型的企业,可以采用典型分批法进行产品成本核算,按照订单或批别归集生产费用,计算产品成本。

天津市龙腾轴承厂根据客户的订单,小批进行生产,生产工艺流程为单步骤生产类型,因此可采用典型的分批法进行成本核算。企业应将按客户订单生产的100801、100901、101001批次产品作为成本计算对象,按企业生产情况设置直接材料、直接人工、制造费用成本项目,根据有关产量记录、月初在产品成本和本月发生的生产费用资料,采用典型的分批法对费用进行归集与分配,编制记账凭证并登记各成本费用明细账,计算并结转各种完工产品成本。

三、知识链接

(一) 典型分批法的概念

产品成本计算的典型分批法,是指以产品的批号或订单作为成本计算对象,归集生产费用,计算产品成本的方法。在小批单件生产的情况下,企业通常是按照订货单位的合同订单签发生产通知单组织生产的。按照产品批别计算产品成本,往往也就是按照订单计算产品成本。

(二) 典型分批法的特点

典型分批法的特点主要表现在成本计算对象、成本计算期和生产费用的分配3个方面。

1. 以产品批号或订单作为成本计算对象

产品的订单与组织产品生产的批号之间存在着3种情况。①一份订单一个批号。②一份订单几个批号。具体又有3种情况:当一份订单中有多种产品时,按照产品的品种划分批号组织生产,计算产品成本;当一份订单中是一件或一种由许多部件装配而成的大型复杂产品,产品价值大,生产周期长,也可以按照产品的组成部分,分批号组织生产,分批号计算产品成本;当一份订单的批量较大,对方又要求分期交货时,可以划分为若干批号组织生产。③几份订单一个批号。

因此,分批法的成本计算对象不是购货单位的订单,而是企业生产部门按照购货单位的订单,结合企业的实际情况签发下达的生产任务通知单,单内对该批生产任务进行编号,这种编号称为产品批号或生产令,成本会计部门应当根据产品批号设置基本生产成本明细账。

2. 以各批产品的生产周期作为成本计算期

典型分批法以产品的批别为对象计算产品成本,每批产品的成本只有在该批产品完工时才能计算出来,因此成本计算期就是每批产品的生产周期,它与会计报告期通常不一致。每一批次产品的生产周期依据合同要求而定,因此分批法的成本计算期是不定期的。

3. 期末在完工产品与在产品之间分配生产费用比较简单

在单件生产的情况下,产品完工前,所归集的生产费用就是在产品成本,产品完工后,所归集的生产费用就是完工产品成本。在小批生产的情况下,在月末计算产品成本时,往往已经全部完工形成完工产品成本,或者全部没有完工形成期末在产品成本。因此,典型分批法一般不存在完工产品成本和在产品成本之间分配问题。但在批量较大的情况下，出现批内产品跨月陆续完工交货的，为了使收入与费用相配比，也需要将所归集的生产费用在完工产品与在产品之间进行分配，以便计算完工产品成本和月末在产品成本。

为了简化核算手续，对于同一批次内先完工的产品，可以按计划单位成本、定额单位成本、或最近一期相同产品的实际单位成本计价，从该批产品的成本计算单中转出，剩下的即为该批产品的在产品成本。当该批产品全部完工时，另行计算该批产品实际总成本和单位成本，但对原来计算并转出的前期完工产品成本，不作账面调整。如果同一批次产品跨月完工的数量较多，为正确计算产品成本，应采用适当的方法，如约当产量法等，在完工产品和在产品之间分配生产费用。

（三）典型分批法的适用范围

典型分批法通常适用于下列从事小批单件的产品生产的企业：根据客户的要求生产特殊规格、规定数量的产品的企业，包括承接客户委托加工的单件大型产品，如船舶、重型机器，也包括受托生产多件同样规格的产品，如特种仪器或专用设备；产品种类经常变动的小规模企业，这类企业往往需要根据市场变化不断调整生产品种和数量，一般不可能大批量生产，如小五金商品和服装生产等；专门承揽修理业务的企业，需要按单项修理业务归集费用，计算修理业务成本；承担新产品开发试制部门，在产品开发期间不可能大批生产试制的产品，因而属于小批量生产，也宜采用分批法计算试制产品的成本。

（四）典型分批法的成本计算程序

1. 按批别开设基本生产成本明细账

按照产品的批别或订单，设置基本生产成本明细账或产品成本计算单，并按规定的成本项目设专栏，以便归集生产费用。

采用分批法计算产品成本的企业，基本生产成本明细账的设立和结转，应与生产计划部门签发生产通知单的时间和完工时间一致，以保证各批产品成本计算的准确无误。

2. 按批别归集与分配生产费用

根据各项费用发生的原始凭证，汇总编制各种费用分配表，并将各批产品直接发生的直接材料和直接人工费用，按批号直接汇总计入各批产品的基本生产成本明细账中，将发生的间接费用按其用途和发生地点归集于辅助生产成本和制造费用明细账中，月末按照特定的方法在各批产品之间进行分配，再计入各批产品基本生产成本明细账中。

3. 按批别计算完工产品成本

月末，对已经完工的各批产品，将基本生产成本明细账中所归集的成本项目费用相加，就是月末完工产品的实际总成本，除以完工产品数量，就是完工产品的单位成本；月末未完工的各批产品其基本生产成本明细账中所归集的生产费用，就是月末在产品成本；月末如果有跨月完工产品，则按定额成本法或约当产量法等计算完工产品成本和月末在产品成本，待该批产品全部完工时，再计算其实际总成本和单位成本。

四、任务实施

① CA—A 型号轴承（生产批号 100801）成本核算，如表 7-4 所示。

表 7-4 基本生产成本明细账

产品批号：100801　　　　　　　　　　　　　　　　　　　　　　　　　投产日期：8月
产品名称：CA—A 型号轴承　　　　批量：2 400 件　　　　完工：1 600 件　　　　完工日期：12月

2010 年		凭证号数	摘　要	成本项目			合　计
月	日			直接材料	直接人工	制造费用	
10	31		期初余额	5 920	2 640	2 880	11 440
	31		分配材料费用	9 024			9 024
	31		分配直接人工		5 520		5 520
	31		分配制造费用			6 200	6 200
	31		生产费用合计	14 944	8 160	9 080	32 184
	31		在产品成本	4 981.36	1 632	1 816	8 429.6
	31		完工产品成本	9 962.64	6 528	7 264	23 754.64
	31		完工产品单位成本	6.23	4.08	4.54	14.85

本月完工 CA—A 型号轴承产品 1 600 件，分配生产费用如下。

$$月末在产品应负担原材料费用 = \frac{14\ 944}{2\ 400} \times 800 = 4\ 981.36(元)$$

$$月末完工产品应负担原材料费用 = 14\ 944 - 4\ 981.36 = 9\ 962.64(元)$$

$$月末单位完工产品应负担原材料费用 = \frac{9\ 962.64}{1\ 600} = 6.23(元)$$

$$月末在产品应负担人工费用 = \frac{8\ 160}{2\ 000} \times 400 = 1\ 632(元)$$

$$月末完工产品应负担人工费用 = 8\ 160 - 1\ 632 = 6\ 528(元)$$

$$月末单位完工产品应负担人工费用 = \frac{6\ 528}{1\ 600} = 4.08(元)$$

$$月末在产品应负担制造费用 = \frac{9\ 080}{2\ 000} \times 400 = 1\ 816(元)$$

$$月末完工产品应负担制造费用 = 9\ 080 - 1\ 816 = 7\ 264(元)$$

$$月末单位完工产品应负担制造费用 = \frac{9\ 962.64}{1\ 600} = 4.54(元)$$

根据基本生产成本明细账中 CA—A 型号轴承（生产批号 100801）确定的完工产品成本，作会计分录如下。

借：库存商品——CA—A 型号轴承　　　　　　　　　　　　　　　　23 754.64
　　贷：生产成本——基本生产成本——100801　　　　　　　　　　　23 754.64

② CA—B/A 型号轴承（生产批号 100901）成本核算，如表 7-5 所示。

表 7-5 基本生产成本明细账

产品批号：100901　　　　　　　　　　　　　　　　　　　　　　　　投产日期：9 月
产品名称：CA—B/A 型号轴承　　　批量：2 000 件　　　完工：0 件　　　完工日期：1 月

2010 年		凭证号数	摘要	成本项目			合计
月	日			直接材料	直接人工	制造费用	
10	31		期初余额	9 360	6 380	1 760	17 500
	31		分配材料费用	7 960			7 960
	31		分配直接人工		6 280		6 280
	31		分配制造费用			5 380	5 380
	31		生产费用合计	17 320	12 660	7 140	37 120

③ CA—8706 型号轴承（生产批号 101001）成本核算，如表 7-6 所示。

表 7-6 基本生产成本明细账

产品批号：101001　　　　　　　　　　　　　　　　　　　　　　　　投产日期：10 月
产品名称：CA—8706 型号轴承　　　批量：3 000 件　　　完工：800 件　　　完工日期：3 月

2010 年		凭证号数	摘要	成本项目			合计
月	日			直接材料	直接人工	制造费用	
10	31		分配材料费用	4 400			4 400
	31		分配直接人工		4 280		4 280
	31		分配制造费用			5 000	5 000
	31		生产费用合计	4 400	4 280	5 000	13 680
	31		在产品成本	240	200	520	960
	31		完工产品成本	4 160	4 080	4 480	12 720
	31		完工产品单位成本	5.2	5.1	5.6	15.9

CA—8706 型号轴承本月完工 800 件，按计划单位成本计算完工产品成本如下。

完工产品原材料费用＝5.2×800＝4 160(元)

完工产品直接人工费用＝5.1×800＝4 080(元)

完工产品制造费用＝5.6×800＝1 960(元)

根据基本生产成本明细账中 CA—8706 型号轴承（生产批号 101001）确定的完工产品成本，作会计分录如下。

　　借：库存商品——CA—8706 型号轴承　　　　　　　　　　　　　　　12 720
　　　　贷：生产成本——基本生产成本——101001　　　　　　　　　　　127 204

任务二 简化分批法的应用

一、任务描述

天津市仕名工厂属于小批生产企业,产品批次和月末未完工产品批次都较多,2010 年 6 月份生产情况如表 7-7 所示。

表 7-7 各批产品生产情况表

产品批号	产品名称	投产情况	本月完工数量	月末在产品
411	A	4月3日投产32件	32件	
512	B	5月8日投产16件	8件	8件
513	C	5月21日投产20件		20件
614	C	6月10日投产12件		12件
615	D	6月25日投产15件		15件

表 7-7 中批号为 512 的 B 产品,其原材料是在生产开始时一次投入,完工产品所耗工时为 5 920 小时,在产品的工时为 2 520 小时。

二、任务分析

在小批单件生产的企业或车间中,同一月份内投产的产品批数往往很多,有的多至几十批,甚至几百批,并且月末未完工的产品批数也很多,在这种情况下,各种间接计入费用在各批产品之间按月进行分配的核算工作就变得极为繁重。因此,为了简化核算工作,在投产批数繁多而且月末未完工批数也较多的企业,还可以采用一种简化的分批法计算产品成本,也就是不分批计算月末在产品成本的分批法。

天津市仕名工厂根据客户的订单,小批进行生产,产品批次和月末未完工产品批次都较多,因此可采用简化的分批法进行成本核算。分别开设基本生产成本二级账和基本生产成本明细账,设直接材料、直接人工、制造费用三个成本项目和生产工时栏目。基本生产成本明细账登记月初在产品的直接费用和生产工时;基本生产成本二级账登记月初在产品的累计项目费用和生产工时;按要求归集当月发生的生产费用和生产工时;月终计算出各批完工产品应负担的各项间接费用,并计算完工产品成本和单位成本。

三、知识链接

(一) 简化分批法的概念

简化分批法,是通过对间接费用采用累计分配率进行分配,以减少成本计算工作量的分批法。即将每月发生的人工费用和制造费用等间接费用,不再按月在各批产品之间进行分配，而是将这些间接费用累计起来，待某批产品完工时，根据完工产品工时占累计总工时的比例，确定完工产品应负担的间接费用，据以计算完工批次产品成本。由于简化分批法在月末未完工产品的批别之间不再分配间接费用，因此，也被称为"不分批计算在产品成本的分批法"。

简化分批法适用于投产批次众多，而每月完工批次较少的企业。

（二）简化分批法的特点

简化分批法与典型分批法相比较，具有如下特点。

1. 要增设基本生产成本二级账

采用简化分批法时，企业在按批次设置基本生产成本明细账的同时，还要设置基本生产成本二级账。前者在平时只登记直接记入的原材料费用和生产工时，后者则归集企业投产的所有批次产品的各项费用和累计的全部生产工时。

2. 在有完工产品的月份要计算累计间接费用分配率

在没有完工产品的月份，不再分配发生的间接费用。在出现完工产品的月份，则要计算累计间接费用分配率。累计间接费用分配率，既是在各批完工产品之间分配各项间接费用的依据，也是完工产品与月末在产品之间分配各项间接费用的依据。其计算公式是：

$$累计间接费用分配率 = \frac{期初结存的全部产品的间接费用 + 本月发生的全部间接费用}{期初结存的全部在产品工时 + 本月发生的全部工时}$$

完工产品批别应负担的间接费用＝该批产品的累计工时数×累计间接费用分配率

在实际工作中，间接费用包括工资费用与制造费用，因此通常要分别计算累计人工费用分配率和累计制造费用分配率，分别计算完工批次产品应负担的人工费用与制造费用。

3. 对当月完工的不同批次的产品均按同一个累计间接费用分配率进行分配

在有完工产品批次的月份，不论完工批次的多少，都只计算统一的累计分配率进行间接费用的分配。这样，不仅简化了间接费用的分配工作，还简化了对未完工批别产品成本明细账的登记工作，因此，企业未完工的批数越多，核算就越简化。

采用简化分批法的不足之处，一是未完工批别的基本生产成本明细账不能完整地反映其在产品的成本；二是如果各月发生的间接费用相差悬殊，会影响各月产品成本计算的正确性。例如，前几个月的间接费用较多，本月的间接费用较少，而某批产品本月投产本月完工，这样，按累计间接费用分配率计算的该批完工产品成本就会发生不应有的偏高。反之，会造成不应有的偏低。此外，如果月末未完工产品的批数不多，也不宜采用这种方法。因为，一方面仍要对完工产品分配登记各项间接费用，不能简化核算工作；另一方面又在一定程度上影响产品成本计算的正确性。

因此，应用简化的分批法必须具备两个条件：一是各个月份的间接费用水平比较均衡，二是月末未完工产品的批数较多。这样才能保证既简化产品成本的核算工作又确保产品成本计算的正确。

(三) 简化分批法的成本计算程序

1. 设置基本生产成本明细账与基本生产成本二级账

采用简化分批法计算产品成本,应按批别设置基本生产成本明细账,同时按全部产品设置基本生产成本二级账。产品完工前,基本生产成本明细账中只登记该批产品的直接材料费用以及生产工时,只有在该批产品完工时,才通过累计间接费用分配率计算分配该批产品应负担的人工费用和制造费用,并在完工批次产品的基本生产成本明细账中进行登记,计算出该批完工产品的成本。

平时,基本生产成本二级账要登记全部产品的生产费用和全部产品耗用的工时。在有完工产品的月份,依据该账户记录的全部间接费用和全部生产工时计算累计间接费用分配率,确认各批完工产品应负担的人工费用和制造费用,并分配计入各完工批次产品的基本生产成本明细账。

2. 登记各批别产品发生的生产费用和生产工时

对各批产品发生的直接费用和生产工时,平行计入各批别产品的基本生产成本明细账中。

3. 计算完工产品成本

某批产品当月完工,要根据基本生产成本二级账中的累计间接费用和累计总工时,计算各项累计间接费用分配率,并据以计算该批完工产品应负担的间接费用。该批产品的直接费用加上分配的间接费用,即为该完工产品的总成本。

四、任务实施

(一) 该厂基本生产成本二级账的登记

该厂基本生产成本二级账的登记如表7-8所示。

表7-8 基本生产成本二级账

2010年		凭证号数	摘要	生产工时	成本项目			合计
月	日				直接材料	直接人工	制造费用	
5	31		期初在产品	13 700	60 614	20 292	25 966	106 872
6	30		本月发生	10 340	31 328	13 364	17 306	61 998
	30		累计数	24 040	91 942	33 656	43 272	168 870
	30		累计间接费用分配率			1.4	1.8	
	30		本月完工转出	17 520	44 712	24 528	31 536	100 776
	30		期末在产品	6 520	47 230	9 128	11 736	69 094

基本生产成本二级账中数据说明如下。

① 5月末在产品的生产工时和各项费用是截至5月末各批产品的累计生产工时和发生的累计生产费用。

② 6月份发生的直接材料费用和生产工时,是根据6月份各批次产品的原材料费用分配

表、生产工时记录登记；6月发生的直接人工和制造费用等间接费用，根据各该费用分配表登记。

③ 完工产品的直接材料费用和生产工时，根据各批次产品基本生产成本明细账中完工产品的直接材料费用和生产工时汇总登记，即：

完工产品直接材料费用＝35 460＋9 252＝44 712(元)

完工产品工时＝11 600＋5 920＝17 520(工时)

④ 全部产品累计间接费用分配率：

$$全部产品累计直接人工分配率=\frac{33\ 656}{24\ 040}=1.4$$

$$全部产品累计制造费用分配率=\frac{43\ 272}{24\ 040}=1.8$$

完工产品应负担的各项间接费用，可以根据完工批次产品的基本生产成本明细账中所列生产工时分别乘以各该累计间接费用分配率计算，即：

完工产品直接人工＝17 520×1.4＝24 528(元)

完工产品制造费用＝17 520×1.8＝31 536(元)

⑤ 月末在产品的直接材料费用和生产工时，根据基本生产成本二级账中累计的直接材料费用和生产工时分别减去本月完工产品的直接材料费用和生产工时计算登记；也可以根据各批次产品的基本生产成本明细账中的月末在产品的直接材料费用和生产工时汇总后登记。

⑥ 月末在产品的各项间接费用，可以根据基本生产成本二级账中在产品生产工时分别乘以各该费用累计分配率计算登记，即：

月末在产品直接人工＝6 520×1.4＝9 128(元)

月末在产品制造费用＝6 520×1.8＝11 736(元)

也可以根据基本生产成本二级账中各该成本项目的累计数分别减去完工产品负担的相应费用后计算登记。

(二) 各批次产品的基本生产成本明细账的登记

在各批产品的基本生产成本明细账中，平时只登记直接材料费用和发生的工时，因此，在没有完工产品的月份，各账户的直接材料累计数即为各该批次月末在产品的全部直接材料成本，工时累计数即为各该批次产品所消耗的全部生产工时。各批次产品的基本生产成本明细账的累计直接材料成本与累计生产工时相加之和，应该等于基本生产成本二级账中所反映的全部批次的在产品直接材料费用累计数与生产工时累计数。

当月有完工产品批次的基本生产成本明细账，除了要登记当月发生的直接材料费用和生产工时外，还要加计材料费用累计数，并根据基本生产成本二级账相关数据计算的累计间接费用分配率确认完工产品应负担的人工费用和制造费用，计算完工产品的总成本与单位成本。

① 批号为411的A产品，本月末全部完工，其累计的直接材料费用和生产工时就是完工产品的直接材料费用和生产工时，将生产工时分别乘以各项人工费用累计分配率和制造费用累计分配率，即为完工产品的人工费用和制造费用。

根据间接费用累计分配率，计算A产品应负担的人工费用和制造费用如下：

411批次A产品应负担的直接人工费用＝11 600×1.4＝16 240（元）

411批次A产品应负担的制造费用＝11 600×1.8＝20 880（元）

批号为411的A产品基本生产成本明细账如表7-9所示。

表7-9 基本生产成本明细账

产品批号：411　　　产品名称：A　　　　　　　　　　　　　投产日期：4月3日
订货单位：三思工厂　产品批量：32件　　完工：32件　　　　 完工日期：6月

2010年		凭证号数	摘要	生产工时	成本项目			合计
月	日				直接材料	直接人工	制造费用	
4	30		本月发生	4 400	27 400			
5	31		本月发生	4 000	5 660			
6	30		本月发生	3 200	2 400			
	30		累计数	11 600	35 460			
	30		累计间接费用分配率			1.4	1.8	
	30		本月完工转出	11 600	35 460	16 240	20 880	72 580
	30		完工产品单位成本		1 108.125	507.5	652.5	2 268.125

根据基本生产成本明细账中411批次A产品确定的完工产品成本，作会计分录如下。

借：库存商品——A产品　　　　　　　　　　　　　　　　72 580
　　贷：生产成本——基本生产成本——411　　　　　　　　　　72 580

② 批号为512的B产品，本月部分完工，应当按照一定的方法确定完工产品应负担的材料费用，根据完工产品所耗工时和间接费用累计分配率计算应负担的人工费用和制造费用，计算结果如下：

$$完工产品应负担的直接材料费用 = \frac{18\ 504}{16} \times 8 = 9\ 252(元)$$

在产品应负担的直接材料费用＝18 504－9 252＝9 252(元)
512批次B产品应负担的直接人工费用＝5 920×1.4＝8 288(元)
512批次B产品应负担的制造费用＝5 920×1.8＝10 656(元)

该批次产品的基本生产成本明细账如表7-10所示。

表 7-10 基本生产成本明细账

产品批号：512　　　产品名称：B　　　　　　　　　　　　　　投产日期：5 月 8 日
订货单位：三合公司　产品批量：16 件　　本月完工：8 件　　　完工日期：

2010 年		凭证号数	摘　要	生产工时	成本项目			合　计
月	日				直接材料	直接人工	制造费用	
5	31	略	本月发生	4 800	18 504			
6	30		本月发生	3 640				
	30		累计数	8 440	18 504			
	30		累计间接费用分配率			1.4	1.8	
	30		本月完工转出	5 920	9 252	8 288	10 656	28 196
	30		完工产品单位成本		1 156.5	1 036	1 332	3 524.5
	30		月末在产品	2 520	9 252			

根据基本生产成本明细账中 512 批次 B 产品确定的完工产品成本，作会计分录如下。

借：库存商品——B 产品　　　　　　　　　　　　　　　　28 196
　　贷：生产成本——基本生产成本——512　　　　　　　　　　28 196

③ 批号为 513 的 C 产品、批号为 614 的 C 产品和批号为 615 的 D 产品，本月份均未完工，因此，各该批次产品的基本生产成本明细账中只登记本月发生的直接材料费用和生产工时，各该批次产品基本生产成本明细账中材料费用和生产工时的累计数，即月末在产品的直接材料费用和累计消耗工时。

三批产品的基本生产成本明细账如表 7-11、表 7-12 和表 7-13 所示。

表 7-11 基本生产成本明细账

产品批号：513　　　产品名称：C　　　　　　　　　　　　　　投产日期：5 月 21 日
订货单位：景阳公司　产品批量：20 件　　本月完工：　　　　　完工日期：

2010 年		凭证号数	摘　要	生产工时	成本项目			合　计
月	日				直接材料	直接人工	制造费用	
5	31		本月发生	500	9 050			
6	30		本月发生	1 500	10 000			

表 7-12 基本生产成本明细账

产品批号：614　　　产品名称：C　　　　　　　　　　　　　　投产日期：6 月 10 日
订货单位：华山公司　产品批量：12 件　　本月完工：　　　　　完工日期：

2010 年		凭证号数	摘　要	生产工时	成本项目			合　计
月	日				直接材料	直接人工	制造费用	
6	30		本月发生	800	11 428			

项目七　单件小批生产企业成本核算

表 7-13　基本生产成本明细账

产品批号：615　　　产品名称：D　　　　　　　　　　投产日期：6 月 25 日
订货单位：衡山公司　产品批量：15 件　　本月完工：　　完工日期：

2010 年		凭证号数	摘　要	生产工时	成 本 项 目			合　计
月	日				直接材料	直接人工	制造费用	
6	30		本月发生	1 200	7 500			

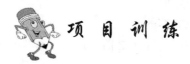

项 目 训 练

（一）单项选择题

1. 典型分批法的成本计算程序与（　　）一致。
   A. 品种法　　　　B. 分步法　　　　C. 分类法　　　　D. 定额法
2. 典型分批法的成本计算对象是（　　）。
   A. 产品品种　　　　　　　　　　B. 产品批别
   C. 产品类别　　　　　　　　　　D. 产品的生产步骤
3. 采用典型分批法计算产品成本时，若是单件生产，月末计算产品成本时（　　）。
   A. 需要将生产费用在完工和在产品之间进行分配
   B. 不需要将生产费用在完工和在产品之间进行分配
   C. 区别不同情况确定是否分配生产费用
   D. 应采用同小批生产一样的核算方法
4. 典型分批法的成本计算对象通常是根据（　　）来确定的。
   A. 客户要求　　　B. 客户订单　　　C. 产品品种　　　D. 生产任务通知单
5. 采用典型分批法计算产品成本，若是小批生产，出现批内陆续完工的现象，并且批内完工数量较多时，完工产品和月末在产品成本的核算应采用（　　）。
   A. 计划成本　　　　　　　　　　B. 定额成本法
   C. 按年初固定数计算　　　　　　D. 约当产量法
6. 在各种产品成本计算方法中，必须设置基本生产成本二级账的方法是（　　）。
   A. 分类法　　　　　　　　　　　B. 定额法
   C. 简化分批法　　　　　　　　　D. 平行结转分步法
7. 简化的分批法与典型分批法的区别主要表现在（　　）。
   A. 不分批计算在产品成本　　　　B. 不分批计算完工产品成本
   C. 不进行间接费用的分配　　　　D. 不分批核算原材料费用
8. 下列情况下，不宜采用简化分批法的是（　　）。
   A. 各月间接计入费用水平相差不多

B. 月末未完工产品批次较多

C. 同一月份投产的批次很多

D. 各月间接计入费用水平相差较多

9. 简化的分批法是一种（　　）。

   A. 分批计算在产品成本的分批法

   B. 不分批计算在产品成本的分批法

   C. 不计算在产品成本的分批法

   D. 不分批计算完工产品成本的分批法

10. 采用简化的分批法，在产品完工之前，产品成本明细账（　　）。

    A. 不登记任何费用　　　　　　　　B. 只登记直接费用和生产工时

    C. 只登记原材料费用　　　　　　　D. 登记间接费用，不登记直接费用

（二）多项选择题

1. 产品成本计算的典型分批法适用于（　　）的企业。

   A. 批次易于划分、产品成本需分批计算

   B. 根据客户订单进行生产

   C. 产品种类不稳定的小规模企业

   D. 单件生产的产品

2. 采用典型分批法计算产品成本，如果批内产品跨月陆续完工，（　　）。

   A. 月末需要计算完工产品成本和在产品成本

   B. 月末要将生产费用在完工和在产品之间进行分配

   C. 月末不需要将生产费用在完工和在产品之间进行分配

   D. 月末不需要计算在产品成本

3. 典型分批法下，对于同一批别内先期完工并需要分批交货的产品，可采用（　　）。

   A. 实际成本　　　　　　　　　　　B. 计划成本

   C. 定额成本　　　　　　　　　　　D. 近期同种产品的实际成本

4. 下列可采用典型分批法计算产品成本的有（　　）。

   A. 精密仪器　　　　　　　　　　　B. 专用设备

   C. 重型机械　　　　　　　　　　　D. 船舶制造

5. 分批法适用于（　　）

   A. 单件生产的企业　　　　　　　　B. 新产品的试制

   C. 小批生产的企业　　　　　　　　D. 辅助生产车间的工具制造

6. 采用简化的分批法，基本生产成本二级账登记（　　）。

   A. 直接费用　　　　　　　　　　　B. 间接费用

   C. 生产工时　　　　　　　　　　　D. 全部生产费用

7. 采用简化分批法，基本生产成本二级账与其所属各批次基本生产成本明细账核对内

容包括（　　）。
  A. 基本生产成本二级账直接材料费用与各明细账余额之和相等
  B. 基本生产二级账间接人工费用、制造费用与各明细账余额之和相等
  C. 基本生产成本二级账累计工时与各明细账累计工时之和相等
  D. 基本生产成本二级账在产品期末余额与各明细账期末在产品成本之和相等

8. 采用简化的分批法，在产品完工之前，产品成本明细账（　　）。
  A. 登记直接计入费用
  B. 只登记间接计入费用，不登记直接计入费用
  C. 登记生产工时
  D. 不登记生产工时

9. 采用简化的分批法（　　）。
  A. 必须设立基本生产成本二级账
  B. 在产品完工之前，产品成本明细账只登记直接计入费用和生产工时
  C. 不分批计算在产品成本
  D. 在基本生产成本二级账中累计登记间接计入费用

10. 简化的分批法的适用范围是（　　）。
  A. 同一月份投产的产品批次很多　　B. 月末完工产品的批次很少
  C. 各月间接计入费用水平相差不多　　D. 各月生产费用水平相差较多

（三）判断题

1. 为了简化成本核算，便于企业的生产管理，可以将相同产品的订单合并为一批产品进行管理和计算。（　　）

2. 采用典型分批法计算产品成本比采用品种法计算成本程序简单。（　　）

3. 典型分批法的成本计算应定期进行，成本计算期与某批次或订单产品的生产周期也应保持一致。（　　）

4. 典型分批法是按照产品的批别归集生产费用，计算产品成本的一种方法。（　　）

5. 典型分批法适用于大量大批单步骤生产和管理上不要求分步骤计算成本的多步骤生产。（　　）

6. 采用分批法计算产品成本时，一张订单只能划分为一批进行成本计算。（　　）

7. 采用简化分批法，完工产品不分配间接计入费用。（　　）

8. 某批次完工产品应负担的间接计入费用，是根据该批产品累计工时和全部产品累计间接计入费用分配率计算的。（　　）

9. 简化的分批法不分批计算在产品成本。（　　）

10. 在小批单件生产的企业中，如果同一月份投产的产品批次很多，就可以采用简化的分批法计算产品成本。（　　）

（四）技能训练

训练一

目的：训练学生产品成本计算的典型分批法的应用。

资料：某企业生产甲、乙两种产品，生产组织属于小批生产，采用典型的分批法计算成本，有关成本计算资料如下。

（1）本月份生产的产品批号。

801 批次：甲产品 10 台，本月投产，本月完工 6 台。

802 批次：乙产品 8 台，本月投产，本月完工 4 台。

（2）本月份各批次产品生产费用资料。

801 批次：直接材料 6 600 元，直接人工 4 500 元，制造费用 5 600 元。

802 批次：直接材料 4 600 元，直接人工 3 800 元，制造费用 2 980 元。

（3）完工产品与在产品成本的计算。

801 批次完工数量较大，原材料在生产开始时一次投入，采用约当产量法计算完工产品成本和月末在产品成本，在产品完工程度为 50%。

802 批次完工产品数量较少，完工产品成本按计划成本结转，单位产品计划成本为：原材料 800 元，直接人工 700 元，制造费用 600 元。

要求：根据上述资料，采用典型的分批法登记产品生产成本明细账，计算完工产品成本和在产品成本，如表 7-14 和表 7-15 所示。

表 7-14 基本生产成本明细账

产品批号：
产品名称：　　　　　　　　批量：　件　　　　　　　　完工：　件

摘要	成本项目			合计
	直接材料	直接人工	制造费用	

表 7-15 基本生产成本明细账

产品批号：
产品名称：　　　　　　　　批量：　件　　　　　　　　完工：　件

摘要	成本项目			合计
	直接材料	直接人工	制造费用	

项目七 单件小批生产企业成本核算

训练二

目的：训练学生产品成本核算的典型分批法的应用。

资料：某制造业企业生产甲、乙、丙3种产品，属于小批生产企业，采用典型分批法计算产品成本，该公司各批次产品投产情况和生产情况如下。

（1）生产批次及完工情况如表7-16所示。

表7-16 产品生产情况

产品批号	产品名称	投产情况	本月完工数量	月末在产品
205	丙产品	2月25日投产20件	5件	15件
301	甲产品	3月5日投产10件	6件	4件
302	乙产品	3月20日投产10件		10件

（2）月初在产品成本如表7-17所示。

表7-17 期初在产品资料

产品批号	产品名称	成本项目			合 计
		直接材料	直接人工	制造费用	
205	丙产品	12 000	1 600	2 880	16 480

（3）本月份各批次产品发生费用资料如表7-18所示。

表7-18 产品生产费用资料

产品批号	产品名称	成本项目			合 计
		直接材料	直接人工	制造费用	
301	甲产品	33 600	5 500	8 200	47 300
302	乙产品	24 600	2 280	3 120	30 000
205	丙产品	—	4 400	6 120	10 520

（4）各批次生产费用在完工与在产品之间的分配方法如下。

205批次丙产品完工数量少，完工产品成本按计划成本结转，每台产品计划单位成本：原材料600元，直接人工360元，制造费用500元。

301批次甲产品完工数量较大，原材料在生产开始时一次投入，采用约当产量法计算完工产品成本和月末在产品成本，在产品完工程度为50%。

302批次乙产品由于全部未完工，本月生产费用全部是在产品成本。

要求：根据上述资料，采用典型的分批法登记产品生产成本明细账，计算完工产品成本和在产品成本（表7-19、表7-20和表7-21）。

表 7-19 基本生产成本明细账

产品批号：
产品名称：　　　　　　　　　批量：　件　　　　　　　　　完工：　件

摘 要	成 本 项 目			合 计
	直接材料	直接人工	制造费用	

表 7-20 基本生产成本明细账

产品批号：
产品名称：　　　　　　　　　批量：　件　　　　　　　　　完工：　件

摘 要	成 本 项 目			合 计
	直接材料	直接人工	制造费用	

表 7-21 基本生产成本明细账

产品批号：
产品名称：　　　　　　　　　批量：　件　　　　　　　　　完工：　件

摘 要	成 本 项 目			合 计
	直接材料	直接人工	制造费用	

训练三

目的：训练学生产品成本计算的简化分批法的应用。

资料：某企业采用简化的分批法计算成本。

(1) 该企业3月份各批产品资料如下。

801批次甲产品1月份投产20件，本月全部完工。

802批次乙产品2月份投产10件，本月完工6件，尚有未完工产品4件，乙产品所需原材料在生产开始时一次性投入。

803 批次丙产品本月投产 15 件,全部未完工。

(2) 产品生产费用资料及工时如表 7-22 所示。

表 7-22 产品生产费用资料

产品批号	产品名称	生产工时	原材料	完工产品所耗工时	在产品所耗工时
801	甲产品	800	42 000	800	—
802	乙产品	3 800	24 000	1 900	1 900
803	丙产品	400	6 000	—	400

注:生产工时根据考勤记录于月终入账

(3) 本月分配生产工人薪酬 30 000 元,发生制造费用 20 000 元。

要求:

(1) 开设并登记基本生产成本二级账和各批产品基本生产成本明细账,如表 7-23~表 7-26 所示;

(2) 计算并登记累计间接费用分配率;

(3) 计算完工产品成本。

表 7-23 基本生产成本二级账

年		摘 要	生产工时	成 本 项 目			合 计
月	日			直接材料	直接人工	制造费用	

表 7-24 基本生产成本明细账

产品批号: 投产日期: 月

产品名称: 批量: 件   完工: 件   完工日期: 月

年		摘 要	生产工时	成 本 项 目			合 计
月	日			直接材料	直接人工	制造费用	

表 7-25 基本生产成本明细账

产品批号：　　　　　　　　　　　　　　　　　　　　　　　　　　　　投产日期：　　月
产品名称：　　　　　批量：　　件　　　　完工：　　件　　　　　　　　完工日期：　　月

年		摘要	生产工时	成本项目			合计
月	日			直接材料	直接人工	制造费用	

表 7-26 基本生产成本明细账

产品批号：　　　　　　　　　　　　　　　　　　　　　　　　　　　　投产日期：　　月
产品名称：　　　　　批量：　　件　　　　完工：　　件　　　　　　　　完工日期：　　月

年		摘要	生产工时	成本项目			合计
月	日			直接材料	直接人工	制造费用	

训练四

目的：训练学生产品成本计算的简化分批法的应用。

资料：某公司的生产组织方法属于小批生产，产品批数多，每月末都有很多批次产品没有完工，因此采用简化的分批法计算产品成本。

(1) 该企业4月份各批产品资料如表 7-27 所示。

表 7-27 产品生产情况

产品批号	订货单位	产品名称	投产情况	本月完工情况		月末在产品
				完工时间	完工数量	
401	三江公司	甲产品	4月1日投产10件	4月25日	10件	—
402	宏大公司	乙产品	4月5日投产10件	4月30日	5件	5件
403	晋江公司	丙产品	4月15日投产10件	—	—	10件
404	黄山公司	丁产品	4月20日投产5件	—	—	5件
405	三江公司	甲产品	4月22日投产15件	—	—	15件

（2）各批次的原材料在生产开始日一次投入，各批次产品生产费用资料及工时如表 7-28 所示。

表 7-28　产品生产费用资料

产品批号	产品名称	生产工时	原材料	完工产品所耗工时	在产品所耗工时
401	甲产品	3 250	16 120	3 250	—
402	乙产品	750	3 680	480	270
403	丙产品	2 840	5 360	—	2 840
404	丁产品	2 120	3 290	—	2 120
405	甲产品	1 680	24 180	—	1 680

注：生产工时根据考勤记录于月终入账。

（3）4 月 30 日分配生产工人薪酬 55 328 元，发生制造费用 23 408 元。

要求：

（1）开设并登记基本生产成本二级账和各批产品基本生产成本明细账，如表 7-29～表 7-34 所示；

（2）计算并登记累计间接费用分配率；

（3）计算完工产品成本。

表 7-29　基本生产成本二级账

年		摘要	生产工时	成本项目			合计
月	日			直接材料	直接人工	制造费用	

表 7-30　基本生产成本明细账

产品批号：　　　　　　　　　　　　　　　　　　　　　　　　　　　　　　　　投产日期：　月

产品名称：　　　　　　　批量：　　件　　　　完工：　　件　　　　　　　　　　完工日期：　月

年		摘要	生产工时	成本项目			合计
月	日			直接材料	直接人工	制造费用	

表 7-31 基本生产成本明细账

产品批号：　　　　　　　　　　　　　　　　　　　　　　　　　　　　　投产日期：　月
产品名称：　　　　　　批量：　件　　　　　　完工：　件　　　　　　　完工日期：　月

年		摘要	生产工时	成本项目			合计
月	日			直接材料	直接人工	制造费用	

表 7-32 基本生产成本明细账

产品批号：　　　　　　　　　　　　　　　　　　　　　　　　　　　　　投产日期：　月
产品名称：　　　　　　批量：　件　　　　　　完工：　件　　　　　　　完工日期：　月

年		摘要	生产工时	成本项目			合计
月	日			直接材料	直接人工	制造费用	

表 7-33 基本生产成本明细账

产品批号：　　　　　　　　　　　　　　　　　　　　　　　　　　　　　投产日期：　月
产品名称：　　　　　　批量：　件　　　　　　完工：　件　　　　　　　完工日期：　月

年		摘要	生产工时	成本项目			合计
月	日			直接材料	直接人工	制造费用	

表 7-34 基本生产成本明细账

产品批号：　　　　　　　　　　　　　　　　　　　　　　　　　　　　　投产日期：　月
产品名称：　　　　　　批量：　件　　　　　　完工：　件　　　　　　　完工日期：　月

年		摘要	生产工时	成本项目			合计
月	日			直接材料	直接人工	制造费用	

项目八

多步骤生产企业成本核算

> **知识目标**
> - 掌握分步法的适用范围和一般特点
> - 掌握逐步结转分步法的核算程序和方法
> - 掌握平行结转分步法的核算程序和方法
>
> **技能目标**
> - 能够运用逐步结转分步法对多步骤生产企业进行正确的成本核算,并能做相应的会计处理
> - 能够运用平行结转分步法对多步骤生产企业进行正确的成本核算,并能做相应的会计处理

任务一 认识企业生产工艺流程及成本核算程序

一、任务描述

东海机械股份有限公司和天合工厂两家企业均是多步骤生产企业,其生产工艺及管理要求分别介绍如下。

东海机械制造有限公司设有铸造、加工、装配 3 个基本生产车间,主要从事饼干成型机、万能点心机的生产。另设有供汽和机修两个辅助生产车间,主要从事蒸汽和机器设备维修。该企业主要产品生产工艺流程是:首先由铸造车间根据生产计划浇铸用于生产饼干成型机的零部件 A 和用于生产万能点心机的零部件 B,经检验合格后送交自制半成品仓库;加工车间从仓库领用各种铸铁件,经车、钳、铣、刨、磨等工序,加工成用于生产饼干成型机的零部件 C 和用于生产万能点心机的零部件 D,经检验合格后,直接送交装配车间,装配车

间将收到的各种零配件连同由仓库领来的各种外购件组装成品设备,经检验合格后送交产成品仓库。

天合工厂是机床生产企业,主要产品为的四柱液压机和框式液压机。该厂设有基本生产车间两个:加工车间和组装车间。辅助生产车间两个:动力车间和运输车间。加工车间负责液压机床身、底座、立柱、油箱、通用件等零部件的加工,组装车间将加工车间转来的各种零部件及外购的其他配套件和包装箱组装成整机并入库,以对外销售。

二、任务分析

东海机械制造有限公司在生产管理上要求计算各步骤半成品资料,因此该单位使用逐步结转分步法进行成本核算;天合工厂在生产管理上不要求提供各生产步骤半成品成本,因此该单位使用平行结转分步法进行成本核算。

三、知识链接

分步法是成本计算方法中,比较复杂的一种方法。是按照产品的生产步骤归集生产费用,计算产品成本的一种方法。主要适用于大量、大批的多步骤生产。分步法具体包括逐步结转分步法和平行结转分步法两大类。

(一)分步法的特点及适用范围

1. 分步法及其适用范围

产品成本计算的分步法,是按照产品的生产步骤归集生产费用,计算产品成本的一种方法。

分步法主要适用于大量大批多步骤生产。为了加强成本管理,不仅要求按照产品品种归集生产费用,计算产品成本,而且要求按照产品的生产步骤归集生产费用,计算各步骤产品成本,以提供反映各种产品及其各生产步骤成本计划执行情况的资料。

2. 分步法的主要特点

① 成本计算对象为各种产品的生产步骤和产品品种。如果只生产一种产品,成本计算对象就是该种产成品及其所经过的各生产步骤,产品成本明细账应该按照产品的生产步骤开立。如果生产多种产品,成本计算对象则是各种产成品及其所经的各生产步骤。产品成本明细账应该按照每种产品的各个步骤开立。

② 产品成本计算期同会计报告期相一致。

③ 费用在完工产品与在产品之间分配。

④ 各步骤之间结转成本。

为了计算各种产品的产成品成本,还需要按照产品品种,结转各步骤成本。

(二)分步法计算产品成本的一般程序

在分步法下,一般是按照生产的加工步骤及产品的品种分别设置成本明细账,归集生产费用。属于各个生产步骤直接耗用的原材料,生产人员的工资及其福利费应该直接记入有关成本明细账直接材料、直接人工的成本项目中。属于各个生产步骤耗用的其他费用,如管理人员的工资、折旧费、物料消耗等先按发生地点进行归集,记入制造费用账户,到了月末可采用一定的分配方法进行分配以后记入各步骤成本明细账中的制造费用项目中。每一加工部门或步骤为了区分转入下道工序或计入最终完工产品成本的份额,就需要在本部门产品明细账记录的基础上,编制产品成本计算单,计算本部门的完工产品成本和本部门在产品成本。最终完工产品的成本计算是建立在每一个加工部门或加工步骤产品成本计算的基础上。

分步法下,生产部门或步骤的成本计算可以依次按以下几个步骤进行:清点汇总产品的实物数量;计算产品的约当产量;计算汇总各要素费用总额;根据成本总额和产品约当产量计算产品单位成本;计算本部门完工产品费用和期末在产品费用。

(三)分步法的种类

由于各个企业生产工艺过程的特点和成本管理对各步骤成本资料的要求不同(即要不要计算半成品成本),分步法可分为逐步结转分步法和平行结转分步法。

逐步结转分步法是各生产步骤逐步计算并结转半成品成本,直到最后生产步骤计算出完工产品成本的方法。计算各生产步骤的半成品成本,是这种方法的显著特征。逐步结转分步法是在管理上要求提供各生产步骤半成品成本资料的情况下采用的,因此逐步结转分步法也称作"计算半成品成本的分步法"。

平行结转分步法是将各步骤应计入相同完工产品成本的份额平行汇总,计算出完工产品成本的方法。平行结转分步法只计算最终完工产品成本,不计算各步骤的半成品成本。这种方法是在管理上不要求提供各生产步骤半成品资料的情况下采用的,因此也称作"不计算半成品成本的分步法"。

四、任务实施

根据任务描述的内容,确定两个企业的成本计算对象和成本项目。

(一)东海机械制造有限公司

铸造车间、加工车间和装配车间以饼干成型机、万能点心机作为成本计算对象,采用逐步结转分步法计算完工饼干成型机、万能点心机的生产成本。各步骤采用综合成本结转,不进行成本还原。铸造车间完工的各种铸件办理验收手续后入自制半成品库;加工车间领用各种铸件加工时,应填写铸件领用单,仓库据以发料。

企业供汽车间和机修车间为提供劳务发生的各项直接和间接费用,直接计入生产成本——辅助生产成本账户。供汽车间和机修车间相互提供劳务的实际成本按其受益数量采用交互分配法进行分配。

公司设以下 4 个成本项目。

① 直接材料:包括生产经营过程中实际消耗的原材料、辅助材料、外购件、燃料以及其他直接材料(注:加工车间领用铸件的实际成本归集于加工车间成本计算表的直接材料成

本项目；装配车间耗用加工车间各种零部件的实际成本归集于装配车间成本计算表的直接材料成本项目）。

② 直接动力：包括生产经营过程中实际消耗的电力等。

③ 直接人工：包括直接从事产品生产的生产工人的全部工资和职工福利费。

④ 制造费用：包括各个生产车间为组织和管理生产所发生的生产车间管理人员工资、职工福利费、固定资产折旧费、修理费、机物料消耗等。

（二）天合工厂

加工车间和组装车间以生产液压机所经的生产步骤为成本核算对象，采用平行结转分步法计算完工四柱液压机和框式液压机的生产成本。

动力车间和运输车间为提供劳务发生的各项直接和间接费用，直接计入生产成本——辅助生产成本账户，月末均按直接分配法分配辅助生产费用。

天合工厂设置直接材料、直接人工、制造费用3个成本项目。

任务二　逐步结转分步法的应用

一、任务描述

根据任务一的分析，东海机械制造有限公司产品成本的计算采用逐步结转分步法，分别设置基本生产明细账、制造费用明细账、辅助生产成本明细账，登记月初在产品成本，归集本月发生费用，计算完工产品成本和月末在产品成本。

（一）公司2008年12月产品成本核算基本资料其相关资料

① 月初在产品资料，如表8-1所示。

表8-1　月初在产品资料

2008年12月　　　　　　　　　　　　　　　　　　　　　　　　　　　单位：元

车间	产品	自制半成品	直接材料	直接人工	动力	制造费用	合计
铸造车间	半成品A		8 700	3 200	500	2 500	14 900
	半成品B		12 400	2 700	400	2 200	17 700
加工车间	半成品C	11 032.4		1 500	600	1 300	14 432.4
	半成品D	6 856.2		1 700	500	1 200	10 256.2
装配车间	饼干成型机	7 832.6		1 600	300	1 000	10 732.6
	万能点心机	13 248.45		1 400	200	1 100	15 948.45

② 产量资料，如表8-2所示。

表8-2 生产产量记录表
2008年12月1日

车间	产品	月初在产品	本月投产	本月完工	月末在产品
铸造车间	半成品A	20	600	610	10
铸造车间	半成品B	30	500	520	10
加工车间	半成品C	20	600	620	0
加工车间	半成品D	10	500	510	10
装配车间	饼干成型机	10	620	625	5
装配车间	万能点心机	15	510	520	5

③ 辅助生产车间劳务量汇总表，如表8-3所示。

表8-3 辅助生产车间劳务量汇总表
单位：东海机械制造有限公司　　　　2008年12月

项目		机修车间/工时	供汽车间/立方米
制造费用	铸造车间	300	500
制造费用	加工车间	400	800
制造费用	装配车间	300	400
生产成本—机修车间			200
生产成本—供汽车间		100	
管理费用		100	100
合　　计		1 200	2 000

④ 水费支出明细如下：铸造车间1 800元，加工车间3 000元，装配车间1 500元，机修车间1 300元，供汽车间7 500元，已用银行存款支付，单据略。

（二）其他资料

铸造车间材料在生产开始时一次投入，装配车间月末在产品不含外购件，3个车间的月末在产品完工度均为50%。该公司按实际成本核算。

二、任务分析

按照任务描述，企业要按产品及生产步骤设置"基本生产成本明细账"，按车间设置"辅助生产成本"、"制造费用"明细账，登记期初在产品成本资料，将本月发生费用根据本月各种费用分配表登记；本月完工产品成本和月末在产品成本根据约当产量法计算后登记，并登记有关账簿及成本计算单。

三、知识链接

（一）逐步结转分步法的成本核算程序

在这种分步法下，计算各生产步骤产品成本时，上一步骤所产半成品成本，要随着半成品实物的转移，从上一步骤的产品成本明细账转入下一步骤相同产品的成本明细账中，以便逐步计算前面各个步骤的半成品成本和最后一个步骤的产成品成本。

① 归集各种费用，按受益对象进行分配。

② 各步骤完工转出的半成品成本，应该从各该步骤的产品成本明细账中转出；各步骤领用的半成品的成本，构成下一步骤的一项费用，称为半成品费用，应该记入各该步骤的产品成本明细账中。如果半成品完工后，不直接为下一步骤领用，而要通过半成品库收发。在验收入库时，应编制借记"自制半成品"科目，贷记"生产成本"科目的会计分录，在下一步骤领用时，再编制相反的会计分录。如果半成品完工后，不通过半成品库收发，而直接为下一步骤领用，半成品成本则应在各步骤的产品成本明细账之间直接结转，不编制上述会计分录。

③ 每月月末，各项生产费用（包括所耗上一步骤半成品的费用）在各步骤产品成本明细账中归集以后，如果既有完工半成品，又有加工中的在产品，则应将各步骤的生产费用采用适当的分配方法在其完工半成品与加工中在产品（也就是狭义的在产品）之间进行分配，以便计算完工半成品成本。这样，通过半成品成本的逐步结转，在最后一个步骤的产品成本明细账中，即可计算出产成品的成本。

从以上所述可以看出，逐步结转分步法实际上就是品种法的多次连接应用。即在采用品种法计算出上一步骤的半成品成本以后，按照下一步骤的耗用数量转入下一步骤成本；下一步骤再一次采用品种法归集所耗半成品的费用和本步骤其他费用，计算其半成品成本；如此逐步结转，直至最后一个步骤算出产成品成本。

（二）逐步结转分步法的结转方法

按照半成品成本在下一步骤成本明细账中的反映方法，又可分为综合结转和分项结转两种方法。

1. 综合结转法

采用这种结转法，应将各步骤所耗用的半成品成本，以"原材料"、"直接材料"或专设的"半成品"项目综合记入其成本明细账中。

综合结转可以按照半成品的实际成本结转，也可以按照半成品的计划成本（或定额成本）结转。

1）按实际成本综合结转

采用这种结转方法时，各步骤所耗上一步骤的半成品费用，应根据所耗半成品的数量乘以半成品的实际单位成本计算。由于各月所产半成品的单位成本不同，因而所耗半成品的单位成本要同材料费用核算一样，采用先进先出、后进先出或加权平均等方法计算。为了提高各步骤成本计算的及时性,在半成品月初余额较大,本月所耗半成品全部或者大部分是以前月份所产的情况下,本月所耗半成品费用也可按上月末的加权平均单位成本计算。

2) 按计划成本综合结转

采用这种结转方法时,半成品的日常收发均按计划单位成本核算,在半成品实际成本算出以后,再计算半成品的成本差异率,调整所耗半成品的成本差异。

3) 成本还原

采用综合结转法结转半成品成本,各步骤所耗半成品的成本是以"半成品"或"直接材料"项目综合反映的,因此,使完工产品成本的构成中,绝大部分是最后一个步骤所耗上步骤的半成品成本,其人工费用和制造费用则是最后一个步骤发生的费用,这样计算出来的产品成本,不能提供按原始成本项目反映的成本资料,不便于进行成本分析和考核,也不利于加强对产品成本的管理。因此,需要对综合结转法计算出来的产品成本进行"成本还原"。

成本还原是指将完工产品中所耗"半成品"的综合成本逐步分解,还原成"直接材料"、"直接人工"和"制造费用"等原始的成本项目,从而求得按其原始成本项目反映的产品成本资料。

成本还原的方法是采用倒顺序法,即从最后一个步骤起,把各步骤所耗上一步骤的"半成品"的综合成本,按照上一步骤本月完工半成品的成本项目的比例分解还原为原来的成本项目。如此自后向前逐步分解还原,直到第一步骤为止,然后再将各步骤还原后的成本项目加以汇总,求得按原始成本项目反映的完工产品成本资料。

成本还原方法主要有成本还原率法和项目比重还原法两种。

(1) 成本还原率法

成本还原率法,是指以本月产品成本中所耗费上一步骤半成品的综合成本占该种半成品总成本的比例,分别乘以所耗费该种半成品的各个成本项目金额进行还原,从而取得完工产品原始成本的方法。其计算公式如下:

$$成本还原率 = \frac{本月完工产品成本中所耗上步骤"半成品"成本}{上步骤本月完工半成品成本}$$

还原的上步骤各成本项目金额 = 上步骤本月完工半成品各成本项目金额 × 成本还原率

(2) 项目比重还原法

项目比重还原法,是指根据本月产品成本中所耗费上一步骤本月完工半成品各成本项目金额占本月完工该种半成品总成本的比重,据以将本步骤耗费的半成品成本分解还原,从而取得完工产品原始成本结构的方法。其计算公式如下:

$$\begin{array}{l}上步骤本月完工半成品各\\成本项目占总成本的比重\end{array} = \frac{上步骤本月完工半成品各成本项目金额}{本月完工该种半成品总成本}$$

$$还原的上步骤各成本项目金额 = \begin{array}{l}本步骤所耗的上\\骤"半成品"成本\end{array} × \begin{array}{l}上步骤本月完工半成品各\\成本项目占总成本的比重\end{array}$$

【例8-1】 某企业本月生产产品的成本资料如表8-4所示。该企业采用逐步结转分步中的综合结转法结转半成品成本。

表8-4 产品成本资料

单位：元

项目	半成品	原材料	工资及福利费	制造费用	合计
还原前产成品成本	15 200	—	6 420	5 880	27 500
本月所产半成品成本	—	18 240	6 980	5 180	30 400

根据表8-4资料计算成本还原率，填制产品成本还原计算表，如表8-5所示。

$$还原分配率 = \frac{15\ 200}{30\ 400} = 0.5$$

产成品所耗半成品费用的原材料费用 = 0.5×182 400 = 9 120(元)

产成品所耗半成品费用的工资及福利费用 = 0.5×6 980 = 3 490(元)

产成品所耗半成品费用的制造费用 = 0.5×5 180 = 2 590(元)

表8-5 产品成本还原计算表

单位：元

项目	还原分配率	半成品	原材料	工资及福利费	制造费用	合计
还原前产品成本		15 200		6 420	5 880	27 500
本月所产半成品成本			18 240	6 980	5 180	30 400
产品成本中半成品成本还原	0.5	−15 200	9 120	3 490	2 590	15 200
还原后产品总成本			9 120	9 910	8 470	27 500
产成品单位成本			91.2	99.1	84.7	275

产品只经过两个生产步骤，需要进行成本还原的半成品成本非常明确，就是完工产品中消耗第一步骤的半成品成本。如果产品的生产过程是3个步骤，甚至经过更多的生产步骤，则必须明确成本还原的对象仅仅是完工产品中所消耗的半成品成本，而不是每步骤所耗上步骤的半成品成本，才能正确进行产品的成本还原。如某产品的生产经过3个生产步骤，在进行成本还原时，首先要按照上述方法对第三步骤完工产品所耗的第二步骤的"半成品"成本进行第一次成本还原；其次将已还原出来的第二步骤的"半成品"依据第一步骤的完工半成品成本构成进行第二次成本还原；最后将还原出来的同类费用汇总相加，得出还原结果，确定完工产品的原始成本构成。特别要注意的是，第二次还原的对象是第一次还原出来的"半成品"成本，而不是第二步骤本月完工半成品中所耗的第一步骤的"半成品"成本。总之，成本还原只是对完工产品成本进行还原，无需对前几个生产步骤在本月完工的半成品成本进行成本还原。

本月完工产品中所耗半成品也可能包括上个月结存的半成品。按照以上方法进行成本还原，没有考虑以前月份所产的半成品成本结构对本月完工产品所耗半成品成本结构的影响。因此，在各月所产的半成品的成本结构变动较大的情况下，采用这种方法，对本月完工产品成本进行成本还原的准确性就会有较大的影响。如果企业半成品的定额成本或计划成本比较准确,为了简化成本还原工作并提高成本还原结果的准确性,可以按半成品定额成本或计划成本的成本项目结构对本月完工半成品成本进行成本还原。

2. 分项结转法

分项结转法是指各生产步骤将其所耗的上一生产步骤的半成品成本,按照成本项目分项转入本生产步骤成本计算单的相应的成本项目之中。如果半成品通过半成品库收发,在自制半成品明细账中,也要按照成本项目分别登记。

采用分项结转法结转半成品成本时,通常按照半成品实际成本结转,也可按照半成品计划成本结转,然后按成本项目调整成本差异,但调整半成品差异的工作量较大。

采用分项结转法逐步结转半成品成本,可以直接提供企业产品成本结构的正确资料,不需要进行成本还原。但各生产步骤之间的成本结转比较复杂,特别是产品生产步骤较多或半成品经过半成品库收发,则产品成本计算的工作量较大。

3. 综合结转法与分项结转法的比较

综合结转法与分项结转法是逐步结转分步法两种方式。其共同点是半成品成本都是随着半成品实物的转移而结转的,各生产步骤基本生产成本明细账的余额,反映处在各个生产步骤的在产品成本,有利于加强在产品的实物管理和生产资金管理。其不同点是半成品成本在下一生产步骤成本计算单中的反映形式不同,前者综合反映,后者分项反映。

采用综合结转法可以反映各生产步骤耗用原材料、自制半成品和加工费用的水平及自制半成品和完工产品的成本,有利于各个生产步骤成本的管理、控制、分析和考核。便于分清各自的生产经营效果和责任。为了反映产品成本的原始构成,以加强企业综合成本的管理,需要进行成本还原,从而增加了成本计算的工作量,当然,随着会计电算化我国企业的广泛应用,这一问题是容易解决的,这种方法适用于管理上要求反映各生产步骤完工半成品成本的企业。

采用分项结转法可以直接反映完工产品各成本项目的原始结构,便于从整个企业角度考核与分析成品计划的执行情况,不需要成本还原,计算工作较为简便。然而这种方法的成本结转工作较为复杂,而且在各生产步骤完工产品成本中反映不出所耗费的上一生产步骤半成品的费用和本步骤加工费用的水平,不便于对完工产品成本进行综合分析。这种方法适用于管理上不要求分别反映各生产步骤完工产品所耗费的半成品费用,而要求按照原始成本项目计算产品成本的企业。

四、任务实施

(一)开设生产成本、制造费用、辅助生产明细账

根据上月末在产品成本登记月初在产品成本,如表8-6~表8-11所示。

表8-6 生产费用分配表

产品：自制半成品 A　　　　　　　　2008 年 12 月　　　　　　　　单位：元

项目	成本项目				金额合计
	直接材料	直接人工	动力	制造费用	
月初在产品成本	8 700	3 200	500	2 500	14 900

表8-7 生产费用分配表

产品：自制半成品 B　　　　　　　　2008 年 12 月　　　　　　　　单位：元

项目	成本项目				金额合计
	直接材料	直接人工	动力	制造费用	
月初在产品成本	12 400	2 700	400	2 200	17 700

表8-8 生产费用分配表

产品：自制半成品 C　　　　　　　　2008 年 12 月　　　　　　　　单位：元

项目	成本项目				金额合计
	自制半成品 A	直接人工	动力	制造费用	
月初在产品成本	11 032.4	1 500	600	1 300	14 432.4

表8-9 生产费用分配表

产品：自制半成品 D　　　　　　　　2008 年 12 月　　　　　　　　单位：元

项目	成本项目				金额合计
	自制半成品 A	直接人工	动力	制造费用	
月初在产品成本	6 856.2	1 700	500	1 200	10 256.2

表8-10 生产费用分配表

产品：饼干成型机　　　　　　　　2008 年 12 月　　　　　　　　单位：元

项目	成本项目					金额合计
	自制半成品	外购件	直接人工	动力	制造费用	
月初在产品成本	7 832.6		1 600	300	1 000	10 732.6

表8-11 生产费用分配表

产品：万能点心机　　　　　　　　2008 年 12 月　　　　　　　　单位：元

项目	成本项目					金额合计
	自制半成品	外购件	直接人工	动力	制造费用	
月初在产品成本	13 248.45		1 400	200	1 100	15 948.45

（二）根据本月各种费用分配表填制记账凭证，登记本月发生费用并结转

① 材料费用分配，如表 8-12 所示，记账凭证如下。

表8-12 原材料耗用汇总表

企业名称：东海机械制造有限公司　　　　2008年12月　　　　　　　　　　　　　　　　单位：元

部门及类型	原材料类型	原料及主要材料	辅助材料	外购件	燃料	合计
铸造车间	半成品A	203 500			5 600	209 100
	半成品B	165 000			4 200	169 200
	一般消耗					
加工车间	半成品C					
	半成品D					
	一般消耗					
装配车间	饼干成型机			309 200		309 200
	万能点心机			216 440		216 440
	一般消耗		8 000			8 000
供汽车间					10 400	10 400
机修车间			400			400
企业管理部门				1 560		1 560
合计		368 500	8 400	527 200	20 200	924 300

会计主管：　　　　　　　　复核：　　　　　　　　制表：

记账凭证

1号

单位：东海机械制造有限公司　　　2008年12月31日　　　附件1张　　　凭证第1号

摘要	总账科目	明细科目	借方金额	贷方金额	登记
分配材料费用	生产成本——基本生产成本	半成品A	209 100.00		√
		半成品B	169 200.00		√
		饼干成型机	309 200.00		√
		万能点心机	216 440.00		√
	生产成本——辅助生产成本	供汽车间	10 400.00		√
		机修车间	400.00		√
	制造费用	装配车间	8 000.00		√
	管理费用		1 560.00		√
	原材料			924 300.00	√
合计			¥924 300.00	¥924 300.00	

会计主管：刘铁良　　　记账：杨兴宇　　　复核：张维雅　　　填制：季东楠

② 薪酬费用分配，如表 8-13 所示，记账凭证如下。

表 8-13　薪酬分配汇总表

编报单位：东海机械制造有限公司　　　　2008 年 12 月　　　　　　　　　　　　单位：元

应借科目车间或部门		生产成本——基本生产成本	生产成本——辅助生产成本	制造费用	管理费用	合　计
铸造车间	半成品 A	47 520		2 145		120 945
	半成品 B	71 280				
加工车间	半成品 C	40 320		1 820		72 380
	半成品 D	30 240				
装配车间	饼干成型机	38 880		2 340		80 100
	万能点心机	38 880				
机修车间			20 160			20 160
供汽车间			16 800			16 800
企业管理人员					24 480	24 480
合　计		267 120	36 960	6 305	24 480	334 865

会计主管：刘铁良　　　　　　复核：杨星宇　　　　　　制表：杨意楠

2 号　　　　　　　　　　　　记 账 凭 证

单位：东海机械制造有限公司　　　2008 年 12 月 31 日　　　附件 1 张　　　凭证第 21/2 号

摘　要	总账科目	明细科目	借方 千 百 十 万 千 百 十 元 角 分	贷方 千 百 十 万 千 百 十 元 角 分	登讫
分配工资费用	生产成本——基本生产成本	半成品 A	4 7 5 2 0 0 0		√
		半成品 B	7 1 2 8 0 0 0		√
		半成品 C	4 0 3 2 0 0 0		√
		半成品 D	3 0 2 4 0 0 0		√
		饼干成型机	3 8 8 8 0 0 0		√
		万能点心机	3 8 8 8 0 0 0		√
	生产成本——辅助生产成本	机修车间	2 0 1 6 0 0 0		√
合　计					

会计主管：刘铁良　　　记账：杨兴宇　　　复核：张维雅　　　填制：季东楠

2号

记 账 凭 证

单位：东海机械制造有限公司　　2008年12月31日　　附件1张　　凭证第22/2号

摘要	总账科目	明细科目	借方 金额	贷方 金额	登记
		供汽车间	16 800.00		√
	制造费用	铸造车间	21 450.00		√
		加工车间	18 200.00		√
		装配车间	23 400.00		√
	管理费用		244 800.00		√
	应付职工薪酬			334 865.00	√
	合计		¥334 865.00	¥334 865.00	

会计主管：刘铁良　　　记账：杨兴宇　　　复核：张维雅　　　填制：季东楠

③ 动力费用分配，如表8-14所示，记账凭证如下。

表8-14　本月电费分配表

单位：东海机械制造有限公司　　2008年12月　　单位：元

项目	项目	用电数量	分配率/（元/度）	分配金额
铸造车间	半成品A	16 800	0.6	10 080
	半成品B	24 000	0.6	14 400
	小计	40 800		24 480
加工车间	半成品C	19 200	0.6	11 520
	半成品D	14 400	0.6	8 640
	小计	33 600		20 160
装配车间	饼干成型机	12 000	0.6	7 200
	万能点心机	7 200	0.6	4 320
	小计	19 200		11 520
制造费用	铸造车间	12 000	0.6	7 200
	加工车间	9 600	0.6	5 760
	装配车间	4 800	0.6	2 880
生产成本——机修车间		16 800	0.6	10 080
生产成本——供汽车间		9 600	0.6	5 760
管理费用		21 600	0.6	12 960
合计		168 000	0.6	100 800

3号

记 账 凭 证

单位：东海机械制造有限公司　　2008年12月31日　　附件1张　　凭证第31/2号

摘要	总账科目	明细科目	借方金额	贷方金额	登记
分配电费	生产成本——基本生产成本	半成品A	1 008.00		√
		半成品B	1 440.00		√
		半成品C	1 152.00		√
		半成品D	864.00		√
		饼干成型机	720.00		√
		万能点心机	432.00		√
	生产成本——辅助生产成本	机修车间	1 008.00		√
		供汽车间	576.00		√
	合　计				

会计主管：刘铁良　　记账：杨兴宇　　复核：张维雅　　填制：季东楠

3号

记 账 凭 证

单位：东海机械制造有限公司　　2008年12月31日　　附件　张　　凭证第32/2号

摘要	总账科目	明细科目	借方金额	贷方金额	登记
分配电费	制造费用	铸造车间	720.00		√
		加工车间	576.00		√
		装配车间	288.00		√
	管理费用		1 296.00		√
	银行存款			10 080.00	√
	合　计		¥10 080.00	¥10 080.00	

会计主管：刘铁良　　记账：杨兴宇　　复核：张维雅　　填制：季东楠

④ 折旧费用分配，如表8-15所示，记账凭证如下。

表 8-15 折旧费用分配表

单位：东海机械制造有限公司　　　　2008 年 12 月　　　　　　　　　　　　单位：元

项　目	项　目	固定资产原值	月折旧率/%	分配金额
制造费用	铸造车间	200 000	0.4	80 000
	加工车间	150 000	0.4	60 000
	装配车间	120 000	0.4	48 000
生产成本——机修车间		180 000	0.4	72 000
生产成本——供汽车间		160 000	0.4	64 000
管理费用		100 000	0.4	40 000
合　计		910 000	0.4	364 000

4 号

记 账 凭 证

单位：东海机械制造有限公司　　　　2008 年 12 月 31 日　　　　附件 1 张　　　　凭证第 4 号

摘要	总账科目	明细科目	借方 千 百 十 万 千 百 十 元 角 分	贷方 千 百 十 万 千 百 十 元 角 分	登记
计提折旧	制造费用	铸造车间	8 0 0 0 0 0 0		√
		加工车间	6 0 0 0 0 0 0		√
		装配车间	4 8 0 0 0 0 0		√
	生产成本——辅助生产成本	机修车间	7 2 0 0 0 0 0		√
		供汽车间	6 4 0 0 0 0 0		√
	管理费用		4 0 0 0 0 0 0		√
	累计折旧			3 6 4 0 0 0 0 0	√
合　计			￥3 6 4 0 0 0 0 0	￥3 6 4 0 0 0 0 0	

会计主管：刘铁良　　　　记账：杨兴宇　　　　复核：张维雅　　　　填制：季东楠

⑤ 水费分配，如表 8-16 所示，记账凭证如下：

表 8-16　本月水费分配表

单位：东海机械制造有限公司　　　　2008 年 12 月　　　　　　　　　　　　单位：元

项　目	项　目	用水数量/吨	分配率/（元/吨）	分配金额
制造费用	铸造车间	300	6	1 800
	加工车间	500	6	3 000
	装配车间	250	6	1 500
生产成本——机修车间		216.667	6	1 300
生产成本——供汽车间		125	6	7 500
管理费用		10	6	600
合　　计		1 401.667		15 700

5 号　　　　　　　　　　　　　　　记　账　凭　证

单位：东海机械制造有限公司　　　2008 年 12 月 31 日　　　附件 1 张　　　凭证第 5 号

摘　要	总账科目	明细科目	借方金额	贷方金额	登记
分配水费	制造费用	铸造车间	1 800.00		√
		加工车间	3 000.00		√
		装配车间	1 500.00		√
	生产成本——辅助生产成本	机修车间	1 300.00		√
		供汽车间	7 500.00		√
	管理费用		600.00		√
	银行存款			15 700.00	√
合　计			¥15 700.00	¥15 700.00	

会计主管：刘铁良　　　记账：杨兴宇　　　复核：张维雅　　　填制：季东楠

⑥ 根据上述凭证登记辅助生产明细账，并进行费用分配，如表 8-17~表 8-19 所示，记账凭证如下。

表 8-17　生产成本明细账

明细科目：辅助生产成本——机修车间　　2008年12月　　　　　　　　　　　单位：元

2008年		凭证字号	摘要	费用明细					
月	日			合计	材料费	水电费	工资	机修费	供汽费	折旧费
12	1		期初余额							
	31	1	分配材料费用	400	400					
	31	2	分配工资费用	20 160			20 160			
	31	3	分配本月电费	10 080		10 080				
	31	4	计提本月固定资产折旧	72 000						72 000
	31	5	分配本月水费	1 300		1 300				
	31	6	交互分配	10 446					10 446	
	31	6	交互分配	8 661.67				8 661.67		
	31		合　计	105 724.33	400	11 380	20 160	8 661.67	10 446	72 000
	31	7	月末分配转出	105 724.33						

表 8-18　生产成本明细账

明细科目：辅助生产成本——供汽车间　　2008年12月　　　　　　　　　　　单位：元

2008年		凭证字号	摘要	费用明细					
月	日			合计	材料费	水电费	工资	机修费	供汽费	折旧费
12	1		期初余额							
	31	1	分配材料费用	10 400	10 400					
	31	2	分配工资费用	16 800			16 800			
	31	3	分配本月电费	5 760		5 760				
	31	4	计提本月固定资产折旧	64 000						64 000
	31	5	分配本月水费	7 500		7 500				
	31	6	交互分配	8 661.67				8 661.67		
	31	6	交互分配	10 446					10 446	
	31		合　计	102 675.67	10 400	13 260	16 800	8 661.67	10 446	64 000
	31	7	月末分配转出	102 675.67						

表 8-19 辅助生产费用分配表

2008 年 12 月 31 日　　　　　　　　　　　　　　　　　　　　金额单位：元

项目				交互分配			对外分配		
辅助生产车间				机修车间	供汽车间	合计	机修车间	供汽车间	合计
归集的辅助生产费用				103 940	104 460	208 400	105 724.33	102 675.67	208 400
提供的劳务总量				1 200	2 000		1 100	1 800	
辅助生产费用分配率				86.616 7	52.23		96.113	57.042	
应借账户	生产成本——辅助生产成本	机修车间	劳务量		200				
			金额		10 446				
		供汽车间	劳务量	100					
			金额	8 661.67					
		交互分配金额		8 661.67	10 446	19 107.67			
	制造费用	铸造车间	劳务量				300	500	
			金额				28 833.9	28 521	57 354.9
		加工车间	劳务量				400	800	
			金额				38 445.2	45 633.6	84 078.8
		装配车间	劳务量				300	400	
			金额				28 833.9	22 816.8	51 650.7
	管理费用		劳务量				100	100	
			金额				9 611.33	5 704.27	15 315.6
	对外分配金额合计						105 724.33	102 675.67	208 400

记账凭证

6 号

单位：东海机械制造有限公司　　　2008 年 12 月 31 日　　　附件 1 张　　　凭证第 6 号

摘要	总账科目	明细科目	借方 千 百 十 万 千 百 十 元 角 分	贷方 千 百 十 万 千 百 十 元 角 分	登记
辅助生产费用交互分配	生产成本——辅助生产成本	机修车间	1 0 4 4 6 0 0		√
		供汽车间	8 6 6 1 6 7		√
	生产成本——辅助生产成本	供汽车间		1 0 4 4 6 0 0	√
		机修车间		8 6 6 1 6 7	√
	合 计		￥1 9 1 0 7 6 7	￥1 9 1 0 7 6 7	

会计主管：刘铁良　　　记账：杨兴宇　　　复核：张维雅　　　填制：季东楠

7号

记 账 凭 证

单位：东海机械制造有限公司　　2008年12月31日　　附件1张　　凭证第7号

摘 要	总账科目	明细科目	借方金额	贷方金额	登讫
辅助生产费用对外分配	制造费用	铸造车间	57 354.90		√
		加工车间	8 407.80		√
		装配车间	5 165.070		√
	管理费用		1 531.560		√
	生产成本——辅助生产成本	机修车间		10 572.430	√
	生产成本——辅助生产	供汽车间		10 267.570	√
	合　计		¥20 840.000	¥20 840.000	

会计主管：刘铁良　　　记账：杨兴宇　　　复核：张维雅　　　填制：季东楠

⑦ 根据上述相关凭证登记相应的制造费用明细账，并进行分配，如表8-20～表8-25所示，记账凭证如下。

表8-20　制造费用明细账

生产单位：铸造车间　　　　　　　　　　　　　　　　　　　　　　　　　单位：元

2008年		凭证字号	摘　要	费用明细					
月	日			职工薪酬	材料	折旧费	水电费	分配辅助车间费用	合　计
12	31	1	耗用材料						
	31	2	职工薪酬	2 145					2 145
	31	3	电费				7 200		7 200
	31	4	计提折旧			80 000			80 000
	31	5	水费				1 800		1 800
	31	7	辅助生产转入					57 354.9	57 354.9
	31		合　计	2 145		80 000	9 000	57 354.9	148 499.9
	31	8	月末分配结转						148 499.9

表 8－21 制造费用明细账

明细科目：加工车间　　　　　　　　　　　　　　　　　　　　　　　　　　　单位：元

2008年		凭证字号	摘要	费用明细					
月	日			职工薪酬	材料	折旧费	水电费	分配辅助车间费用	合计
12	31	1	耗用材料						
	31	2	职工薪酬	1 820					1 820
	31	3	电费				5 760		5 760
	31	4	计提折旧			60 000			60 000
	31	5	水费				3 000		3 000
	31	7	辅助生产转入					84 078.8	84 078.8
	31		合计	1 820		60 000	8 760	84 078.8	154 658.8
	31	9	月末分配结转						154 658.8

表 8－22 制造费用明细账

明细科目：装配车间　　　　　　　　　　　　　　　　　　　　　　　　　　　单位：元

2008年		凭证字号	摘要	费用明细					
月	日			职工薪酬	材料	折旧费	水电费	分配辅助车间费用	合计
12	31	1	耗用材料		8 000				
	31	2	职工薪酬	2 340					2 340
	31	3	电费				2 880		2 880
	31	4	计提折旧			48 000			48 000
	31	5	水费				1 500		1 500
	31	7	辅助生产转入					51 650.7	51 650.7
	31		合计	2 340		48 000	4 380	51 650.7	106 370.7
	31	10	月末分配结转						106 370.7

表 8－23 制造费用分配表

生产单位：铸造车间　　　　　　　　　　2008年12月　　　　　　　　　　　　　　单位：元

产品名称	生产工人工资	分配率	分配金额
半成品 A	47 520		59 400.00
半成品 B	71 280		89 099.90
合　计	118 800	1.250 0	148 499.90

主管：　　　　　　　　　　　审核：　　　　　　　　　　　记账：

表 8－24 制造费用分配表

生产单位：加工车间　　　　　　　　　　2008年12月　　　　　　　　　　　　　　单位：元

产品名称	生产工人工资	分配率	分配金额
半成品 C	40 320		88 377.41
半成品 D	30 240		66 281.39
合　计	70 560	2.191 9	154 658.80

主管：　　　　　　　　　　　审核：　　　　　　　　　　　记账：

表 8－25　制造费用分配表

生产单位：装配车间　　　　　　　　　2008 年 12 月　单位：元

产品名称	生产工人工资	分配率	分配金额
饼干成型机	38 880		53 185.35
万能点心机	38 880		53 185.35
合　计	77 760	1.367 9	106 370.70

主管：　　　　　　　　　审核：　　　　　　　　　记账：

8 号　　　　记 账 凭 证

单位：东海机械制造有限公司　　　2008 年 12 月 31 日　　　附件 1 张　　　凭证第 8 号

摘要	总账科目	明细科目	借方 千百十万千百十元角分	贷方 千百十万千百十元角分	登记
制造费用分配	生产成本——基本生产成本	半成品 A	5 9 4 0 0 0 0		√
		半成品 B	8 9 0 9 9 9 0		√
	制造费用	铸造车间		1 4 8 4 9 9 9 0	√
	合　计		￥1 4 8 4 9 9 9 0	￥1 4 8 4 9 9 9 0	

会计主管：刘铁良　　　记账：杨兴宇　　　复核：张维雅　　　填制：季东楠

9 号　　　　记 账 凭 证

单位：东海机械制造有限公司　　　2008 年 12 月 31 日　　　附件 1 张　　　凭证第 9 号

摘要	总账科目	明细科目	借方 千百十万千百十元角分	贷方 千百十万千百十元角分	登记
制造费用分配	生产成本——基本生产成本	半成品 C	8 8 3 7 7 4 1		√
		半成品 D	6 6 2 8 1 3 9		√
	制造费用	加工车间		1 5 4 6 5 8 8 0	√
	合　计		￥1 5 4 6 5 8 8 0	￥1 5 4 6 5 8 8 0	

会计主管：刘铁良　　　记账：杨兴宇　　　复核：张维雅　　　填制：季东楠

10 号   记 账 凭 证

单位：东海机械制造有限公司　　　2008 年 12 月 31 日　　　附件 1 张　　　凭证第 10 号

摘 要	总账科目	明细科目	借方 金额	贷方 金额	登记
制造费用分配	生产成本——基本生产成本	饼干成型机	5 318.53 5		√
		万能点心机	5 318.53 5		√
	制造费用	装配车间		10 637.07 0	√
合　计			￥10 637.07 0	￥10 637.07 0	

会计主管：刘铁良　　　记账：杨兴宇　　　复核：张维雅　　　填制：季东楠

（三）根据上述相关凭证登记相应生产成本明细账，按约当产量法计算各步骤生产成本，然后登记各步骤本月完工产品成本和月末在产品成本

① 铸造车间成本明细账，如表 8-26 和表 8-27 所示，记账凭证如下。

表 8-26　铸造车间成本计算单

产品：自制半成品 A　　　　　　2008 年 12 月　　　　　　　　　　单位：元

项 目	成本项目				金额合计
	直接材料	直接人工	燃料及动力	制造费用	
月初在产品成本	8 700	3 200	500	2 500	14 900
本月发生生产费用	209 100	47 520	10 080	59 400	326 100
本月生产费用合计	217 800	50 720	10 580	61 900	341 000
本月完工半成品数量	610	610	610	610	
月末在产品数量	10	10	10	10	
在产品约当产量	10	5	5	5	
约当总产量	620	615	615	615	
费用分配率	351.290 3	82.471 5	17.203 3	100.650 4	
月末在产品成本	3 512.917	412.385	85.987	503.256	4 514.54
完工半成品总成本	214 287.083	50 307.615	10 494.013	61 396.744	336 485.46
完工半成品单位成本	351.290 3	82.471 5	17.203 3	100.650 4	551.62

表 8-27　铸造车间成本计算单

产品：自制半成品 B　　　　　　2008 年 12 月　　　　　　　　　　　　　单位：元

项目	成本项目				金额合计
	直接材料	直接人工	燃料及动力	制造费用	
月初在产品成本	12 400	2 700	400	2 200	17 700
本月发生生产费用	169 200	71 280	14 400	89 099.9	343 979.9
本月生产费用合计	181 600	73 980	14 800	91 299.9	361 679.9
本月完工半成品数量	520	520	520	520	
月末在产品数量	10	10	10	10	
在产品约当产量	10	5	5	5	
约当总产量	530	525	525	525	
费用分配率	342.614 5	140.914 3	28.190 5	173.904 6	
月末在产品成本	3 440.46	704.564	140.94	869.508	5 155.47
完工半成品总成本	178 159.54	73 275.436	14 659.06	90 430.392	356 524.43
完工半成品单位成本	342.614 5	140.914 3	28.190 5	173.904 6	685.62

11 号　　　　　　　　　记 账 凭 证

单位：东海机械制造有限公司　　　2008 年 12 月 31 日　　　附件 2 张　　　凭证第 11 号

摘要	总账科目	明细科目	借方 千百十万千百十元角分	贷方 千百十万千百十元角分	登记
半成品完工入库	半成品	半成品 A	3 3 6 4 8 5 4 6		√
		半成品 B	3 5 6 5 2 4 4 3		√
	生产成本——基本生产成本	半成品 A		3 3 6 4 8 5 4 6	√
		半成品 B		3 5 6 5 2 4 4 3	√
	合　　计		￥6 9 3 0 0 9 8 9	￥6 9 3 0 0 9 8 9	

会计主管：刘铁良　　　记账：杨兴宇　　　复核：张维雅　　　填制：季东楠

② 加工车间成本明细账，如表 8-28 ～ 表 8-29 所示，记账凭证如下。

表 8-28 加工车间成本计算单

产品：自制半成品 C　　　　　　2008 年 12 月　　　　　　单位：元

项目	成本项目				金额合计
	自制半成品 A	直接人工	燃料及动力	制造费用	
月初在产品成本	11 032.4	1 500	600	1 300	14 432.4
本月发生生产费用	330 972	40 320	11 520	88 377.41	471 189.41
本月生产费用合计	342 004.4	41 820	12 120	89 677.41	485 621.81
本月完工半成品数量	620	620	620	620	
月末在产品数量	0	0	0	0	
在产品约当产量	0	0	0	0	
约当总产量	620	620	620	620	
费用分配率	551.62	67.451 6	19.548 4	144.641	
月末在产品成本	0	0	0	0	0
完工半成品总成本	342 004.4	41 820	12 120	89 677.41	485 621.81
完工半成品单位成本	551.62	67.451 6	19.548 4	144.641	783.26

表 8-29 加工车间成本计算单

产品：自制半成品 D　　　　　　2008 年 12 月　　　　　　单位：元

项目	成本项目				金额合计
	自制半成品 B	直接人工	燃料及动力	制造费用	
月初在产品成本	6 856.2	1 700	500	1 200	10 256.2
本月发生生产费用	342 810	30 240	8 640	66 281.39	447 971.39
本月生产费用合计	349 666.2	31 940	9 140	67 481.39	458 227.59
本月完工半成品数量	510	510	510	510	
月末在产品数量	10	10	10	10	
在产品约当产量	10	5	5	5	
约当总产量	520	515	515	515	
费用分配率	672.435	62.019 4	17.747 6	131.031 8	
月末在产品成本	6 724.35	310.106	88.724	655.172	7 778.35
完工半成品总成本	342 941.85	31 629.894	9 051.276	66 826.218	450 449.24
完工半成品单位成本	672.435	62.019 4	17.747 6	131.031 8	883.23

12 号　　　　　　　　　　　　　　　记 账 凭 证

单位：东海机械制造有限公司　　　2008 年 12 月 31 日　　　附件 2 张　　　凭证第 12 号

摘　要	总账科目	明细科目	借方金额	贷方金额	登记
领用半成品	生产成本——基本生产成本	半成品 C	33 097.00		√
		半成品 D	34 281.00		√
		半成品 A		33 097.00	√
		半成品 B		34 281.00	√
合　　计			¥ 67 378.00	¥ 67 378.00	

会计主管：刘铁良　　　记账：杨兴宇　　　复核：张维雅　　　填制：季东楠

③ 装配车间成本明细账，如表 8-30 和表 8-31 所示，记账凭证如下。

表 8-30　装配车间成本计算单

产品：饼干成型机　　　2008 年 12 月　　　单位：元

项　目	成本项目					金额合计
	自制半成品	外购件	直接人工	动力	制造费用	
月初在产品成本	7 832.6		1 600	300	1 000	10 732.6
本月发生生产费用	485 621.81	309 200	38 880	7 200	53 185.35	894 087.16
本月生产费用合计	493 454.41	309 200	40 480	7 500	54 185.35	904 819.76
本月完工产品数量	625	520	520	520	520	
月末在产品数量	5	5	5	5	5	
在产品约当产量	5	0	2.5	2.5	2.5	
约当总产量	630	520	522.5	522.5	522.5	
费用分配率	783.261	594.615 4	77.473 7	14.354 1	103.704	
月末在产品成本	3 916.285		193.676	35.868	259.27	4 405.09
完工产品总成本	489 538.125	309 200	40 286.324	7 464.132	53 926.08	900 414.67
完工产品单位成本	783.261	594.615 4	77.473 7	14.354 1	103.704	1 573.41

表 8-31 装配车间成本计算单

产品：万能点心机　　　　　2008 年 12 月　　　　　　　　　　　　单位：元

项　目	成本项目					金额合计
	自制半成品	外购件	直接人工	动力	制造费用	
月初在产品成本	13 248.45		1 400	200	1 100	15 948.45
本月发生生产费用	450 449.24	216 440	38 880	4 320	53 185.35	763 274.59
本月生产费用合计	463 697.69	216 440	40 280	4 520	54 285.35	779 223.04
本月完工产品数量	520	520	520	520	520	
月末在产品数量	5	5	5	5	5	
在产品约当产量	5	0	2.5	2.5	2.5	
约当总产量	525	520	522.5	522.5	522.5	
费用分配率	883.233 7	866.248 5	77.090 9	8.650 7	103.895 4	
月末在产品成本	4 416.166	0	192.732	21.636	259.742	4 890.3
完工产品总成本	459 281.524	216 440	40 087.268	4 498.364	5 4025.608	1 008 341.98
完工产品单位成本	883.233 7	866.248 5	77.090 9	8.650 7	103.895 4	1 939.12

记 账 凭 证

13 号

单位：东海机械制造有限公司　　　2008 年 12 月 31 日　　　附件 2 张　　　凭证第 13 号

摘　要	总账科目	明细科目	借方金额 千百十万千百十元角分	贷方金额 千百十万千百十元角分	登记
完工产品完工入库	饼干成型机		9 0 0 4 1 4 6 7		√
	万能点心机		1 0 0 8 3 4 1 9 8		√
	生产成本——基本生产成本	半成品 C		9 0 0 4 1 4 6 7	√
		半成品 D		1 0 0 8 3 4 1 9 8	√
		合　计	¥ 1 9 0 8 7 5 6 6 5	¥ 1 9 0 8 7 5 6 6 5	

会计主管：刘铁良　　　记账：杨兴宇　　　复核：张维雅　　　填制：季东楠

任务三　平行结转分步法的应用

一、任务描述

(一) 企业成本核算基本情况

天合工厂是机床生产企业，主要产品为四柱液压机和框式液压机。该厂设有加工和组装两个基本生产车间，动力和运输两个辅助生产车间。产品成本的计算采用平行结转分步法，分别设置基本生产明细账、制造费用明细账、辅助生产成本明细账。登记月初在产品成本，归集本月发生费用，各步骤生产费用在完工产品与月末在产品之间的分配采用约当产量法。加工车间的原材料在生产开始时一次投入，月末在产品完工程度为50%。

(二) 企业2008年3月产品成本核算基本资料

1. 月初在产品资料

期初在产品成本如表8-32所示。

表8-32　期初在产品成本表

2008年3月　　　　　　　　　　　　　　　　　　　　　　　　　　单位：元

车间		成本项目			
		直接材料	直接人工	制造费用	合计
加工车间	四柱液压机	75 600	3 800	11 200	90 600
	框式液压机	62 300	3 500	9 850	75 650
组装车间	四柱液压机		2 930	8 900	11 830
	框式液压机		2 800	8 540	11 340

2. 产量资料

生产产量资料如表8-33所示。

表8-33　生产产量资料表

2008年3月　　　　　　　　　　　　　　　　　　　　　　　　　　单位：台

车间		月初在产品数量	本月投入	本月完工转入下步	月末在产品
加工车间	四柱液压机	2	4	5	1
	框式液压机	1	4	3	2
组装车间	四柱液压机	1	5	5	1
	框式液压机	2	3	4	1

3. 生产工时统计表

生产工时统计如表8-34所示。

表8-34　生产工时统计表

2008年3月　　　　　　　　　　　　　　　　　　　　　　　　单位：小时

车间	加工车间		组装车间	
	四柱液压机	框式液压机	四柱液压机	框式液压机
生产工时	2 800	2 300	1 950	1 550

4. 3月发生的生产费用

① 材料费用。产品生产直接耗用的主要材料均可以直接记入各产品成本计算单，不需要进行分配，如表8-35所示。

表8-35　材料费用分配表

2008年3月　　　　　　　　　　　　　　　　　　　　　　　　金额单位：元

应借科目		材料名称	钢材	泵伐	毛坯	辅助材料	合计
基本生产成本	加工车间	四柱液压机	56 612	27 388	227 756		311 756
		框式液压机	43 948	22 528	135 428		201 904
		小　计	100 560	49 916	363 184		513 660
	组装车间	四柱液压机					
		框式液压机					
		小　计					
辅助生产成本		动力车间				4 100	4 100
		运输车间				2 200	2 200
		小　计				6 300	6 300
制造费用		加工车间				10 520	10 520
		组装车间				7 800	7 800
		小　计				18 320	18 320
管理费用						1 800	1 800
销售费用						26 200	26 200
合　计			100 560	49 916	363 184	52 620	566 280

② 辅助生产车间提供的劳务量，如表8-36所示。

表 8-36 劳务供应量汇总表

2008 年 3 月

受益部门	辅助生产	动力车间/小时	运输车间/公里
加工车间		4 100	4 200
组装车间		3 200	3 900
管理部门		500	2 600
销售部门		400	1 300
合 计		8 200	12 000

③ 固定资产原值明细,如表 8-37 所示。

表 8-37 固定资产原值明细表

2008 年 3 月

车间、部门			固定资产原值
基本生产车间	加工车间	机器设备	295 621
		房 屋	100 000
		小 计	395 621
	组装车间	机器设备	256 460
		房 屋	150 000
		小 计	406 460
辅助生产车间	动力车间	机器设备	285 600
		房 屋	150 000
		小 计	435 600
	运输车间	机器设备	102 000
		房 屋	120 000
		小 计	222 000
管理部门		机器设备	30 000
		房 屋	352 000
		小 计	382 000
销售部门		机器设备	10 000
		房 屋	100 000
		小 计	110 000
合 计			1 951 681

④ 水、电费耗用明细,如表 8-38 所示。

表 8-38　水、电耗用量明细表

2008 年 3 月

部　　门		用电度数/度	用水数量/吨
基本生产车间	加工车间	99 020	1 520
	装配车间	30 820	1 230
辅助生产车间	动力车间	4 800	347
	运输车间	5 200	1 680
管理部门		2 000	540
销售部门		2 300	450
合　　计		144 140	5 767

⑤ 其他费用资料，如表 8-39 所示。

表 8-39　其他费用资料表

2008 年 3 月　　　　　　　　　　　　　　　　　　　　　　单位：元

车间、部门		成本或费用项目	金　额
基本生产车间	加工车间	办 公 费	490
		劳 保 费	1 100
		其　　他	240
		小　　计	1 830
	组装车间	办 公 费	430
		劳 保 费	1 300
		其　　他	230
		小　　计	1 960
辅助生产车间	动力车间	办 公 费	260
		其　　他	330
		小　　计	590
	运输车间	办 公 费	320
		其　　他	240
		小　　计	560
管理部门		办 公 费	3 100
		差 旅 费	1 120
		税　　金	1 200
		其　　他	720
		小　　计	6 140
销售部门		运 输 费	4 200
		广 告 费	2 100
		其　　他	1 100
		小　　计	7 400
合　　计			17 890

⑥ 职工薪酬情况，如表 8-40 所示。

表 8-40 职工薪酬分配表

2008 年 3 月   单位：元

应借记科目			薪酬总额			小　计
总账账户	二级账户	明细账户	工时	分配率	金额	
基本生产车间	加工车间 生产工人	四柱液压机	2 800		13 162.8	13 162.8
		框式液压机	2 300		10 812.2	10 812.2
		小　计	5 100	4.701	23 975	23 975
	组装车间 生产工人	四柱液压机	1 950		9 123.27	9 123.27
		框式液压机	1 550		7 251.73	7 251.73
		小　计	3 500	4.678 6	16 375	16 375
制造费用	加工车间				2 492	
	组装车间				2 404	
	小　计				6 984	
辅助生产车间	动力车间				11 045	11 045
	运输车间				9 521	9 521
管理部门					4 206	4 206
销售部门					5 700	5 700
合　计					75 718	75 718

二、任务分析

按照任务描述，企业要按产品及生产步骤设置"基本生产成本明细账"，按车间设置"辅助生产成本"、"制造费用"明细账，登记期初在产品成本资料，将本月发生费用根据本月各种费用分配表登记；本月完工产品成本根据各步骤记入完工产品的份额计算汇总，再计算各步骤月末在产品成本，并登记有关账簿及成本计算单。

三、知识链接

（一）平行结转分步法的计算程序

① 按产品生产步骤和产品品种开设生产成本明细账，各步骤成本明细账按成本项目归集本步骤发生的生产费用（不包括耗用上一步骤半成品的成本）。

② 月终，将各步骤归集的生产费用在产成品与广义在产品之间进行分配，计算各步骤应计入产成品成本的费用份额。

③ 将各步骤生产费用总额减去本步骤应计入产成品成本的费用份额，即为本步骤期末在产品成本，计算公式为：

$$\text{某步骤月末在产品成本} = \text{该步骤月初在产品费用} + \text{该步骤本月生产费用} - \text{该步骤应计入产成品成本的份额}$$

④ 将各步骤应计入产成品成本的费用份额平行相加汇总后,就得到产成品总成本,除以完工产品数量,即为单位成本。

这种分步法各生产步骤不计算、也不逐步结转半成品成本,只是在企业的产成品入库时,才将各步骤费用中应计入产成品成本的份额,从各步骤产品成本明细账中转出,从"生产成本——基本生产成本"科目的贷方转入"库存商品"科目的借方。因此,采用这一方法,不论半成品是在各生产步骤之间直接转移,还是通过半成品库收发,都不通过"自制半成品"科目进行总分类核算。

平行结转分步法的计算程序如图8-1所示。

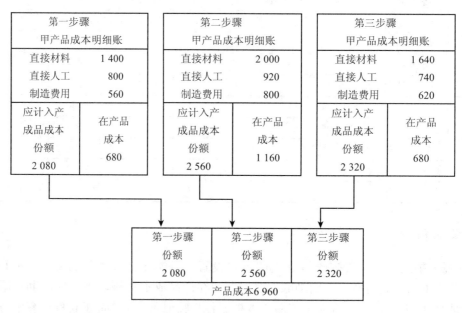

图8-1 平行结转分步法的计算程序

(二) 平行结转分步法下在产品成本的范围

采用平行结转分步法,每一生产步骤的生产费用也要在其完工产品与月末在产品之间进行分配。但这里的完工产品,是指企业最后完工的产成品;每一生产步骤完工产品的费用,都是该步骤生产费用中用于产成品成本的份额。与此相联系,这里的在产品是指尚未产成的全部在产品和半成品,包括:

① 尚在本步骤加工中的在产品;

② 本步骤已完工转入半成品库的半成品;

③ 已从半成品库转到以后各步骤进一步加工、尚未最后产成的在产品,这是就整个企业而言的广义在产品。

因此，这里的在产品费用，是指这 3 部分广义在产品的费用。其中后两部分的实物已经从本步骤转出，但其费用仍留在本步骤产品成本明细账中，尚未转出。

由此可见，在平行结转分步法下，各步骤的生产费用（不包括所耗上步骤的半成品费用）要在产成品与广义在产品之间进行分配，计算这些费用在产成品成本和广义在产品成本中所占的份额。

（三）与逐步结转分步法下在产品的范围的比较

① 由于各步骤产品都是在产成品与广义在产品之间分配费用，所以成本明细账中的产量，都是最后产成品的数量。在逐步结转分步法下，除了最后一个步骤以外，都是完工半成品的数量。

② 在逐步结转分步法下，如果各步骤在产品数量和单位成本相差不多，由于后面各步骤的在产品成本包括所耗前面各步骤的半成品费用，各步在产品成本越滚越大，因而后面各步骤在产品成本的金额大，前面各步骤在产品成本的金额小。而在平行结转分步法下，在产品是广义的，前面各步骤的在产品费用包括本步骤加工中在产品费用，以及本步骤已经完工转入半成品库的半成品费用和转入后面各步骤但尚未最后产成的在产品费用，因而前面各步骤在产品费用金额大，后面各步骤在产品费用金额小；最后一个步骤的在产品，只要完工就是产成品，没有半成品，因而该步骤的在产品与逐步结转分步法一样，也是狭义在产品，其费用金额最小。

（四）平行结转分步法的特点

① 采用这一方法，各生产步骤不计算半成品成本，只计算本步骤所发生的生产费用。除第一步骤生产费用中包括所耗用的原材料和各项加工费用外，其他各步骤只计算本步骤发生的各项加工费用。

② 采用这一方法，各步骤之间不结转半成品成本。不论半成品实物是在各生产步骤之间直接转移，还是通过半成品库收发，都不进行总分类核算。也就是说，半成品成本不随半成品实物转移而结转。

③ 为了计算各生产步骤发生的费用中应计入产成品成本的份额，必须将每一生产步骤发生的费用划分为耗用于产成品部分和尚未最后制成的在产品部分。这里的在产品指广义在产品，包括：尚在本步骤加工中的在产品；本步骤已完工转入半成品库的半成品；已从半成品库转到以后各步骤进一步加工、尚未最后制成的半成品。

④ 将各步骤费用中应计入产成品的份额，平行结转、汇总计算该种产成品的总成本和单位成本。

（五）平行结转分步法与逐步结转分步法的比较

1. 优点

① 采用这一方法，各步骤可以同时计算产品成本，然后将应计入完工产品成本的份额平行结转、汇总计入产成品成本，不必逐步结转半成品成本，从而可以简化和加速成本计算工作。

② 采用这一方法，一般是按成本项目平行结转、汇总各步骤成本中应计入产成品成本的份额，因而能够直接提供按原始成本项目反映的产成品成本资料，不必进行成本还原，省去了大量烦琐的计算工作。

2. 缺点

① 不能提供各步骤半成品成本资料及各步骤所耗上一步骤半成品费用资料，因而不能全面地反映各步骤生产耗费的水平，不利于各步骤的成本管理。

② 由于各步骤间不结转半成品成本，使半成品实物转移与费用结转脱节，因而不能为各步骤在产品的实物管理和资金管理提供资料。

四、任务实施

（一）建账

按产品品种和车间建立基本生产成本明细账和产品成本计算单，建立辅助生产成本明细账，按直接材料、直接人工、制造费用设置3个成本项目；建立基本生产车间制造费用明细账，根据上月末在产品成本登记月初在产品成本，如表8-41～表8-44所示。

表8-41　加工车间生产成本计算单

产品：四柱液压机　　　　　　　　2008年3月　　　　　　　　　　单位：元

摘　　要		直接材料	直接人工	制造费用	合　　计
月初在产品		75 600	3 800	11 200	90 600
本月发生的生产费用					
生产费用合计					
最终产成品数量					
在产品约当产量	本步骤在产品数量				
	已交下步的未完工半成品				
生产总量（分配标准）					
单位产成品成本份额					
计入产成品成本的份额					
月末在产品成本					

主管：　　　　　　　　　　　审核：　　　　　　　　　　　记账：

表8-42　加工车间生产成本计算单

产品：框式液压机　　　　　　　　2008年3月　　　　　　　　　　单位：元

摘　　要	直接材料	直接人工	制造费用	合　　计
月初在产品	62 300	3 500	9 850	75 650
本月发生的生产费用				
生产费用合计				
最终产成品数量				

续表

摘要		直接材料	直接人工	制造费用	合计
在产品约当产量	本步骤在产品数量				
	已交下步的未完工半成品				
生产总量(分配标准)					
单位产成品成本份额					
计入产成品成本的份额					
月末在产品成本					

主管:　　　　　　　　　　审核:　　　　　　　　　　记账:

表 8-43　组装车间生产成本计算单

产品:四柱液压机　　　　　　　　2008 年 3 月　　　　　　　　　　　　单位:元

摘要		直接材料	直接人工	制造费用	合计
月初在产品			2 930	8 900	11 830
本月发生的生产费用					
生产费用合计					
最终产成品数量					
在产品约当产量	本步骤在产品数量				
	已交下步的未完工半成品				
生产总量(分配标准)					
单位产成品成本份额					
计入产成品成本的份额					
月末在产品成本					

主管:　　　　　　　　　　审核:　　　　　　　　　　记账:

表 8-44　组装车间生产成本计算单

产品:框架液压机　　　　　　　　2008 年 3 月　　　　　　　　　　　　单位:元

摘要		直接材料	直接人工	制造费用	合计
月初在产品			2 800	8 540	11 340
本月发生的生产费用					
生产费用合计					
最终产成品数量					
在产品约当产量	本步骤在产品数量				
	已交下步的未完工半成品				
生产总量(分配标准)					
单位产成品成本份额					
计入产成品成本的份额					
月末在产品成本					

主管:　　　　　　　　　　审核:　　　　　　　　　　记账:

（二）根据本月各种费用分配表填制记账凭证，登记本月发生费用并结转

① 材料费用分配的记账凭证如下。

1号　　　　　　　　　　　　　　　　**记 账 凭 证**

单位：天合工厂　　　　　　　2008年3月31日　　　附件2张　　　凭证第11/2号

摘要	总账科目	明细科目	借方 千 百 十 万 千 百 十 元 角 分	贷方 千 百 十 万 千 百 十 元 角 分	登记
分配材料费用	生产成本（加工车间）	基本生产成本——四柱液压机	3 1 5 7 5 6 0 0		√
	生产成本（加工车间）	基本生产成本——框式液压机	2 0 1 9 0 4 0 0		√
	生产成本	辅助生产成本——动力车间	4 1 0 0 0 0		√
	生产成本	辅助生产成本——运输车间	2 2 0 0 0 0		√
	制造费用	加工车间	1 0 5 2 0 0 0		√
	制造费用	组装车间	7 8 0 0 0 0		√
	管理费用		1 8 0 0 0 0		√
	合　　　计				

会计主管：李嘉豪　　　记账：张君　　　复核：果树刚　　　填制：苏慧

1号　　　　　　　　　　　　　　　　**记 账 凭 证**

单位：天合工厂　　　　　　　2008年3月31日　　　附件2张　　　凭证第12/2号

摘要	总账科目	明细科目	借方 千 百 十 万 千 百 十 元 角 分	贷方 千 百 十 万 千 百 十 元 角 分	登记
分配材料费用	销售费用		2 6 2 0 0 0 0		√
		原材料		5 6 6 2 8 0 0 0	√
	合　　　计		￥5 6 6 2 8 0 0 0	￥5 6 6 2 8 0 0 0	

会计主管：李嘉豪　　　记账：张君　　　复核：果树刚　　　填制：苏慧

② 薪酬费用分配的记账凭证如下。

2号

记 账 凭 证

单位：天合工厂　　　　　　　2008年3月31日　　　　附件1张　　　　凭证第21/2号

摘要	总账科目	明细科目	借方金额	贷方金额	登记
			千 百 十 万 千 百 十 元 角 分	千 百 十 万 千 百 十 元 角 分	
人工费用分配	生产成本（加工车间）	基本生产成本——四柱液压机	1 3 1 6 2 8 0		√
	生产成本（加工车间）	基本生产成本——框式液压机	1 0 8 1 2 2 0		√
	生产成本（组装车间）	基本生产成本——四柱液压机	9 1 2 3 2 7		√
	生产成本（组装车间）	基本生产成本——框式液压机	7 2 5 1 7 3		√
	生产成本	辅助生产成本——动力车间	1 1 0 4 5 0 0		√
	生产成本	辅助生产成本——运输车间	9 5 2 1 0 0		√
	制造费用	加工车间	2 4 9 2 0 0		√
合　　计					

会计主管：李嘉豪　　　　记账：张君　　　　复核：果树刚　　　　填制：苏慧

2号

记 账 凭 证

单位：天合工厂　　　　　　　2008年3月31日　　　　附件　张　　　　凭证第22/2号

摘要	总账科目	明细科目	借方金额	贷方金额	登记
			千 百 十 万 千 百 十 元 角 分	千 百 十 万 千 百 十 元 角 分	
人工费用分配	制造费用	组装车间	2 4 0 4 0 0		√
	管理费用		4 2 0 6 0 0		√
	销售费用		5 7 0 0 0 0		√
	应付职工薪酬			7 5 7 1 8 0 0	√
合　　计			¥ 7 5 7 1 8 0 0	¥ 7 5 7 1 8 0 0	

会计主管：李嘉豪　　　　记账：张君　　　　复核：果树刚　　　　填制：苏慧

③ 折旧费用分配，如表 8-45 所示，记账凭证如下。

表 8-45　固定资产折旧费用分配表

2008 年 3 月　　　　　　　　　　　　　　　　　　　　　　　　单位：元

借方账户			固定资产原值	月折旧率/%	本月应提折旧额
总账账户	二级账户	明细账户			
制造费用	加工车间	折旧费	395 621		5 034.32
	组装车间	折旧费	406 460		4 746.9
	动力车间	折旧费	435 600		5 184
	运输车间	折旧费	222 000		2 250
管理费用		折旧费	30 000	1.5	450
		折旧费	352 000	0.6	2 112
		小　计	382 000		2 562
销售部门		折旧费	10 000	1.5	150
		折旧费	100 000	0.6	600
		小　计	110 000		750
合　　计			1 951 681		20 527.22

3 号　　　　　　　　　　　　　　　　**记　账　凭　证**

单位：天合工厂　　　　　2008 年 3 月 31 日　　附件 2 张　　　凭证第 3 号

摘要	总账科目	明细科目	借方金额	贷方金额	登记
折旧费	制造费用	加工车间	5 034.32		√
	制造费用	组装车间	4 746.90		√
	生产成本	辅助生产成本——动力车间	5 184.00		√
	生产成本	辅助生产成本——运输车间	2 250.00		√
	销售费用		750.00		√
	管理费用		2 562.00		√
	累计折旧			20 527.22	√
合　计			¥20 527.22	¥20 527.22	

会计主管：李嘉豪　　　记账：张君　　　复核：果树刚　　　填制：苏慧

④ 水、电费分配表，如表 8-46 和表 8-47 所示，记账凭证如下。

表 8-46 水费分配表

2008 年 3 月   单位：元

借方科目		用水数量/吨	分配金额（分配率：3.00）
制造费用	加工车间	1 520	4 560
	组装车间	1 230	3 690
辅助生产成本	动力车间	347	1 041
	运输车间	1 680	5 040
管理费用		540	1 620
销售费用		450	1 350
合 计		5 767	17 301

表 8-47 电费分配表

2008 年 3 月   单位：元

借方科目		用水数量/吨	分配金额（分配率：0.8）
制造费用	加工车间	99 020	79 216
	组装车间	30 820	24 656
辅助生产成本	动力车间	4 800	3 840
	运输车间	5 200	4 160
管理部门		2 000	1 600
销售部门		2 300	1 840
合 计		144 140	115 312

4 号

记 账 凭 证

单位：天合工厂   2008 年 3 月 31 日   附件 3 张   凭证第 4 号

摘要	总账科目	明细科目	借方 千 百 十 万 千 百 十 元 角 分	贷方 千 百 十 万 千 百 十 元 角 分	登记
水电费	制造费用	加工车间	8 3 7 7 6 0 0		√
	制造费用	组装车间	2 8 3 4 6 0 0		√
	生产成本	辅助生产成本——动力车间	4 8 8 1 0 0		√
	生产成本	辅助生产成本——运输车间	9 2 0 0 0 0		√
	销售费用		3 2 2 0 0 0		√
	管理费用		3 1 9 0 0 0		√
	银行存款			1 3 2 6 1 3 0 0	√
合 计			¥ 1 3 2 6 1 3 0 0	¥ 1 3 2 6 1 3 0 0	

会计主管：李嘉豪   记账：张君   复核：果树刚   填制：苏慧

⑤ 其他费用分配,如表 8-48 所示,记账凭证如下。

表 8-48 其他费用分配表

2008 年 3 月 单位:元

借方科目		成本或费用项目	分配金额
制造费用	加工车间		1 830
	组装车间		1 960
辅助生产成本	动力车间		590
	运输车间		540
管理费用			6 140
销售费用			7 400
合 计			17 890

5 号

记 账 凭 证

单位:天合工厂　　　　　2008 年 3 月 31 日　　　附件 1 张　　　凭证第 6 号

摘要	总账科目	明细科目	借方金额	贷方金额	登记
其他费用分配	制造费用	加工车间	1 830.00		√
	制造费用	组装车间	1 960.00		√
	生产成本	辅助生产成本——动力车间	590.00		√
	生产成本	辅助生产成本——运输车间	540.00		√
	管理费用		6 140.00		√
	销售费用		7 400.00		√
	银行存款			17 890.00	√
合 计			¥17 890.00	¥17 890.00	

会计主管:李嘉豪　　　记账:张君　　　复核:果树刚　　　填制:苏慧

⑥ 根据记账凭证登记辅助生产明细账,并进行费用分配,如表 8-49~表 8-51 所示,记账凭证如下。

表 8-49　辅助生产费用分配表
2008 年 3 月　　　　　　　　　　　　　　　　　　　　　　　　　　　　　　　　单位：元

项　　目			动力车间/小时	运输车间/公里	合　计
待分配费用			25 800	23 731	49 531
供应辅助生产以外单位的劳务数量			8 200	12 000	
费用分配率（单位成本）			3.146 3	1.977 6	
应借"制造费用"科目	加工车间	耗用数量	4 100	4 200	
		分配金额	12 899.83	8 305.92	21 205.75
	组装车间	耗用数量	3 200	3 900	
		分配金额	10 068.16	7 712.64	17 780.8
应借"管理费用"科目	管理部门	耗用数量	500	2 600	
		分配金额	1 573.15	5 141.76	6 714.91
应借"销售费用"科目	销售部门	耗用数量	400	1 300	
		分配金额	1 258.86	2 570.68	3 829.54
合　　计			25 800	23 731	49 531

主管：李嘉豪　　　　　审核：果树刚　　　　　记账：张君

表 8-50　辅助生产成本明细账
生产单位：动力车间　　　　　2008 年 3 月　　　　　　　　　　　　　　单位：元

2008 年		摘　要	明　细　项　目								转出	余额
月	日		职工薪酬	折旧费	机物料消耗	水费	电费	办公费	其他	合计		
3	31	耗用材料			4 100					4 100		
3	31	其他费用						260	330	590		
3	31	职工薪酬	11 045							11 045		
3	31	计提折旧		5 184						5 184		
3	31	水　费				1 041				1 041		
3	31	电　费					3 840			3 840		
3	31	合　　计	11 045	5 184	4 100	1 041	3 840	260	330	25 800		
3	31	月末分配结转									25 800	0

主管：李嘉豪　　　　　审核：果树刚　　　　　记账：张君

表 8-51 辅助生产成本明细账

生产单位：运输车间　　　　　2008 年 3 月　　　　　单位：元

年		摘要	明细项目								转出	余额
月	日		职工薪酬	折旧费	机物料消耗	水费	电费	办公费	其他	合计		
3	31	耗用材料			2 200					2 200		
3	31	其他费用						320	240	560		
3	31	职工薪酬	9 521							9 521		
3	31	计提折旧		2 250						2 250		
3	31	水　费				5 040				5 040		
3	31	电　费					4 160			4 160		
3	31	合　计	9 521	2 250	2 200	5 040	4 160	320	240	23 731		
3	31	月末分配结转									23 731	0

主管：李嘉豪　　　　审核：果树刚　　　　记账：张君

6 号　　　　　　　　　记 账 凭 证

单位：天合工厂　　　　2008 年 3 月 31 日　　　附件 1 张　　　凭证第 6 号

摘要	总账科目	明细科目	借方金额	贷方金额	登记
辅助生产费用分配	制造费用	加工车间	2 120 575		√
	制造费用	组装车间	1 778 080		√
	管理费用		671 491		√
	销售费用		382 954		√
	生产成本	辅助生产成本——动力车间		2 580 000	√
	生产成本	辅助生产成本——运输车间		2 373 100	√
合　计			￥495 3100	￥495 3100	

会计主管：李嘉豪　　　记账：张君　　　复核：果树刚　　　填制：苏慧

⑦ 根据上述相关凭证登记相应的制造费用明细账，并进行分配，如表 8-52～表 8-55 所示，记账凭证如下。

项目八 多步骤生产企业成本核算

表8-52 制造费用明细账

生产单位：加工车间　　　　　　2008年3月　　　　　　　　　　　　单位：元

年		摘要	明细项目									转出	余额
月	日		机物料消耗	职工薪酬	折旧费	办公费	水费	电费	劳保费	其他	辅助生产转入	合计		
3	31	耗用材料	10 520									10 520		
3	31	其他费用				490			1 100	240		1 830		
3	31	职工薪酬		2 492								2 492		
3	31	计提折旧			5 034.32							5 034.32		
3	31	水费					4 560					4 560		
3	31	电费						79 216				79 216		
3	31	辅助生产转入									21 205.75	21 205.75		
3	31	合计	10 520	2 492	5 034.32	490	4 560	79 216	1 100	240	21 205.75	124 858.07		
3	31	月末分配结转											124 858.07	0

主管：李嘉豪　　　　　审核：果树刚　　　　　记账：张君

表8-53 制造费用明细账

生产单位：组装车间　　　　　　2008年3月　　　　　　　　　　　　单位：元

2008年		摘要	明细项目									转出	余额
月	日		机物料消耗	职工薪酬	折旧费	办公费	水费	电费	劳保费	其他	辅助生产转入	合计		
3	31	耗用材料	7 800									7 800		
3	31	其他费用				430			1 300	330		2 060		
3	31	职工薪酬		2 404								2 404		
3	31	计提折旧			4 746.9							4 746.9		
3	31	水费					3 690					3 690		
3	31	电费						24 656				24 656		
3	31	辅助生产转入									17 780.8	17 780.8		
3	31	合计	7 800	2 404	4 746.9	430	3 690	24 656	1300	330	17 780.8	63 137.7		
3	31	月末分配结转											63 137.7	0

主管：李嘉豪　　　　　审核：果树刚　　　　　记账：张君

表 8-54 制造费用分配表

生产单位：加工车间　　　　　2008 年 3 月　　　　　　　　　　　　单位：元

产品名称	生产工时	分配率	分配金额
四柱液压机	2 800		68 549.60
框式液压机	2 300		56 308.47
合计	5 100	24.482 0	124 858.07

主管：李嘉豪　　　　　审核：果树刚　　　　　记账：张君

表 8-55 制造费用分配表

生产单位：组装车间　　　　　2008 年 3 月　　　　　　　　　　　　单位：元

产品名称	生产工时	分配率	分配金额
四柱液压机	1 950		35 176.64
框式液压机	1 550		27 961.06
合计	3 500	18.039 3	63 137.70

主管：李嘉豪　　　　　审核：果树刚　　　　　记账：张君

7 号　　　　　　　　　　　　　　　　　记 账 凭 证

单位：天合工厂　　　　　　　2008 年 3 月 31 日　　　　附件 1 张　　　　凭证第 7 号

摘要	总账科目	明细科目	借方金额	贷方金额	登记
制造费用分配	生产成本（加工车间）	基本生产成本——四柱液压机	68 549.60		√
	生产成本（加工车间）	基本生产成本——框式液压机	56 308.47		√
	制造费用	加工车间		124 858.07	√
合计			￥124 858.07	￥124 858.07	

会计主管：李嘉豪　　　　记账：张君　　　　复核：果树刚　　　　填制：苏慧

8 号

记 账 凭 证

单位：天合工厂　　　　　2008年3月31日　　　附件1张　　　凭证第8号

摘要	总账科目	明细科目	借方金额	贷方金额	登记
制造费用分配	生产成本（组装车间）	基本生产成本——四柱液压机	35 176.64		√
	生产成本（组装车间）	基本生产成本——框式液压机	27 961.06		√
	制造费用	组装车间		63 137.70	√
	合计		¥63 137.70	¥63 137.70	

会计主管：李嘉豪　　记账：张君　　复核：果树刚　　填制：苏慧

（三）根据上述相关凭证，将材料费用、人工费用、制造费用登记入相应生产成本计算单，按约当产量法计算各步骤生产成本，登记各步骤应计入完工产品成本份额和月末在产品成本

① 加工车间成本计算单，如表8-56和表8-57所示。

表8-56　加工车间生产成本计算单

产品：四柱液压机　　　　2008年3月　　　　　　　　　　单位：元

摘要		直接材料	直接人工	制造费用	合计
月初在产品		75 600	3 800	11 200	90 600
本月发生的生产费用		311 756	13 162.8	68 549.6	393 468.4
生产费用合计		387 356	16 962.8	79 749.6	484 068.4
最终产成品数量		5	5	5	
在产品约当产量	本步骤在产品数量	1	0.5	0.5	
	已交下步的未完工半成品	1	1	1	
生产总量（分配标准）		7	6.5	6.5	
单位产成品成本份额		55 336.571 4	2 609.661 5	12 269.169 2	
计入产成品成本的份额		276 682.86	13 048.31	61 345.85	351 077.02
月末在产品成本		110 673.14	3 914.49	18 403.75	132 991.38

主管：李嘉豪　　审核：果树刚　　记账：张君

表 8－57　加工车间生产成本计算单

产品：框式液压机　　　　　2008 年 3 月　　　　　　　　　　　　　　单位：元

摘　要		直接材料	直接人工	制造费用	合　计
月初在产品		62 300	3 500	9 850	75 650
本月发生的生产费用		201 904	10 812.2	56 308.47	269 024.67
生产费用合计		264 204	14 312.2	66 158.47	344 674.67
最终产成品数量		4	4	4	
在产品 约当产量	本步骤在产品数量	2	1	1	
	已交下步的未完工半成品	1	1	1	
生产总量（分配标准）		7	6	6	
单位产成品成本份额		37 743.428 6	2 385.366 7	11 026.411 7	
计入 产成品成本的份额		150 973.71	9 541.47	44 105.65	204 620.83
月末在产品成本		113 230.29	4 770.73	22 052.82	140 053.84

主管：李嘉豪　　　　　　审核：果树刚　　　　　　记账：张君

② 组装车间成本计算单，如表 8－58 和表 8－59 所示。

表 8－58　组装车间生产成本计算单

产品：四柱液压机　　　　　2008 年 3 月　　　　　　　　　　　　　　单位：元

摘　要		直接材料	直接人工	制造费用	合　计
月初在产品			2 930	8 900	11 830
本月发生的生产费用			9 123.27	35 176.64	44 299.91
生产费用合计			12 053.27	44 076.64	56 129.91
最终产成品数量			5	5	
在产品 约当产量	本步骤在产品数量		0.5	0.5	
	已交下步的未完工半成品				
生产总量（分配标准）			5.5	5.5	
单位产成品成本份额			2 191.503 6	8 013.934 5	
计入 产成品成本的份额			10 957.52	40 069.67	51 027.19
月末在产品成本			1 095.75	4 006.97	5 102.72

主管：李嘉豪　　　　　　审核：果树刚　　　　　　记账：张君

表 8-59　组装车间生产成本计算单

产品：框式液压机　　　　　　　2008 年 3 月　　　　　　　　　　　　　单位：元

摘　要		直接材料	直接人工	制造费用	合　计
月初在产品			2 800	8 540	11 340
本月发生的生产费用			7 251.73	27 961.06	35 212.79
生产费用合计			10 051.73	36 501.06	46 552.79
最终产成品数量			4	4	
在产品约当产量	本步骤在产品数量		0.5	0.5	
	已交下步的未完工半成品				
生产总量（分配标准）			4.5	4.5	
单位产成品成本份额			2 233.717 8	8 111.346 7	
计入 产成品成本的份额			8 934.87	32 445.39	41 380.26
月末在产品成本			1 116.86	4 055.67	5 172.53

主管：李嘉豪　　　　　审核：果树刚　　　　　记账：张君

③ 汇总并结转完工产品成本，如表 8-60 和表 8-61 所示，记账凭证如下。

表 8-60　产品成本计算汇总表

产品：四柱液压机　　　　　　　2008 年 3 月　　　　　　　　产量：5 台　单位：元

车间份额	直接材料	直接人工	制造费用	合　计
加工车间	276 682.86	13 048.31	62 607.57	352 338.74
组装车间		10 957.52	41 327.42	52 284.94
完工产品总成本	276 682.86	24 005.83	103 934.99	404 623.68
完工产品单位成本	55 336.57	4 801.17	20 787.00	80 924.74

主管：李嘉豪　　　　　审核：果树刚　　　　　记账：张君

表 8-61　产品成本计算汇总表

产品：框式液压机　　　　　　　2008 年 3 月　　　　　　　　产量：5 台　单位：元

车间份额	直接材料	直接人工	制造费用	合　计
加工车间	150 973.71	9 541.47	45 004.07	205 519.25
组装车间		9 837.31	33 422.80	43 012.15
完工产品总成本	150 973.71	19 378.78	78 426.87	248 531.40
完工产品单位成本	37 743.43	4 844.70	19 606.72	62 132.85

主管：李嘉豪　　　　　审核：果树刚　　　　　记账：张君

9号

记 账 凭 证

单位：天合工厂　　　　2008年3月31日　　　附件1张　　　凭证第9号

摘要	总账科目	明细科目	借方金额	贷方金额	登记
完工产品入库	库存商品	四柱液压机	40462.368		√
	生产成本（加工车间）	基本生产成本——四柱液压机		35233.874	√
	生产成本（组装车间）	基本生产成本——四柱液压机		5228.494	√
合计			¥40462.368	¥40462.368	

会计主管：李嘉豪　　记账：张君　　复核：果树刚　　填制：苏慧

10号

记 账 凭 证

单位：天合工厂　　　　2008年3月31日　　　附件1张　　　凭证第10号

摘要	总账科目	明细科目	借方金额	贷方金额	登记
完工产品入库	库存商品	框式液压机	24853.140		√
	生产成本（加工车间）	基本生产成本——框式液压机		20551.925	√
	生产成本（组装车间）	基本生产成本——框式液压机		4301.215	√
合计			¥24853.140	¥24853.140	

会计主管：李嘉豪　　记账：张君　　复核：果树刚　　填制：苏慧

项 目 训 练

（一）单项选择题

1. 逐步结转分步法，在完工产品与在产品之间分配费用，是指（　　）之间分配费用。
   A. 完工产品与月末在产品
   B. 完工半成品与月末加工中在产品
   C. 完工产品与广义在产品
   D. 前几个步骤完工时与加工中在产品及最后步骤完工产品与加工中在产品

2. 成本还原的对象是（　　）。
   A. 完工产品
   B. 倒数第二步骤本月所生产半成品成本
   C. 最后步骤完工产品成本
   D. 各步骤半成品成本

3. 综合结转分步法实际上就是各生产步骤相互间多个（　　）。
   A. 品种法　　　　B. 分批法　　　　C. 分步法　　　　D. 定额法

4. 某产品经三个步骤加工完成，成本计算采用逐步结转分步法进行，需要进行（　　）次成品还原。
   A. 2　　　　　　B. 3　　　　　　C. 1　　　　　　D. 4

5. 不计算半成品成本的分步法是（　　）。
   A. 综合结转的分步法　　　　　　　B. 逐步结转的分步法
   C. 分享结转的分步法　　　　　　　D. 平行结转的分步法

6. 分步法适用于（　　）。
   A. 大量大批单步骤生产
   B. 大量大批多步骤生产
   C. 单件小批多步骤生产
   D. 管理上要求分步骤计算成本的大量大批多步骤生产

7. 根据逐步结转分步法，各步骤在产品指（　　）。
   A. 广义在产品　　　　　　　　　　B. 自制半成品
   C. 狭义在产品　　　　　　　　　　D. 合格品

8. 逐步结转分步法主要是用于（　　）。
   A. 自制半成品可以加工为多种产品的企业
   B. 自制半成品可以对外销售的企业
   C. 生产多种产品的企业
   D. 需要单独核算半成品的企业

9. 半成品的结转可以采用（　　）方式。
    A. 综合结转　　　　　　　　　　　　B. 分项结转
    C. 逐步结转　　　　　　　　　　　　D. 平行结转
10. 逐步结转分步法的综合结转方式基本特征包括（　　）。
    A. 能够反映所消耗的上一个步骤半成品的成本水品
    B. 能够反映所消耗的上一个步骤半成品的成本构成
    C. 能够反映本步骤加工费用水平
    D. 需要进行成本还原
11. 采用平行结转分步法计算成本，不论半成品是在各生产步骤之间直接结转，还是通过半成品库收发结转，都（　　）科目进行总分类核算。
    A. 不通过"自制半成品"　　　　　　　B. 通过"自制半成品"
    C. 不通过"库存商品"　　　　　　　　D. 通过"库存商品"
12. 平行结转分步法的优点是（　　）。
    A. 能够提供各步骤的半成品成本资料
    B. 有利于加强半成品的实物管理
    C. 有利于加强各步骤的成本管理
    D. 各步骤可以同时计算产品成本，加快成本计算速度
13. 下列方法中，不计算半成品成本的分步法是（　　）。
    A. 平行结转分步法　　　　　　　　　B. 逐步结转分步法
    C. 综合结转法　　　　　　　　　　　D. 分享结转法
14. 采用平行结转分步法计算产品成本，第二生产步骤的广义在产品不包括（　　）。
    A. 第三生产步骤正在加工的在产品
    B. 第二生产步骤正在加工的在产品
    C. 第二生产步骤完工入库的半成品
    D. 第一生产步骤正在加工的在产品
15. 根据平行结转分步法，各生产步骤的期末在产品包括（　　）。
    A. 本步骤正在加工的自制半成品
    B. 上一个步骤正在加工的在制品
    C. 已经转入下一个步骤的自制半成品
    D. 已经转入下一个步骤的尚未最终完工的自制半成品
16. 平行结转分步法的基本特征包括（　　）。
    A. 管理上要求分步归集费用，但不要求计算半成品成本
    B. 将各个步骤应该记入产品的份额平行汇总计算产成品的成本
    C. 不存在自制半成品对外销售，不需要考核半成品的成本
    D. 期末的在产品是广义的在产品

17. 采用平行结转分步法（　　）。
    A. 不能全面地反映各个生产步骤的生产费用水平
    B. 能全面地反映各个生产步骤的生产费用水平
    C. 能够全面反映第一个生产步骤的生产费用水平
    D. 能够全面反映最后一个生产步骤的生产费用水平
18. 下列方法中，需要进行成本还原的是（　　）。
    A. 平行结转法　　　　　　　　　　B. 逐步结转法
    C. 综合结转法　　　　　　　　　　D. 分项结转法
19. 成本会计的基本任务是（　　）。
    A. 成本核算　　　　　　　　　　　B. 成本计划
    C. 成本决策　　　　　　　　　　　D. 成本考核与分析
20. 区分各种成本计算基本方法的主要标志是（　　）。
    A. 成本计算对象
    B. 成本计算日期
    C. 简介费用的分配方法
    D. 完工产品与在产品之间分配费用的方法

（二）多项选择题

1. 采用逐步结转分步法（　　）。
    A. 半成品成本的结转同其实物的流转是同步进行的
    B. 成本核算手续简便
    C. 能够提供半成品成本资料
    D. 为对外销售半成品和月末在产品之间进行费用分配
2. 下列方法中不属于不计算半成品成本的分步法是（　　）。
    A. 逐步结转法　　　　　　　　　　B. 综合结转法
    C. 分项结转法　　　　　　　　　　D. 平行结转法
3. 成本还原的对象错误的是（　　）。
    A. 产成品成本
    B. 各步骤半成品成本
    C. 产成品成本和各步骤半成品成本
    D. 产成品成本中所耗上一步骤半成品的综合成本
    E. 前面步骤的完工半成品与加工中的在产品及最后步骤的产成品与加工中的在产品
4. 采用逐步结转分步法，按照半成品成本在下一步骤成本，明细账中的反映方法的分类错误的是（　　）。
    A. 实际成本结转法和计划成本结转法
    B. 综合结转法和分项结转法

C. 平行结转法和分项结转法
D. 平行结转法和综合结转法

5. 按实际成本综合结转半成品的缺点是（　　）。
   A. 领用半成品的实际单位成本计算烦琐
   B. 各步骤不能同时计算成本
   C. 不能直接提供按原始成本项目反映的产品成本
   D. 不能从整个企业角度考核和分析产品成本的构成和水平

6. 下列项目中，构成需要进行成本还原的原因有（　　）。
   A. 各步骤半成品结转采用按实际成本综合结转法
   B. 各步骤半成品结转采用按实际成本分项结转法
   C. 各步骤半成品结转采用按计划成本综合结转法
   D. 管理上要求从整个企业角度考核和分析产品成本的构成和水平

7. 分步法适用于（　　）。
   A. 大量生产　　　　　　　　　　B. 大批生产
   C. 小批生产　　　　　　　　　　D. 多步骤生产

8. 平行结转分步法的特点是（　　）。
   A. 各步骤半成品成本要随着半成品实物的流转而结转
   B. 各步骤半成品成本不随着半成品实物的流转而结转
   C. 成本计算对象是完工产品成本份额
   D. 不需要计算结转完工半成品成本

9. 采用平行结转分步法，对完工产品与在产品之间的费用分配，正确的说法是指（　　）两者之间的费用分配。
   A. 产成品与广义在产品
   B. 产成品与狭义在产品
   C. 各步骤完工半成品与月末加工中的在产品
   D. 应计入产成品的份额与广义的在产品

10. 下列方法中，成本计算期与会计报告期一致的有（　　）。
    A. 品种法　　　B. 逐步结转分步法　　　C. 平行结转分步法　　　D. 分批法

（三）判断题
1. 分步法适合大量大批单步骤生产企业如纺织、冶金等企业。（　　）
2. 分步法的成本计算期与生产周期不一致，但与会计报告期一致。（　　）
3. 分步法的成本计算对象是产品品种及其所经过的生产步骤。（　　）
4. 根据逐步结转分步法，各生产步骤半成品的结转与其实物的转移不一致。（　　）
5. 逐步结转分步法采用分项结转方式时，为了反映产成品的原始结构，必须进行成本还原。（　　）

6. 成本还原是将各产品步骤停留在以后步骤的半成品成本还原为原来的成本。（　　）
7. 根据逐步结转分步法，完工产品指最后步骤的产成品，在产品指广义在产品。（　　）
8. 逐步结转分步法适用于管理上不要求计算半成品成本的企业。（　　）
9. 综合结转分步法能够提供各生产步骤的半成品成本资料，而分项结转分步法却不能。（　　）
10. 逐步结转分步法按照半成品是否入半成品库的标准，可划分为综合结转和分项结转两种方法。（　　）
11. 平行结转分步法的在产品包括本步骤正在加工中的在产品和完成本步骤加工已存入半成品库的半成品两部分。（　　）
12. 根据平行结转分步法，在产品是广义在产品。（　　）
13. 采用平行结转分步法，各生产步骤不计算半成品成本。（　　）
14. 在平行结转分步法下，各步骤完工产品与在产品之间的费用分配，都是指产成品与广义在产品之间的费用分配。（　　）
15. 在平行结转分步法下，进行完工产品与月末在产品的费用分配时，其完工产品是最后完工的产品。（　　）
16. 在平行结转分步法下，每一步骤完工产品的费用，都是该步骤生产费用中用于产品成本的份额。（　　）
17. 采用平行结转分步法，各步骤可以同时计算产品成本，但各步骤间不结转半成品成本。（　　）
18. 采用平行结转分步法时，各生产步骤都不能全面地反映其生产耗费的水平。（　　）
19. 凡是尚未最后产成的产品都是广义在产品。（　　）
20. 分步法是按照产品的生产步骤归集生产费用，计算产品成本的一种方法。（　　）

（四）技能训练

训练一

目的：训练学生进行完工产品成本还原的能力。

资料：甲产品某月有关成本资料如表8-62所示。

表8-62　产品成本还原计算表

项　　目	还原分配率	半成品	直接材料	直接人工	制造费用	合　　计
还原前产品成本		8 400		2 800	4 160	15 360
本月所产半成品成本			2 900	1 380	2 720	7 000
产成品所耗半成品成本还原						
还原后产成品总成本						

要求：计算还原分配率并进行成本还原。

训练二

目的：训练学生运用逐步结转分步法计算完工产品成本，进行会计处理并登记相关账簿，强化产品成本还原方法的运用。

资料：某企业 A 产品生产分两个步骤，分别由第一、第二两个生产车间进行。第一车间生产的半成品，交半成品库验收，第二车间按所需数量向半成品库领用，半成品发出按全月一次加权平均单位成本计算。两个车间月末在产品均按定额成本计价。该企业采用按实际成本结转的逐步结转分步法计算 A 产品成本。

第一、第二两个车间月初、月末在产品定额成本资料及本月生产费用资料见表 8-63 和表 8-65；资质半成品月初余额、本月第一车间完工半成品交库数量及本月第二车间领用资质半成品数量见表 8-64。

要求：

(1) 登记"产品成本明细账"和"自制半成品明细账"（表 8-63~表 8-65），按实际成本综合结转半成品，计算产成品成本；

(2) 编制结转入库半成品成本和产成品的会计分录；

(3) 计算填列"产成品成本还原计算表"，如 8-66 所示（还原率保留 4 位小数）。

表 8-63 产品成本明细账

车间名称：第一车间　　　　产品名称：半成品 A　　　　产量：1 000 件

项目	直接材料	直接人工	制造费用	合计
月初在产品定额成本	3 600	2 000	4 000	
本月生产费用	12 820	6 220	12 820	
生产费用合计				
完工半成品成本				
月末在产品定额成本	5 620	2 620	3 420	

表 8-64 自制半成品明细账

半成品名称：半成品 A　　　　　　　　　　　　　　　　　　单位：件

月初余额		本月增加		合计			本月减少	
数量	实际成本	数量	实际成本	数量	单位成本	实际成本	数量	实际成本
800	20 000						1 500	
500								

注：发出自制半成品单位成本，采用全月一次加权平均法

表 8-65 产品成本明细账

车间名称：第二车间　　　　　　　　　　　　　　　　　　　　　　产品名称：产成品 A

项目	半成品	直接人工	制造费用	合计
月初在产品等额成本	12 000	2 400	5 000	
本月生产费用		7 400	17 700	
生产费用合计				
完工半成品成本				
月末在产品定额成本	5 200		2 800	

表 8-66 产成品成本还原计算表

项目	还原分配率	半成品	直接材料	直接人工	制造费用	成本合计
还原前半成品成本						
本月所生产半成品成本						
成本还原						
还原后产成品成本						

注：还原分配率保留 4 位小数，尾差计入制造费用

训练三

目的：训练学生掌握产品成本计算的逐步结转分步法的能力。

资料：星辉公司生产 A 产品，分两个生产步骤分别在两个车间进行，20××年 8 月份有关成本资料如表 8-67、表 8-68 和表 8-69 所示。

表 8-67 第一车间产品成本计算单

产品名称：A 半成品　　　　　　　20××年 8 月 31 日　　　　　　　产量：800 件

摘要	产量/件	直接材料	直接人工	制造费用	合计
月初在产品成本	300	36 000			36 000
本月生产费用	700	80 000	20 000	20 000	120 000
生产费用合计	1 000				
分配率					
月末在产品成本	200				
本月完工产品成本	800				

会计主管：　　　　　　　　　　复核：　　　　　　　　　　制单：

说明：车间生产成本中原材料费用占比重较大，所以月末在产品只计算原材料费用，A 产品的原材料在生产开始时一次投入。

表 8-68 第二车间产品成本计算单

产品名称：A产品　　　　　　20××年8月31日　　　　　　产量：900件

摘　要	产量/件	约当产量	半成品	直接人工	制造费用	合　计
月初在产品成本	300		54 200	8 000	10 000	72 200
本月生产费用				30 000	30 000	60 000
领用一车间半成品	800					
生产费用合计	1 100					
分配率						
月末在产品成本	200					
本月完工产品成本	900					

会计主管：　　　　　　　　复核：　　　　　　　　制单：

说明：第二车间月末在产品成本按约当产量计算，完工程度50%。

表 8-69 产品成本还原计算表

产品名称：A产品　　　　　　20××年8月31日　　　　　　产量：900件

摘　要	成本还原率	成本项目				合　计
		半成品	直接材料	直接人工	制造费用	
还原前产品总成本						
上步本月完工半成品成本						
半成品成本还原						
还原后产品总成本						
还原后产品单位成本						

要求：

(1) 完成一车间成本计算表，并编制结转一车间完工半成品成本的记账凭证，一车间半成品直接交付二车间继续加工；

(2) 完成二车间成本计算单，并编制结转完工产品成本的记账凭证；

(3) 完工产品成本还原计算表。

训练四

目的：训练学生掌握产品成本计算的逐步结转分步法的能力。

资料：某企业设一个基本生产车间，分两个生产步骤大量大批生产甲产品，采用逐步综合结转分步法计算产品成本。第一生产步骤加工完成的半成品直接转入第二生产步骤，不通过"自制半成品"科目核算。第一生产步骤完工半成品800件，第二生产步骤完工产成品1 000件，各生产步骤月末在产品均按定额成本计价（有关成本资料见表8-70和表8-71各生产步骤产品成本明细账）。

表 8-70　产品成本明细账

产品名称：甲半成品　　　　　　　　　2009 年 10 月　　　　　　　　　　完工产量：800 件

项目	直接材料	直接人工	制造费用	合计
月初在产品定额成本	39 000	6 939	4 050	49 989
本月生产费用	40 000	10 374	6 300	
生产费用合计				
完工半成品成本				
月末在产品定额成本	13 000	2 313	1 350	16 663

表 8-71　产品成本明细账

产品名称：甲产成品　　　　　　　　　2009 年 10 月　　　　　　　　　　完工产量：1 000 件

项目	直接材料	直接人工	制造费用	合计
月初在产品定额成本	9 000	1 108	600	10 708
本月生产费用	90 000	4 446	2 700	
生产费用合计				
完工半成品成本				
月末在产品定额成本	4 500	554	300	5 354

要求：

(1) 计算、填列各生产步骤产品成本明细账（表 8-72 和表 8-73），并编制结转完工半成品成本的会计分录；

(2) 进行成本还原，在产品成本还原计算表（表 8-74）中，计算按原始成本项目反映的产成品成本；

(3) 编制产成品入库的会计分录。

表 8-72　产品成本明细账

产品名称：　　　　　　　　　　　　　年　月　　　　　　　　　　　完工产量：

项目	直接材料	直接人工	制造费用	合计
月初在产品定额成本				
本月生产费用				
生产费用合计				
完工半成品成本				
月末在产品定额成本				

表 8-73 产品成本明细账

产品名称：　　　　　　　　　　　　　年　　月　　　　　　　　　　　　完工产量：

项目	直接材料	直接人工	制造费用	合计
月初在产品定额成本				
本月生产费用				
生产费用合计				
完工产成品成本				
月末在产品定额成本				

表 8-74 产品成本还原计算表

产品名称：　　　　　　　　　　　　　年　　月　　　　　　　　　　　　完工产量：

项目	还原分配率	半成品	直接材料	直接人工	制造费用	合计
还原前产成品成本						
本月所产半成品成本						
成本还原						
还原后产成品成本						

训练五

目的：训练学生运用平行结转分步法确定完工产品成本，进行会计处理并登记相关账簿，学会编制产品成本汇总表。

资料：某企业生产甲产品，经过两个步骤连续加工制成，所用原材料在生产开始时一次投入，各步骤计入产成品成本的费用采用约当产量比例法计算，有关产量、费用资料见表 8-75 及产品成本明细账（表 8-76 和表 8-77）。

表 8-75 产量资料

摘要	月初在产品	本月投入	本月完工	月初在产品	完工程度
第一步骤	20	200	160	60	50%
第二步骤	60	160	180	40	50%

表 8-76 产品成本明细账

第一生产步骤

摘要	直接材料	直接人工	制造费用	合计
月初在产品成本	11 210	1 350	1 800	14 360
本月生产费用	35 830	5 150	7 200	48 180
合计				
约当产量				
约当产量单位成本				
产品成本中本步骤"份额"				
月末在产品成本				

表 8-77 产品成本明细账

第二生产步骤

摘　要	直接材料	直接人工	制造费用	合　计
月初在产品成本		720	1 800	14 360
本月生产费用		2 880	7 200	48 180
合　计				
约当产量				
约当产量单位成本				
产成品成本中本步骤"份额"				
月末在产品成本				

要求：

(1) 采用平行结转分步法计算甲产品成本，完成产品成本明细账和产品成本汇总表（表 8-78）的编制；

(2) 编制甲产品完工入库的会计分录。

表 8-78 产品成本汇总表

甲产品

项　目	直接材料	直接人工	制造费用	合　计
第一步骤成本"份额"				
第二步骤成本"份额"				
总成本				
单位成本				

训练六

目的：训练学生产品成本计算的平行结转分步法。

资料：阳光公司生产 C 产品。第一步骤生产 A 半成品，第二步骤将 A 半成品加工为 B 半成品，第三步骤将 B 半成品交加工为 C 产品。第一步骤耗用的材料在生产开始时一次投入，第二步骤所耗用的原材料随着加工进度逐步投入。各步骤月末在产品完工率均为 50%。各步骤生产费用采用约当产量法在完工产品和广义在产品之间分配。20××年11月有关成本计算资料如表 8-79 和表 8-80 所示。

表 8-79 产量记录

单位：件

项　目	第一步骤	第二步骤	第三步骤
月初在产品	120	100	180
本月投入	400	600	500
本月完工转出	500	500	600
月末在产品	20	200	80

注：第二步骤领用的 A 半成品中，包含上月生产的入库 A 半成品 100 件。本月末半成品库中无库存

表 8-80　月初在产品成本及本月生产费用

单位：元

项　目	直接材料	直接人工	制造费用	合　计
月初在产品成本				
第一步骤	2 880	5 005	4 000	11 885
第二步骤	4 200	1 100	780	6 080
第三步骤	—	450	320	770
本月生产费用				
第一步骤	11 520	5 230	3 120	19 870
第二步骤	9 060	5 920	3 120	18 100
第三步骤	—	2 750	2 240	4 990

要求：根据上述资料，计算各步骤应计入完工 C 产品的成本份额；编制 C 产品成本汇总表，计算完工产品总成本和单位成本；编制完工产品入库的记账凭证。

训练七

目的：训练学生产品成本计算的平行结转分步法。

资料：大业公司生产甲产品。第一步骤生产 A 半成品，第二步骤生产 B 半成品，第三步骤将 A 半成品和 B 半成品交第三步骤装配成甲产品。第一步骤耗用的材料在生产开始时一次投入，第二步骤所耗用的原材料随着加工进度逐步投入。每件甲产品由二件 A 半成品和一件 B 半成品组成。第一步骤和第二步骤的月末在产品完工率均为 50%，其生产费用采用约当产量法在完工产品和广义在产品之间分配。第三步骤只有未装配的半成品，并无在产品。20××年 5 月有关成本计算资料如表 8-81 和表 8-82 所示。

表 8-81　产量记录

单位：件

项　目	第一步骤	第二步骤	第三步骤	
			A 半成品	B 半成品
月初在产品	300	50	300	180
本月投入	900	600	1 000	500
本月完工转出	1 000	500	1 200	600
月末在产品	200	150	100	80

表 8-82 月初在产品成本及本月生产费用

单位：元

项目	直接材料	直接人工	制造费用	合计
月初在产品成本				
第一步骤	9 000	8 100	7 200	24 300
第二步骤	6 150	4 100	3 460	13 710
本月生产费用				
第一步骤	13 500	17 100	12 400	43 000
第二步骤	16 500	10 245	7 865	34 610
第三步骤	—	5 400	3 000	8 400

要求：根据上述资料，计算各步骤应计入完工甲产品的成本份额和月末在产品成本；编制甲产品成本汇总表，计算完工产品总成本和单位成本；编制完工产品入库的记账凭证。

训练八

目的：训练学生掌握产品成本计算的平行结转分步法能力。

资料：某企业采用平行结转分步法计算产品成本。该企业生产 A 产品顺序经过 3 个生产步骤（不经过半成品库），原材料在开始生产时一次投产，在产品成本按约当产量法计算。各步骤月末在产品的完工程度为 50%。

（1）产量资料如表 8-83 所示。

表 8-83 产量资料

项目	一步骤	二步骤	三步骤
月初在产品数量	80	40	120
本月投产数量	120	140	160
本月完工数量	140	160	200
月末在产品数量	60	20	80

（2）成本资料如表 8-84 所示。

表 8-84 成本资料

项目	一步骤		二步骤	三步骤
	原材料	加工费		
月初在产品成本	6 240	1 000	980	120
本月生产费用	3 120	650	1 050	360
合计	9 360	1 650	2 030	480

要求：

（1）计算各步骤应计入 A 产品成本的"份额"，将计算结果直接填入各步骤成本明细账内；

（2）将各步骤应计入 A 产品成本的"份额"平行结转、汇总，编制 A 产品成本汇总表。

项目九 产品成本计算的辅助方法

知识目标
- 掌握分类法的含义、适用范围、特点和成本计算程序
- 熟悉副产品成本核算程序
- 掌握定额法的含义、适用范围、特点和成本计算程序

技能目标
- 能够根据企业的不同生产工艺和管理情况选择不同的成本核算方法
- 能熟练运用分类法进行成本核算
- 能熟练运用定额法进行成本核算

任务一 分类法的应用

一、任务描述

红星工厂生产的甲、乙、丙三种产品属于小型铁农具类,其原材料和生产工艺相近,有关成本资料如表9-1和表9-2所示。

二、任务分析

红星工厂生产的甲、乙、丙三种产品所用原材料和生产工艺相近,为了简化成本核算工作,将三种产品合为一类产品进行生产成本核算,并将发生的生产费用汇集在一起登记在生产成本明细账中。类内生产费用在各种产品之间的分配,采用单位售价作为分类标准。

表 9-1 分类产品成本计算单

产品类别：A 类　　　　　　　　　　2010 年 10 月　　　　　　　　　　　　单位：元

项　　目	直接材料	直接人工	制造费用	合　　计
月初在产品成本	400	200	300	900
本月生产费用	26 000	1 000	2 100	29 100
合　　计	26 400	1 200	2 400	30 000
完工产品成本	23 200	600	620	5 580
月末在产品成本	3 200	600	1 780	24 420

表 9-2 产品产量资料

产品类别	产品名称	本期实际产量/件	单位售价/元
A 类	甲产品	500	15
	乙产品	700	20
	丙产品	800	24

三、知识链接

（一）分类法的适用范围及特点

产品成本计算的分类法，是以产品的类别作为成本核算对象归集生产费用，先计算各类产品的实际成本，再按一定的分配标准，计算和分配类内各种产品成本的一种方法。

分类法不是一种独立的成本核算方法，是品种法、分批法、分步法的一种延伸，它所要解决的根本问题是在一类产品已经完工、该类产品总成本已经计算出来的基础上，如何把该类产品的总成本在该类别内部各种不同规格或型号的产品中分配的问题。所以，分类法的费用归集方法以及各种费用的分配等，都是按前面所阐述的品种法、分批法、分步法等方法进行的，只是以类别作为费用归集和分配的对象而已。

分类法与定额法都是产品成本计算的辅助方法，它们与企业生产类型没有直接联系，在各种类型的生产中都可以应用。在产品品种、规格繁多的企业，为了简化成本计算，可采用分类法计算成本；在定额管理制度健全，定额基础工作扎实，消耗定额准确、稳定的企业，为加强成本管理，可采用定额法计算产品成本。以上两种方法必须和产品成本计算的基本方法结合起来使用。

1. 分类法的适用范围

凡是产品的品种、规格繁多，且可以按照一定标准划分为若干类别的企业或企业的生产单位，均可采用分类法计算产品成本。

分类法与企业的生产类型没有直接联系，只要具备上述条件，在各种类型的生产中都可应用。联产品和副产品的成本计算，亦可以采用分类法。例如，食品厂、服装厂、电子元件厂、鞋厂、工具厂，以及钢铁厂各种规格的生铁、钢锭及钢材的生产等，都可采用分类法计算产品成本。

2. 分类法的特点

分类法的特点主要表现在成本计算对象、成本核算期和生产费用分配等3个方面。

1) 以产品的类别作为成本计算对象

采用分类法计算产品成本时，先要根据产品的结构、所用原材料及工艺技术过程的不同，将产品划分为若干类别，按照产品的类别设置成本计算单，归集生产费用，计算各类产品成本。每类产品成本计算出来以后，按照受益原则，采用合理的分配标准，在类内不同品种或不同规格的产品之间进行分配，以便计算出该类产品中每一具体品种或规格的产品成本。

2) 成本核算期决定于生产特点及管理要求

如果是大批量生产，结合品种法或分步法进行成本核算，则应定期在月末进行成本核算；如果与分批法结合运用，成本核算期可不固定，而与生产周期一致。

3) 月末一般要将各类产品生产费用总额在完工产品与月末在产品之间进行分配

在计算出各类产品成本后，还应选择适当的方法，将成本在各种规格型号的产品之间进行分配，计算出各种产品的实际成本和单位成本。

(二) 分类法的成本计算程序

1. 按照产品的类别设置产品成本明细账，计算各类产品的成本

首先，应对产品进行合理的分类，比如可以将生产工艺、生产技术相似的产品归为一类，也可以将产品的规格、性能相仿的产品归为一类，或者将产品的用途、销售对象一致的产品归为一类。

其次，再按产品的类别和规定的成本计算项目设置产品成本明细账，按类归集生产费用，计算各类产品成本。

2. 选择合理的分配标准，计算类内各种产品的实际总成本和单位成本

企业可以采用定额消耗量、定额费用、产品的售价、产品的重量和体积等作为分配标准。为了简化分配工作，企业通常采用系数分配法，即将选用的分配标准折算成相对固定的系数，按照固定的系数分配类内各种产品的成本。确定系数时一般选择一种产量较大、生产较为稳定、规格适中的产品作为标准产品，把此产品单位系数定为"1"；将类内其他各种产品的分配标准额与标准产品的分配标准额相比，计算出其他产品的分配标准额与标准产品的分配标准额的比率，即"系数"。计算公式如下：

$$某产品系数 = \frac{该产品售价（或定额消耗量、体积等）}{标准产品售价（或定额消耗量、体积等）}$$

$$某产品总系数（标准产量） = 该种产品的实际产量 \times 该产品产品系数$$

$$费用分配率 = \frac{应分配成本总额}{各种产品总系数之和}$$

某产品应分配费用＝该产品总系数×费用分配率

（三）分类法的优缺点

1. 优点

① 简化了成本计算的工作。采用分类法计算成本，首先将品种、规格繁多的产品划分为一定类别，按类别归集生产费用，将同类产品归并为成本计算对象，从而简化了成本计算工作。

② 能够在产品品种、规格繁多的情况下分类掌握产品成本的水平。

2. 缺点

在分类法下，每类产品的生产费用，包括直接费用和间接费用，都需要采用一定的分配方法在类内产品之间进行分配，因此分配结果不可避免地具有一定的假定性。

（四）副产品的成本计算

1. 副产品成本计算的特点

副产品是指某些工业企业在生产主要产品的过程中，附带生产出一些非主要产品，这些非主要产品通常称为副产品。例如炼油厂在提炼原油过程中产生的渣油、石油焦，肥皂厂制皂过程中产生的甘油等。由于副产品往往具有一定的经济价值，因此应当正确计算其成本。

副产品是由和主产品相同的材料经过同样的加工过程生产出来的产品，其加工过程可分为分离前和分离后两个环节。由于分离前的加工成本难以分产品直接计入，故可将主副产品作为一个类别采用分类法计算成本。至于分离后需再加工的副产品，发生的费用可以直接归属于该种副产品。一般是在计算出总成本后，按一定的标准从总成本中扣除副产品的成本，便可计算出主产品的成本。

副产品的计价方法一般有两种：一是按照副产品的销售价格减去税金和按正常利润率计算的销售利润后的余额计价；二是按事先规定的固定单位成本或计划单位成本计价。对于分离后继续加工的产品，其加工费用也应在售价中扣除。对副产品合理的计价，是正确计算主副产品成本的重点。如果副产品计价过高，则有可能把主产品的超支转嫁到副产品上；如果副产品计价过低，则有可能把销售副产品的亏损转嫁到主产品上；如果副产品的售价不能抵偿其销售费用，则副产品不应计价，不能从主产品成本中扣除副产品价值。

2. 副产品成本计算

1）副产品按照售价减去销售税金和销售利润后的余额计价

副产品与主产品分离以后，如果还需要进一步加工，在这种情况下，应根据副产品加工生产的特点和管理要求，采用适当的方法单独计算副产品的成本。

【例 9-1】 某企业在生产甲产品的同时，附带生产出 C 副产品，C 副产品分离后需进一步加工才能出售。本月甲产品及其副产品共发生成本 80 000 元，其中直接材料占 40%，直接人工占 25%，制造费用占 35%。C 副产品进一步加工发生直接人工费 1 600 元，制造费用 2 200 元。本月生产甲产品 1 700 千克，C 副产品 1 000 千克，C 副产品单位售价为 20 元，单位税金和利润合计为 5 元。试计算主产品和副产品的成本，如表 9-3 所示。

表9-3　副产品成本计算单

产品：C副产品　　　　　　　　2010年3月　　　　　　　　　产量：1 000千克

成本项目	分摊的联合成本	可归属成本	副产品总成本	副产品单位成本
直接材料	4 480	0	4 480	4.48
职工薪酬	2 800	1 600	4 400	4.4
制造费用	3 920	2 200	6 120	6.12
本月合计	11 200	3 800	15 000	15

　　副产品分摊的联合成本＝1 000×(20－5)－(1 600＋2 200)＝11 200（元）
　　副产品分摊的直接材料＝11 200×40％＝4 480（元）
　　副产品分摊的职工薪酬＝11 200×25％＝2 800（元）
　　副产品分摊的制造费用＝11 200×35％＝3 920（元）
　　甲产品实际总成本＝80 000－11 200＝68 800（元）
　　甲产品单位成本＝68 800÷1 700＝40.47（元/千克）

2）副产品按照计划单位成本计价

在副产品加工处理时间不长、费用不多的情况下，为简化核算，副产品亦可按计划单位成本计价。从主、副产品生产费用总额中扣除按计划成本计算的副产品成本后的余额，即为主产品的成本。

【例9-2】　接上例资料，假定C副产品的计划单位成本为16元，其中原材料5元，工资及福利费5元，制造费用6元。在副产品按计划单位成本计价的情况下，编制甲产品成本计算单，如表9-4所示。

表9-4　产品成本计算单

产品：甲产品　　　　　　　　　2010年3月　　　　　　　　　产量：1 700千克

摘　　要	直接材料	职工薪酬	制造费用	合　　计
月初在产品				
本月生产费用	32 000	20 000	28 000	80 000
减：C副产品成本	5 000	5 000	6 000	16 000
本月合计	27 000	15 000	22 000	64 000
产成品成本	27 000	15 000	22 000	64 000
单位成本	15.88	8.82	12.94	37.64

　　副产品总成本＝16 000＋1 600＋2 200＝19 800（元）
　　副产品单位成本＝19 800÷1 000＝19.8（元/千克）

四、任务实施

根据任务描述的资料，该企业A类产品成本的分配如下。

(一)计算单位产品的系数、总系数

乙产品为标准产品,其系数为1,则:

甲产品的系数=15÷20=0.75
丙产品的系数=24÷20=1.2
甲产品的总系数=500×0.75=375
乙产品的总系数=700×1=700
丙产品的总系数=800×1.2=960
全部产品总系数=375+700+960=2 035

(二)计算费用分配率和各种产品成本

费用分配率=24 420÷2 035=12(元)
甲产品成本=375×12=4 500(元)
乙产品成本=700×12=8 400(元)
丙产品成本=960×12=11 520(元)

任务二 定额法的应用

一、任务描述

泰达工厂生产A产品的配件,设有两个基本生产车间,该厂定额资料比较齐全,2010年8月基本生产成本明细账中A产品成本资料如表9-5和表9-6所示。

二、任务分析

泰达工厂的定额资料比较齐全,可以采用定额法计算产品成本,因此企业会计需计算产品的定额成本,并按成本计算对象设置产品成本明细账,分别计算符合定额的费用和脱离定额的差异,在月末加减各种成本差异,计算出完工产品成本的实际成本。

表9-5 A产品生产费用表

单位:元

成本项目	月初在产品成本			本月发生	
	定额差异	定额成本	定额差异	定额变动	定额成本
直接材料	24 400	−1 280	1 280	144 000	−7 120
直接人工	6 278	−40	830	36 120	−1 010
制造费用	13 622	603	2 050	77 880	1 330
合 计	44 300	−717	4 160	258 000	−6 800

表 9-6　A 产品月初定额变动计算表

单位：元

成本项目	变动前	变动后	定额变动
直接材料	24 400	24 000	400
直接人工	6 278	6 020	258
制造费用	13 622	12 980	642
合　计	44 300	43 000	1 300

三、知识链接

（一）定额法的适用范围和特点

定额法是以产品的定额成本为基础，加减脱离定额差异、材料成本差异和定额变动差异来计算产品实际成本的一种成本计算辅助方法。它是在品种法、分批法、分步法这 3 种基本方法的基础上，为了解决成本计算或成本管理中的某一问题而产生的成本计算方法。在实际工作中，需依附于上述 3 种基本计算方法中的任何一种。

定额法以事先制定的产品定额成本为目标成本，通过实际生产费用与目标成本的对比，及时揭示生产费用脱离定额的差异，加强各项费用支出的控制和监督，加强企业成本管理。

1. 定额法的适用范围

定额法是企业为了将成本核算和成本控制结合起来而采用的一种成本计算辅助方法，它通常与生产类型没有直接关系，无论何种生产类型，只要具备下列条件，都可采用定额法计算产品成本：

① 企业的定额管理制度比较健全，定额管理工作基础较好；

② 产品的生产已经定型，消耗定额比较准确、稳定。

2. 定额法的特点

1）事先制定产品定额成本

定额法是以产品的定额成本为基础来计算实际成本的。在应用此法之前必须制定产品的各项消耗定额、费用定额并以现行定额为依据制定定额成本，作为成本控制的目标。

2）分别计算符合定额的费用和脱离定额的差异

在定额法下，在发生生产耗费的当时，就将符合定额的费用和发生的差异分别核算，以加强对生产费用的日常控制。

3）成本核算建立在日常揭示差异的基础之上

月末，在定额成本的基础上，加减各种成本差异，计算出完工产品的实际成本，为成本的定期分析和考核提供依据。

4）定额法通常不独立使用

定额法作为成本计算的辅助方法，通常不独立使用，而是与品种法、分步法、分批法等成本计算基本方法结合使用。

（二）定额法的成本计算程序

1. 制定产品定额成本

根据企业现行消耗定额和费用定额，按照产品品种和规定的成本项目，分别制定产品定额成本，并编制各产品定额成本计算表。

2. 按成本计算对象设置产品成本明细账

成本项目设"期初在产品成本"、"本月产品费用"、"生产费用累计"、"完工产品成本"和"月末在产品成本"等专栏，各栏又分为"定额成本"、"脱离定额差异"、"定额变动差异"、"材料成本差异"各小栏。

3. 计算月初定额变动差异

在定额成本修订的当月，应调整月初在产品的定额成本，计算月初定额变动差异。

4. 核算脱离定额差异

在生产费用发生时，企业应将实际生产费用划分为符合定额的费用和脱离定额的差异，将其算出后予以汇总。

5. 在完工产品和月末在产品之间分配成本差异

按确定的成本计算基本方法，汇集各项费用和定额成本差异，按一定标准在完工产品和在产品之间进行分配。

6. 计算完工产品的实际总成本和单位成本

以本月完工产品的定额成本为基础，加（或减去）各项成本差异，计算出完工产品的总成本，并计算完工产品的实际单位成本。

（三）定额法的成本核算

1. 定额成本的制定

采用定额法必须先制定单位产品的消耗定额、费用定额，并据以制定单位产品的定额成本。定额成本是指根据企业现行材料消耗定额、工时定额、费用定额，以及其他有关资料计算的一种成本。产品定额成本的制定过程也是对产品成本事前控制的过程。定额成本是计算产品实际成本的基础，也是企业对生产费用进行事中控制和事后分析的依据。

单位产品的定额成本及各项目定额成本可用下列公式计算：

单位产品的定额成本＝直接材料定额成本＋直接人工定额成本＋制造费用定额成本

其中：

产品直接材料定额成本＝单位产品材料消耗定额×材料计划单价

产品直接人工定额成本＝单位产品工时定额×计划小时工资率

产品制造费用定额成本＝单位产品工时定额×计划小时制造费用分配率

产品的定额成本一般由企业的计划、技术、会计等部门共同制定。若产品的零、部件不多，一般先计算零件定额成本，然后再汇总计算部件和产品的定额成本。零部件定额成本还可作为在产品和报废零、部件计价的依据。若产品的零部件较多，可不计算零件定额成本，直接计算部件定额成本，然后汇总计算产品定额成本，或者根据零部件的定额卡和原材料单价、计划的工资率和计划的制造费用率等直接计算产品定额成本。

2. 脱离定额差异的核算

脱离定额差异，是指实际生产费用与定额成本的差异，超支与节约分别表现为正、负差异。通过对脱离定额差异的核算和分析，可以对生产费用支出进行事中控制，及时反映和考核生产费用的节约或浪费，有利于加强成本管理和寻找降低成本的途径。

1) 材料费用脱离定额差异的核算

原材料脱离定额差异是指原材料消耗数量差异与原材料计划单位成本的乘积。原材料消耗数量差异是指原材料实际消耗量与定额消耗量的差异。用公式表示：

原材料消耗数量差异＝原材料实际消耗量－原材料定额消耗量

原材料脱离定额的差异＝原材料消耗数量差异×原材料计划单价
　　　　　　　　　　＝（原材料实际消耗量－原材料定额消耗量）×原材料计划单价
　　　　　　　　　　＝原材料计划价格费用－原材料定额费用

【例 9 - 3】 某企业生产甲产品，该产品限额领料单中规定的产品数量为 180 件，每件产品材料消耗定额为 4 千克，材料计划单价 8 元，本月投产 180 件，实际领料 800 千克，假定期初期末无余料，该月甲产品原材料脱离定额差异为多少？

原材料定额耗用量＝180×4＝720（千克）

原材料脱离定额的差异＝（800－720）×8＝640（元）

材料费用脱离定额差异的计算方法，一般有限额领料单法、切割核算法、盘存法等。不论采用哪种核算方法，原材料脱离定额差异应分批或定期进行计算，并按照成本计算对象汇总，编制原材料定额费用和脱离定额差异汇总表（格式如表 9 - 7 所示）。表中应填明该批或该种产品所耗各种原材料的定额消耗量、定额费用和脱离定额差异，并分析说明发生差异的主要原因。

表 9 - 7　材料定额费用和脱离定额差异汇总表

产品名称：甲产品　　　　　　　　2010 年 3 月　　　　　　　　　　　　单位：元

材料种类	材料编号	单位	计划单价	定额费用		按计划价格的实际费用		脱离定额差异		差异原因分析
				数量	金额	数量	金额	数量	金额	
A 材料	201	千克	10	220	2 200	240	2 400	20	200	
B 材料	202	千克	5	120	600	100	500	－20	－100	

2）直接人工脱离定额差异的核算

直接人工脱离定额差异的核算由于采用工资制度不同而有差别，在采用计件工资制度下，在计件工资以外所支付的工资均属于工资的脱离定额差异。在采用计时工资制度下，由于实际工资总额要到月末才能确定，因此，工资脱离定额差异不能随时按产品直接计算，只有在月末实际生产工人工资总额已确定时才能计算。月末计算时可采用以下公式：

某产品生产工人工资脱离定额的差异＝该产品实际生产工资－该产品定额生产工资
＝该产品实际生产工时×实际小时工资率－
该产品实际完成的定额生产工时×计划小时工资率

其中：

$$实际小时工资率 = \frac{该产品实际生产工人工资总额}{该产品实际生产总工时}$$

$$计划小时工资率 = \frac{该产品实际生产工人工资总额}{该产品计划产量的定额生产工时}$$

无论采用哪种工资形式，都应根据核算资料，按照成本核算对象汇总编制直接人工定额成本和脱离定额差异汇总表（如表9-8所示），表中汇总反映各种产品的定额工资、实际工资、工资差异及产生差异的原因，并据此登记有关的成本计算单。

表9-8 直接人工定额成本和脱离定额差异汇总表

车间：二车间　　　　　　　　　　2010年3月　　　　　　　　　　单位：元

产品名称	产量	单位定额工时	定额费用			实际费用			定额差异
			实际工时	实际小时工资	实际工资	工时定额	计划小时工资	定额工资	
甲产品	500	6	3 000		3 000	2 800		4 200	1 200
乙产品	500	5	2 500		2 500	2 000		3 000	500
合计			5 500	1	5 500	4 800	1.5	7 200	1 700

3）制造费用脱离定额差异的核算

制造费用通常与计时工资一样，属于间接费用，不能在费用发生时就直接按产品确定脱离定额差异，制造费用发生时先进行归集，需待月末汇总总额，并采用一定的方法分配于各种产品后，才能确定各产品应负担的制造费用。月末确定实际制造费用总额后，可以比照计时工资下直接人工费用的计算公式确定。制造定额费用和脱离定额差异汇总表，如表9-9所示。

表 9-9　制造定额费用和脱离定额差异汇总表

产品名称：甲产品　　　　2010 年 3 月　　　　　　　　　　　　　单位：元

产品名称	产量	单位定额工时	定额费用			实际费用			定额差异
			实际工时	实际小时制造费用	实际制造费用	工时定额	计划小时制造费用	定额制造费用	
甲产品	500	6	3 000		3 000	2 800		1 400	200
乙产品	500	5	2 500		2 500	2 000		1 000	0
合　计			5 500	1	5 500	4 800	0.5	2 400	200

3. 材料成本差异的分配

采用定额法计算产品成本的企业，原材料的日常核算是按照计划成本来组织的，原材料项目脱离定额差异，是指消耗数量的差异（量差），其金额为原材料消耗数量差异与其计划单位成本的乘积，不包括材料价格差异（价差）。因此，月末计算产品的实际材料费用时，需计算所耗原材料应分摊的成本差异，即所耗材料的价格差异（价差）。为此在计算产品实际成本时还必须进行调整，分配材料成本差异。其计算公式为：

某产品应分配的材料成本差异＝（该产品材料定额成本±材料脱离定额差异）×材料成本差异率

【例 9-4】 甲产品所耗直接材料的定额成本为 35 000 元，脱离定额差异为超支 2 000 元，直接材料的成本差异为节约 3%。则：

甲产品应分配的材料成本差异＝(35 000＋2 000)×(－3%)＝－1 110（元）

4. 定额变动差异的核算

定额变动差异是指因技术革新、劳动生产率的提高、生产条件的变化，企业对定额进行修改而产生的新旧定额之间的差异，因此它是定额本身变动的结果，与生产费用的节约和超支无关。各项消耗定额的修改，一般是在年初进行。若年度内需要修改，一般在月初进行。

在有定额变动的月份，本月投入产品定额成本按新定额计算，只有月初在产品定额成本是按旧定额计算的。因此，定额变动差异只指月初在产品账面定额成本与按新定额计算的定额成本之间的差异。

月初在产品定额变动差异，可根据定额发生变动的月初在产品结存乘以单位定额变动差异来计算，也可通过计算定额变动系数进行计算。定额变动系数是指按新定额计算的单位产品成本与按旧定额计算的单位产品成本之比，其计算公式为：

$$定额变动系数 = \frac{新定额下的单位产品成本}{旧定额下的单位产品成本}$$

月初在产品定额变动差异＝按旧定额计算的月初在产品定额成本×(1－定额变动系数)

【例 9-5】 某企业甲产品从 10 月 1 日起实施新的材料消耗定额，单位产品旧的定额成本为 200 元，单位产品新的定额成本为 190 元，该产品期初在产品原材料定额成本为 12 000 元，则：

$$甲产品定额变动系数 = \frac{190}{200} = 0.95$$

$$甲产品月初在产品定额变动差异 = 12\,000 \times (1-0.95) = 600（元）$$

5. 完工产品实际成本的核算

采用定额法时，产品的实际成本按以下计算公式计算：

$$产品实际成本 = 产品定额成本 \pm 脱离现行定额差异 \pm 材料成本差异 \pm 月初在产品定额变动差异$$

四、任务实施

根据任务描述的资料，编制 A 产品成本计算单，如表 9-10 所示。

表 9-10　A 产品成本计算单

2010 年 8 月　　　　　　　　　　　　　　　　　　　　　　单位：元

成本项目	行次	直接材料	直接人工	制造费用	合计
一、月初在产品					
定额成本	1	14 400	6 278	13 622	34 300
定额差异	2	−1 280	−40	603	−717
定额变动	3	1 280	830	2 050	4 160
二、月初在产品定额变动					
定额成本调整	4	−400	−258	−642	−1300
定额变动	5	400	258	642	1300
三、本月生产费用					
定额成本	6	144 000	36 120	77 880	258 000
定额差异	7	−7 120	−1 010	1 330	−6 800
四、生产费用合计					
定额成本	8	168 000	42 140	90 860	301 000
定额差异	9	−8 400	−1 050	1 933	−7 517
定额变动	10	1 680	1 088	2 692	5 460
五、差异分配率（%）					
定额差异	11	−5	−2.49	2.13	
定额变动	12	1	2.58	2.96	
六、完工产品成本					

续表

成本项目	行次	直接材料	直接人工	制造费用	合计
定额成本	13	120 000	30 000	64 800	214 800
定额差异	14	−6 000	−747	1 380.24	−5 366.78
定额变动	15	1 200	774	1 918.08	3 892.08
实际成本	16	115 200	30 027	68 098.32	213 325.32
七、月末在产品					
定额成本	17	48 000	12 140	26 060	86 200
定额差异	18	−2 400	−303	552.76	−2 150.24
定额变动	19	480	314	773.92	1 567.92

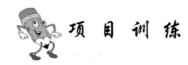

项目训练

（一）单项选择题

1. 定额法的主要缺点是（   ）。
   A. 只适用于大批量生产的机械制造企业
   B. 较其他成本计算方法核算工作量大
   C. 不能合理、简便地解决完工产品与在产品之间的费用分配问题
   D. 不便于成本分析工作

2. 产品成本计算的分类法适用于（   ）。
   A. 品种、规格繁多的产品
   B. 可按一定标准分类的产品
   C. 品种、规格繁多并可按一定标准分类的产品
   D. 大量大批生产的产品

3. 分类法下，在计算同类产品内不同产品的成本时，对于类内产品发生的各项费用（   ）。
   A. 只有直接费用才需直接计入各种产品成本
   B. 只有间接计入费用才需分配计入各种产品成本
   C. 直接生产费用直接计入各种产品成本，间接生产费用分配计入各种产品成本
   D. 无论直接计入费用，还是间接计入费用，都需采用一定的方法分配计入各种产品成本

4. 计算月初在产品的定额变动差异，是为了（   ）。
   A. 调整月初在产品的定额成本　　B. 调整本月发生的定额成本
   C. 正确计算本月累计定额成本　　D. 正确计算本月产成品定额成本

5. 之所以把分类法和定额法划分为成本计算的辅助方法，是因为（   ）。

A. 它们与企业的生产类型紧密相关，是不可缺少的方法
B. 它们是重要的方法
C. 它们不是重要的方法
D. 它们与企业生产类型没有直接联系，在各种类型的生产中都可以运用

6. 直接材料脱离定额差异是（　　）。
   A. 数量差异　　　　　　　　　　　B. 一种定额变动差异
   C. 价格差异　　　　　　　　　　　D. 原材料成本差异
7. 产品成本计算的定额法，在适应范围上（　　）。
   A. 与生产类型无关　　　　　　　　B. 与生产类型直接相关
   C. 只适用于大量大批生产的企业　　D. 只适用于小批单件生产的企业
8. 采用分类法的目的是（　　）。
   A. 比较准确　　　　　　　　　　　B. 比较真实
   C. 能真正体现成本水平　　　　　　D. 其计算结果有一定的假定性
9. 必须采用分类法计算成本的产品是（　　）。
   A. 主产品　　　B. 联产品　　　C. 副产品　　　D. 等级产品
10. 分类法的优点是（　　）。
    A. 能提高成本核算的正确性　　　　B. 能分品种掌握产品成本水平
    C. 能简化产品成本的计算工作　　　D. 能加强成本控制

（二）多项选择题

1. 计算和分析脱离定额成本差异主要包括（　　）。
   A. 材料脱离定额差异　　　　　　　B. 直接人工费用脱离定额差异
   C. 制造费用脱离定额差异　　　　　D. 管理费用脱离定额差异
2. 原材料脱离定额差异的计算方法有（　　）。
   A. 限额法　　　B. 切割核算法　　　C. 盘存法　　　D. 工作量法
3. 按照固定的系数分配同类产品内各种产品成本的方法（　　）。
   A. 是分类法的一种　　　　　　　　B. 是一种简化的分类法
   C. 也叫系数法　　　　　　　　　　D. 是一种间接计入费用的方法
4. 确定类内不同规格、型号产品系数的依据有（　　）等。
   A. 产品定额耗用量　　　　　　　　B. 产品定额费用
   C. 产品的生产工时　　　　　　　　D. 产品体积、面积、重量、长度等
5. 产品成本计算的辅助方法包括（　　）。
   A. 分批法　　　B. 分类法　　　C. 分步法　　　D. 品种法

（三）判断题

1. 只有大量大批生产的企业才能使用定额法计算产品成本。（　　）
2. 采用系数法计算类内各产品成本时，必须在同类产品中选择一种产品为标准产品，

其标准产品的系数固定为"1"。（　　）

3. 月初在产品定额成本调整的数额，与计入产品成本的定额变动差异之和，应为零。
（　　）

4. 定额变动差异反映了费用本身的节约和超支，是经常存在的。（　　）

5. 只要产品的品种、规格繁多，就可以采用分类法计算产品成本。（　　）

6. 实际工作中，企业可以单独采用定额法计算产品成本。（　　）

7. 材料成本差异是指修订定额以后，月初在产品账面定额成本与新的定额成本之间的差异。（　　）

8. 副产品是在企业辅助生产过程中生产出来的产品。（　　）

9. 定额成本是根据企业现行消耗定额和费用定额，按照产品品种和规定的成本项目而制定的。（　　）

10. 脱离定额差异是指产品生产过程中各项实际发生的生产费用脱离现行定额的差异。（　　）

（四）技能训练

训练一

目的：训练学生运用定额法计算产品成本的能力。

资料：川江有限责任公司生产甲产品，采用定额法计算产品成本。2010年3月份有关甲产品原材料费用的资料如下。

(1) 月初在产品原材料定额费用为14 000元，月初在产品脱离定额差异为-200元。

(2) 本月原材料定额费用56 000元，本月材料费用脱离定额差异为1 900元。

(3) 本月材料成本差异率为-2%，材料成本差异全部由完工产品负担。

(4) 本月完工产品的材料定额费用为60 000元。

要求：

(1) 计算月末在产品原材料定额费用；

(2) 分配原材料脱离定额差异；

(3) 计算本月领用原材料应负担的材料成本差异；

(4) 计算本月完工产品和月末在产品成本应负担的原材料实际费用。

训练二

目的：训练学生运用定额法计算产品成本的能力。

资料：某企业生产甲产品，2009年3月有关甲产品原材料费用的资料如下。

(1) 月初在产品定额费用为5 000元，月初在产品脱离定额差异为节约145元，月初在产品定额费用调整为降低100元。定额变动差异全部由完工产品负担。

(2) 本月定额费用为100 000元，本月脱离定额差异为节约5 100元。

(3) 本月原材料成本差异率为超支1%，材料成本差异全部由完工产品负担。

(4) 本月完工产品的产量为500件。甲产品单位产品原材料费用定额为220元，定额变动系数为 0.9。

要求：采用定额法计算成本。

(1) 计算本月完工产品的原材料定额费用。

(2) 计算月末在产品的原材料费用。

(3) 计算完工产品和月末在产品的原材料实际费用（脱离定额差异按定额费用比例在完工产品和月末在产品之间分配）。

训练三

目的：训练学生运用分类法计算产品成本的能力。

资料：某农具厂按分类法计算产品成本。该厂生产的甲、乙、丙三种产品属于小型铁农具类，其原材料和生产工艺相近。2010 年 3 月份生产甲产品 4 000 把、乙产品 1 500 把、丙产品 2 400 把；月末在产品甲产品 160 把、乙产品 240 把。本月该类产品的生产费用为：直接材料费 21 030 元，直接人工费 7 428 元，制造费用 8 240 元；月初在产品成本为：直接材料费 720 元，人工费 240 元，制造费用 280 元。各种产品成本的分配方法是：原材料费用按事先确定的系数比例分配；其他费用按工时系数比例分配。耗料系数根据产品的材料消耗定额计算确定，工时系数根据产品的工时定额计算确定。材料消耗定额为：甲产品 1.2 公斤，乙产品 1.8，丙产品 0.24 公斤，以甲产品为标准产品。工时定额为：甲产品 0.8 小时，乙产品 1.6 小时，丙产品 0.4 小时。各种产品均是一次投料，月末在产品完工程度为 50%。

要求：

(1) 编制系数计算表，确定甲、乙、丙三种产品的用料系数和工时系数；

(2) 编制标准产品产量计算表，计算完工产品和月末在产品的标准产品产量（总系数）；

(3) 编制类别产品成本计算单，计算类别完工产品成本和月末在产品成本；

(4) 编制产品成本计算表，计算甲、乙、丙完工产品成本。

训练四

目的：训练学生运用分类法计算产品成本的能力。

资料：某企业生产甲、乙、丙三种产品。三种产品结构、所用材料、工艺过程相近，合为 A 类产品。该企业 2010 年 3 月生产甲产品 2 000 件，乙产品 1 000 件，丙产品 1 200 件；月末甲在产品 100 件，乙在产品 150 件。其有关定额、费用资料如表 9-11 和表 9-12 所示。

表 9-11 系数计算表

类别：A 类　　　　　　　　　　　　　2010 年 3 月

产品名称	材料消耗定额	系数	工时消耗定额	系数
甲产品（标准产品）	20 千克	1	10 小时	1
乙产品	24 千克	1.2	15 小时	1.5
丙产品	10 千克	0.5	5 小时	0.5

表 9-12 基本生产成本明细账

类别：A 类　　　　　　　　　　　2010 年 3 月

摘　要	直接材料	直接人工	制造费用	合　计
月初在产品成本	2 083.8	969.20	957.5	4 010.50
本月生产费用	6 100.20	3 130.00	2 458.50	11 688.70
费用累计	8 184.00	4 099.20	3 416.00	15 699.20
完工产品成本	5 700	3 936	3 280	12 916
月末在产品成本	2 484	163.2	236	2 783.2

要求：采用分类法计算各种产品成本。

训练五

目的：训练学生计算产品成本的综合能力。

资料：某工业企业在生产主产品——甲产品的过程中，还生产出副产品——乙产品的原材料，对该种材料进一步加工后，制造成乙产品。甲产品的生产和乙产品的加工在同一车间进行，甲产品和乙产品都是大量大批单步骤生产。2010 年 3 月份甲、乙产品成本计算的有关资料如下。

甲产品的月初在产品定额成本为 50 000 元，其中直接材料 26 000 元，直接人工 10 000 元，制造费用 14 000 元。本月发生的生产费用为：生产甲产品领用材料 175 000 元，该车间生产工人工资费用 54 000 元，该车间制造费用 62 000 元。

本月甲、乙产品耗用的生产工时分别为 9 000 小时和 1 000 小时；本月甲、乙完工产品量分别为 5 000 件和 4 000 件。

本月生产甲产品过程中生产出乙产品的材料 1 500 千克，每千克计划单价 2 元，全部被乙产品耗用。

甲产品的月末在产品定额成本为 47 000 元，其中直接材料 25 000 元，直接人工 105 000 元，制造费用 11 500 元。

要求：

（1）按生产工时比例分配计算甲、乙产品应负担的工资费用和制造费用；

（2）登记甲、乙产品成本明细账并计算甲、乙完工产品的总成本和单位成本。甲产品定额比较准确、稳定，而且各月末在产品数量变化不大，在产品按定额成本计价；乙产品在产品数量很少，不计算在产品成本。

项目十

成本报表的分析

> **知识目标**
> - 了解成本报表的体系构成
> - 了解影响成本分析的基本因素
> - 熟练掌握成本报表的构成及编制方法
> - 明确成本报表编制的作用
> - 掌握成本分析的基本原则及成本分析方法
>
> **技能目标**
> - 能联系企业实际掌握成本报表的一般编制方法，并能够完成相关的成本报表分析
> - 能根据企业有关成本的资料进行相应的成本分析，并能对主要产品的单位成本进行具体的分析，从而确定成本升降的原因，提出进一步改善的措施

任务一 成本报表的编制

一、任务描述

2010 年 10 月 31 日，大华有限公司有关产量、单位成本和总成本的资料如表 10-1 所示。

表 10-1 产量、单位成本和总成本资料

产品名称		实际产量		单位成本		总成本	
		本月	本年累计	上年实际平均数	本年计划	本月实际	本年累计
可比产品	甲产品	100	900	800	780	75 000	684 000
	乙产品	30	500	500	480	13 500	235 000
	丙产品	80	1 100	700	710	55 200	748 000
不可比产品	丁产品	300	3 200		1 150	375 000	3 520 000
	戊产品	600	7 800		1 480	894 000	11 076 000

月末公司会计根据上述成本资料,编制商品产品成本表。

二、任务分析

要完成上述任务,应将企业可比产品(甲、乙、丙产品)与不可比产品(丁、戊产品)加以区别,分别计算出可比产品(甲、乙、丙产品)和不可比产品(丁、戊产品)的实际产量、单位成本、本月总成本及本年累计总成本,从而完成商品产品成本报表的编制。

三、知识链接

(一)成本报表的意义

成本报表是根据日常成本核算资料定期编制,用以反映产品成本的构成及其水平、考核和分析成本计划执行情况的书面报告。编制成本报表是成本会计的一项重要工作内容。

成本报表对于有效监督和管理企业经济活动有着十分重要的意义。企业和主管企业的上级机构(或公司)利用成本报表,可以分析和考核企业成本计划的执行情况,促使企业降低成本、节约费用,从而提高企业的经济效益,增加国家的财政收入。通过对成本报表的分析,还可以揭示企业在生产、技术和经营、管理方面取得的成绩和存在的问题,进一步提高企业生产、技术和经营管理的水平。此外,成本报表提供的实际成本资料,还可以作为企业确定产品价格,进行成本和利润的预测,制定有关的生产经营决策,以及编制成本和利润等计划提供重要的数据资料。

(二)成本报表的种类

成本报表不是对外报送或公布的会计报表,因此成本报表的种类、项目、格式和编制方法,由企业自行确定。企业主管部门为了对本系统所属企业的成本管理工作进行指导,为了给国民经济管理部门提供所需成本数据,也可以要求企业将其成本报表作为会计报表的附表上报。在这种情况下,企业成本报表的种类、项目、格式和编制方法,也可以由主管部门会同企业共同规定。

工业企业编制的成本报表,一般有商品产品成本表、主要产品成本表、制造费用明细

表、期间费用明细表等种类。

为了加强企业成本的日常管理，除了上述定期编制的成本报表外，企业还可以设计和编制日常的成本报表，例如主要产品成本日报表、旬报表。

（三）编制成本报表的要求

为了充分发挥成本报表的作用，成本报表的内容既要满足企业微观管理与成本分析的要求，又要适应宏观管理的需要；企业应按有关规定编制成本报表，并要做到数字准确、内容完整、编报及时，这是对成本报表质量的统一而不可分割的要求。

1. 数字准确

数字准确就是报表的指标必须如实反映情况，不能任意估计数据，更不允许弄虚作假，篡改数字。因此，企业在编制成本报表前，所有经济业务都要登记入账，要调整不应当列入成本的费用，做到先结账，后编表。

2. 内容完整

内容完整就是指编报的各种成本报表必须齐全；应填列的报表指标和文字说明必须全面；表内项目和表外补充资料不论是根据账簿资料直接填列，还是分析计算填列，都应当完整无缺，不得任意取舍。

3. 编报及时

编报及时就是要求按规定期限编制成本报表。这样才能保证利用准确完整的资料，及时地对企业成本计划完成情况进行检查和分析，发现问题，迅速采取措施加以解决，以充分发挥成本报表的作用。

（四）商品产品成本表

1. 商品产品成本表的意义

商品产品成本表是反映企业在报告期内生产的全部商品产品的总成本及各种主要商品产品的单位成本和总成本的报表。利用该表可以考核全部商品产品和主要商品产品成本计划的完成情况，以及分析各种可比产品成本降低任务的完成情况。

2. 商品产品成本表的结构

商品产品成本表的主要内容，是反映可比产品和不可比产品的实际产量、单位成本、本月总成本以及本年累计总成本。

3. 商品产品成本表的编制方法

商品产品成本表各项目的填列方法如下。

1) 实际产量

分为两栏，分别反映本月和从年初起至本月末止各种商品产品的实际产量，应根据成本计算单或产品成本明细账的记录计算填列。

2) 单位成本

反映各种主要商品产品的上年实际平均、本年计划、本月实际和本年累计实际平均单位成本。

① 上年实际平均单位成本。各种可比产品要填列此项目，应根据上年度本表所列各种产品的全年实际平均单位成本填列。

② 本年计划单位成本。本项目根据本年度成本计划所列的单位成本填列。

③ 本月实际单位成本。本项目根据表中本月实际总成本除以本月实际产量计算填列。

④ 本年累计实际平均单位成本。本项目根据表中本年累计实际总成本除以本年累计实际产量计算填列。

3）本月总成本

本项目反映各种主要商品产品本月实际产量的上年实际平均、本年计划和本月实际总成本，以便按月考核产品成本计划的完成情况。

① 按上年实际平均单位成本计算的总成本。本项目根据上年实际平均单位成本乘以本月实际产量计算填列。

② 按本年计划平均单位成本计算的总成本。本项目根据上年实际平均单位成本乘以本月实际产量计算填列。

③ 本月实际总成本。本项目根据本月产品成本计算单的有关数字填列。

4）本年累计总成本

本项目反映各种主要商品产品本年累计实际产量的上年实际平均、本年计划和本年累计实际的总成本，借以考核年度内成本计划的执行结果。

① 按上年实际平均单位成本计算的总成本。本项目根据上年实际平均单位成本乘以本年累计实际产量计算填列。

② 按本年计划平均单位成本计算的总成本。本项目根据本年计划单位成本乘以本年累计实际产量计算填列。

③ 本年累计实际总成本。本项目根据产品成本计算单的有关数字填列。

（五）主要产品单位成本表

1. 主要产品单位成本表的意义

主要产品单位成本表，是反映各种主要产品单位成本的构成和各项主要技术经济指标执行情况的报表。编制该表是为了考核各种主要产品单位成本计划的执行的结果，分析各项消耗定额的变化情况和产品单位成本的升降原因，并便于在生产同种产品的企业之间进行成本对比，以利找出差距，挖掘潜力，降低成本。

2. 主要产品单位成本表的结构

该表分两部分，上部分按成本项目反映报告期内发生的各项生产费用及其合计数，即生产成本；下半部分反映单位产品所耗用的各种主要原材料的数量和生产工时等主要技术经济指标。为了便于考核产品成本的变动情况，各成本项目和主要经济技术指标分别列示了本年计划、本月实际、本年累计实际的单位成本和单耗。如果可比产品，还应增列历史先进水平、上年实际平均的单位成本和单耗。其格式和内容如表10-2所示。

表 10-2 主要产品单位成本表

编制单位：××   2010 年 10 月 31 日

产品名称：B 产品   产品规格：

本月计划产量：200   本月实际产量：200

本月计划产量：2 500   本月累计实际产量：2 450   计量单位：件

成本项目	历史先进水平	上年实际平均	本年计划	本月实际	本年累计实际平均
直接材料/元	67	67	68	69	68.50
直接人工/元	28	30	30	30	30
制造费用/元	37	37	37	37	37
成产成本/元	132	134	135	136	135.50
主要技术经济指标	用量	用量	用量	用量	用量
1. 主要材料	10 千克	9 千克	9 千克	9.2 千克	9.1 千克
2. 辅助材料					
3. 燃料及动力					
4. 工时	52 小时	55 小时	54 小时	53 小时	54 小时

3. 主要产品单位成本表的编制方法

1)"成本项目"

"成本项目"的内容按企业或上级主管部门的规定填列。

2)"主要技术经济指标"项目

"主要技术经济指标"各项目是反映该产品每一单位产量所耗用的原材料、燃料、工时等的数量，应根据企业或上级机构规定是指标名称和填列方法计算填列。

3)"历史先进水平"项目

"历史先进水平"项目是反映在历史上最低年度各成本项目的单位成本和单位消耗，根据最低年度该产品的实际成本资料计算填列。

如为不可比产品，上述两项可以不填。

4)"上年实际平均"项目

"上年实际平均"项目是反映上年度各成本项目的平均单位成本和单位消耗，根据上年度该产品实际成本资料计算填列。

5)"本年计划"项目

"本年计划"项目是反映成本计划规定的各成本项目的单位成本和单位消耗。根据该产品单位成本计划有关资料填列。

6)"本月实际"项目

"本月实际"项目是反映本月份各成本项目的单位成本和单位消耗,根据本月该产品成本计算资料填写。

7)"本年累计实际平均"项目

"本年累计实际平均"项目是反映自年初起至本年末止该产品每一单位产量各成本项目的平均单位成本和平均单位消耗,根据本年该产品各月实际成本资料汇总计算填列。

应当指出,生产耗用的自制半成品成本,在产品单位成本表上,根据不同情况进行反映。凡是自制半成品成本须进行成本还原的企业,应将生产耗用的自制半成品成本按构成的项目成本,分别并入产成品的有关项目成本内,对自制半成品成本不进行还原的企业,生产耗用的自制半成品成本,应列入"原材料"成本项目,也可以增列"自制半成品"项目予以反映。

四、任务实施

根据任务描述的资料,编制商品产品成本表,如表10-3所示。

表10-3 产品成本表

编制单位:大华有限公司　　2010年10月31日　　单位:元

产品名称	规格	计量单位	实际产量		单位成本				本月总成本			半年累计总成本		
			本月	本年累计	上年实际平均	本年计划	本月实际	本年累计实际平均	按上年实际平均单位成本计算	按本年计划单位成本计算	本月实际	按上年实际平均单位成本计算	按本年计划单位成本计算	本年实际
			1	2	3	4	5	6	7	8	9	10	11	12
可比产品成本合计									151 000	149 200	143 700	1 740 000	1 696 000	1 667 000
甲产品		件	100	900	800	780	750	760	80 000	78 000	75 000	720 000	675 000	684 000
乙产品		件	30	500	500	480	450	470	15 000	14 400	13 500	250 000	240 000	235 000
丙产品		件	80	1 100	700	710	690	680	56 000	56 800	55 200	770 000	781 000	748 000
不可比产品成本合计														
丁产品		件	300	3 200		1 150	1 250	1 100		345 000	375 000		3 680 000	3 520 000
戊产品		件	600	7 800		1 480	1 490	1 420		888 000	894 000		11 544 000	11 076 000
全部产品成本合计										1 382 200	1 412 700		16 920 000	16 263 000

任务二 成本报表的分析

一、任务描述

环宇轮胎厂内胎车间部分材料项目的有关资料如表10-4所示。

表10-4 内胎车间材料项目的有关资料

材料名称	计价单位	单位耗用量		材料单价/元		材料成本/元		差异
		计划	实际	计划	实际	计划	实际	
生 胶	千克	5 500	5 400	6.1	6	33 550	32 400	-1 150
填充剂1	千克	4 800	4 500	4.2	4	20 160	18 000	-2 160
硫化剂	千克	600	630	6	5	3 600	3 150	-450
京光红	千克	250	270	14	15	3 500	4 050	+550
合 计	—	—	—	—	—	60 810	57 600	-3 210

月末企业会计要根据上述资料，进行内胎车间直接材料的两因素分析法。

二、任务分析

要完成上述任务，需将内胎车间直接材料分解为材料消耗数量和材料价格两个相关因素，并按照材料消耗数量和材料价格两个因素依次进行因素变动对单位材料成本影响程度的计算，最后计算出总因素变动对单位材料成本的影响程度。

三、知识链接

成本分析是企业成本管理的重要环节，是挖掘成本降低潜力，改善企业管理的重要工具。通过成本分析，可以考核企业成本计划的执行情况，评价企业过去的成本管理工作；可以发现问题和差距，促使企业挖掘降低成本的潜力，寻求降价成本的途径和方法，以认识和掌握成本变动的规律，从中总结成本管理的经验和教训，提高企业经营管理的水平。

（一）全部商品产品成本计划完成情况的分析

1. 产品别分析

按产品别分析是指按每种产品的成本所进行的分析。涉及的指标：成本降低额和成本降低率、可比产品成本和不可比产品成本降低额和降低率、每种产品成本的降低额和降低率。

$$成本降低额 = 按实际产量计算的实际成本 - 按实际产量计算的计划成本$$

$$成本降低率 = \frac{成本降低额}{按实际产量计算的计划成本} \times 100\%$$

2. 按成本项目分析

按成本项目分析是指按成本项目反映的全部商品产品的实际总成本与按成本项目反映的实际产量计划总成本相比较，计算每个成本项目成本降低额和降低率对总成本的影响。

$$\text{某成本项目实际成本比计划成本降低额} = \text{该成本项目实际成本} - \text{该成本项目按实际产量计算的计划成本}$$

$$\text{某成本项目实际成本比计划成本降低率} = \frac{\text{该成本项目实际成本比计划成本降低额}}{\text{该成本项目按实际产量计算的计划成本}} \times 100\%$$

$$\text{某成本项目降低额对总成本的影响} = \frac{\text{该成本项目实际成本比计划成本降低额}}{\text{按实际产量计算的全部商品产品计划成本}} \times 100\%$$

（二）可比产品成本降低分析

可比产品是指企业过去生产过并且有着完整的成本资料的产品。可比产品成本分析包括可比产品成本降低任务的完成情况和变动的原因两方面。可比产品成本降低任务完成情况分析所需各项指标的计算公式如下。

1. 可比产品成本实际（计划）降低额的计算

$$\text{可比产品成本实际降低额} = \sum \text{实际产量} \times (\text{上年实际单位成本} - \text{本年实际单位成本})$$

$$= \text{实际产量按上年实际单位成本计算的总成本} - \text{实际产量按本年实际单位成本计算的总成本}$$

$$\text{可比产品成本计划降低额} = \sum \text{计划产量} \times (\text{上年实际单位成本} - \text{本年计划单位成本})$$

$$= \text{计划产量按上年实际单位成本计算的总成本} - \text{计划产量按本年计划单位成本计算的总成本}$$

2. 可比产品成本实际（计划）降低率的计算

$$\text{可比产品成本实际降低率} = \frac{\text{可比产品成本实际降低额}}{\text{实际产量按上年实际单位成本计算的总成本}} \times 100\%$$

$$\text{可比产品成本计划降低率} = \frac{\text{可比产品成本计划降低额}}{\text{计划产量按上年实际单位成本计算的总成本}} \times 100\%$$

分析对象：

降低额＝可比产品成本实际降低额－可比产品成本计划降低额

降低率＝可比产品成本实际降低率－可比产品成本计划降低率

各因素变动对可比产品成本降低任务完成情况的影响，主要有产品单位成本、产品品种构成、产品产量等。

1）单位产品成本变动的影响

在计算可比产品成本计划降低额时，是根据本年计划单位成本和上年实际单位成本进行比较计算的；可比产品成本实际降低额，则是根据本年实际单位成本和上年实际单位成本进行计算的。这样，当本年实际单位成本发生变动时，必然会引起可比产品成本降低额和降低率的变动。

2）产品品种构成变动的影响

当企业生产两种以上产品时，若各种产品的实际产量与计划产量不是同比例地增减，则会引起品种构成的变动。在企业生产的多种产品中，每种产品成本降低幅度是不一样的，有的还可能超支。若企业增加成本价低幅度大的产品的生产比重，或降低成本降低幅度小的产品的生产比重，则可比产品平均降低率和降低额就会比原来的提高。反之，成本降低率和降低额就会下降。所以，产品品种构成的变动，同时影响成本降低额和成本降低率。

3）产品产量变动的影响

在计算可比产品成本降低任务时，是用可比产品的计划产量，分别乘上该产品上年实际单位成本和计划单位成本的差额计算的；实际完成情况则是根据可比产品实际产量分别乘上该产品上年实际单位成本与本年实际单位成本的差额计算的。从这一计算过程中可以看出，当产品的品种构成和单位成本不变时，产品产量的变动会引起成本降低额发生同比例的变动，但不影响成本降低率的变动。所以，单纯产量的变动，仅影响成本降低额，不影响成本降低率的变动。

（三）主要产品单位成本分析

主要产品单位成本表，是反映企业在报告期内生产的各种主要产品单位成本构成及其变动情况的成本报表。主要产品是指企业经常生产，在企业全部产品中所占比重较大，能概括反映企业生产经营面貌的那些产品。由于在商品产品成本表中各种主要产品的成本只列示总数，无法据此分析构成情况，因此要编制该表作为商品产品成本表的补充说明。

利用主要产品单位成本表，可以分析和考核主要产品成本计划的执行情况、单位成本的变动情况及各种主要产品的主要技术经济指标的执行情况，进而查明主要产品单位成本升降的具体原因。

1. 直接材料项目的分析

$$单位产品材料费用 = 单位产品材料消耗量 \times 材料单价$$

1）两因素法

两因素法下，单位材料费用受材料消耗数量和材料价格两个因素的影响，其计算公式如下：

$$单位产品材料费用 = 单位产品材料消耗量 \times 材料单价$$

各因素变动对材料费用影响的计算公式如下：

$$\text{材料耗用量变动对单位成本的影响} = \sum \left[\left(材料实际单位耗用量 - 材料计划单位耗用量 \right) \times 材料计划单价 \right]$$

$$\text{材料价格变动对单位成本的影响} = \sum \left[\left(材料实际单价 - 材料计划单价 \right) \times 材料实际单位耗用量 \right]$$

2) 三因素法

单位产品直接材料的三因素分析法的构成项目：原材料耗用量、原材料单位价格及材料配比。

$$\text{单位产品材料耗用总量} = \left(\text{单位产品材料实际耗用量} - \text{单位产品材料计划耗用量}\right) \times \text{计划配比的材料平均计划单价}$$

$$\text{材料配比变动对单位成本的影响} = \left(\text{实际配比的材料平均计划单价} - \text{计划配比的材料平均计划单价}\right) \times \text{材料实际单位耗用量}$$

$$\text{材料价格变动对单位成本的影响} = \left(\text{材料实际单价} - \text{材料计划单价}\right) \times \text{材料实际单位耗用量}$$

$$\text{计划配比的材料平均计划单价} = \frac{\sum(\text{各种材料计划消耗量} \times \text{材料的计划单价})}{\text{材料计划总消耗量}}$$

$$\text{实际配比的材料平均计划单价} = \frac{\sum(\text{各种材料实际消耗量} \times \text{材料的计划单价})}{\text{材料实际总消耗量}}$$

2. 直接工资项目的分析

分析产品单位成本中的直接人工费用，必须按照不同的工资制度和直接人工费用计入成本的方法来进行。在计件工资制度下，计件单价不变，单位成本中的直接人工费用一般也不变，除非生产工艺或劳动组织方面有所改变，或者出现了问题。在计时工资制度下，如果企业生产多种产品，产品成本中的直接人工费用一般是按生产工时比例分配计入的。这时单位成本中直接人工费用的多少，取决于生产单位产品的工时消耗和小时工资率两个因素，可以采用差额计算法进行分析，计算单位产品所耗工时数变动（量差）和平均小时工资率变动（价差）对直接人工费用变动的影响。

1) 工时耗用量变动影响的计算

$$\text{工时耗用量变动对单位产品成本影响额} = \left(\text{单位产品实际工时消耗} - \text{单位产品计划工时消耗}\right) \times \text{计划平均小时工资率}$$

2) 平均小时工资率变动影响的计算

$$\text{平均小时工资率变动对单位产品成本影响额} = \left(\text{实际平均小时工资率} - \text{计划平均小时工资率}\right) \times \text{单位产品实际工时消耗}$$

3. 制造费用项目的分析

产品成本中制造费用影响的基本因素，是单位产品工时消耗量和小时费用分配率。其分析的计算公式如下。

1) 工时消耗量变动的影响

$$\text{工时消耗量变动的影响} = \sum\left[(\text{实际单位工时消耗量} - \text{基准单位工时消耗量}) \times \text{基准小时费用分配率}\right]$$

2) 小时费用分配率变动的影响

小时费用分配率变动的影响＝∑［（实际小时费用分配率－基准小时费用分配率）×实际单位工时消耗量］

四、任务实施

根据任务描述的资料，企业会计进行的分析如下。

材料耗用量变动对单位材料成本的影响＝(5 400－5 500)×6.1＋(4 500－4 800)×4.2＋
(630－600)×6＋(270－250)×14
＝－1 410（元）

材料价格变动对单位材料成本的影响＝(6－6.1)×5 400＋(4－4.2)×4 500＋
(5－6)×630＋(15－14)×270＝－1 800（元）

各因素变动对直接材料费用的影响＝(－1 410)＋(－1 800)＝－3 210（元）

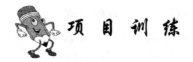

（一）单项选择题

1. 成本报表属于（　　）。
   A. 对外报表　　　　　　　　　　B. 对内报表
   C. 既是对外报表，又是对内报表　　D. 对内还是对外由企业自行决定
2. 填制商品产品成本报表必须做到（　　）。
   A. 可比、不可比产品须分别填列　　B. 可比、不可比产品可合并填列
   C. 既可分别，也可合并填列　　　　D. 填制时无需划分可比、不可比产品
3. 在进行可比产品成本分析时，产量变动（　　）。
   A. 只影响成本降低额　　　　　　　B. 只影响成本降低率
   C. 只影响成本降低率，不影响成本降低额　　D. 既影响成本降低额也影响成本降低率
4. 在进行全部商品产品成本分析时，计算成本降低率时，是用成本降低额除以（　　）。
   A. 按计划产量计算的计划总成本　　B. 按计划产量计算的实际总成本
   C. 按实际产量计算的计划总成本　　D. 按实际产量计算的实际总成本
5. 影响某项成本指标高低的因素有 4 个，采用因素分析法时需要计算的替代指标数量是（　　）。
   A. 2 个　　　　B. 3 个　　　　C. 4 个　　　　D. 5 个

（二）多项选择题

1. 商品产品成本报表可以反映可比产品与不可比产品的（　　）。

A. 实际产量 B. 单位成本
C. 本月总成本 D. 计划总成本
E. 本年累计总成本

2. 工业企业编制的成本报表有（　　）。
A. 商品产品成本表 B. 成本计算单
C. 制造费用明细表 D. 主要产品单位成本表
E. 主要产品成本分析表

3. 在进行全部商品产品成本计划完成情况分析时，需要计算的指标有（　　）。
A. 全部商品产品成本降低额 B. 全部商品产品成本降低率
C. 可比产品成本降低额 D. 可比产品成本降低率
E. 不可比产品成本降低额

4. 在计算可比产品成本计划降低额时，需要计算的指标有（　　）。
A. 实际产量按上年实际单位成本计算的总成本
B. 实际产量按本年实际单位成本计算的总成本
C. 计划产量按上年实际单位成本计算的总成本
D. 计划产量按本年计划单位成本计算的总成本
E. 实际产量按本年计划单位成本计算的总成本

5. 采用因素分析法进行成本分析时，确定各因素替代顺序时下列说法正确的是（　　）。
A. 先替代数量指标，后替代质量指标
B. 先替代质量指标，后替代数量指标
C. 先替代实物量指标，后替代货币量指标
D. 先替代货币量指标，后替代实物量指标
E. 先替代主要指标，后替代次要指标

（三）判断题

1. 所有的成本报表，无论对内、对外都在计算上绝对准确。（　　）
2. 内部成本报表必须和责任会计组织相配合，以明确责任者的成本责任。（　　）
3. 采用因素分析法进行成本分析时，各因素变动对经济指标影响程度的数额相加，应与该项经济指标实际数与基数的差额相等。（　　）
4. 在进行可比产品成本降低任务完成情况的分析时，由于产品产量因素的变动，只影响成本降低额，不影响成本降低率。（　　）
5. 可比产品成本实际降低额是用实际产量的按上年实际单位成本计算的总成本与实际产量按本年实际单位成本计算的总成本计算的。（　　）

（四）技能训练

训练一

目的：根据商品产品成本报表的编制方法，练习商品产品成本报表的具体编制。

项目十 成本报表的分析

资料：利华工厂2010年10月31日有关商品产品成本资料如表10-5所示。

表10-5 产品产量及单位成本资料

产品种类	产量/千克		单位成本/元			
	本月实际	本年实际	本月	本年累计	上年实际	本年计划
可比产品						
甲产品	200	3 000	60	58	57.5	58.5
乙产品	400	5 000	120	115	113	114.8
不可比产品						
丙产品	500	7 800		520	500	510
丁产品	2 000	26 000		78	83	82

要求：根据上述企业商品产品成本资料，编制商品产品成本表，如表10-6所示。

表10-6 产品成本表

编制单位：利华工厂　　　　2010年10月31日　　　　单位：元

产品名称	规格	计量单位	实际产量		单位成本				本月总成本			半年累计总成本		
			本月	本年累计	上年实际平均	本年计划	本月实际	本年累计实际平均	按上年实际平均单位成本计算	按本年计划单位成本计算	本月实际	按上年实际平均单位成本计算	按本年计划单位成本计算	本年实际
			1	2	3	4	5	6	7	8	9	10	11	12
可比产品成本合计														
甲产品														
乙产品														
不可比产品成本合计														
丙产品														
丁产品														
全部产品成本合计														

训练二

目的：根据因素分析法，练习材料费用变动的影响分析。

资料：某企业生产A产品，本月份产量及其他有关材料费用的资料如表10-7所示。

表 10-7 产量及其他有关资料

项　　目	计　划　数	实　际　数
产品产量/件	200	220
单位产品材料消耗量/千克	30	28
材料单价/元	500	480

要求：根据上述资料，采用因素分析法分析各种因素变动对材料费用的影响程度。

参 考 文 献

[1] 财政部．企业会计准则．北京：经济科学出版社，2006．
[2] 宋常，曹伟．成本会计．北京：中央广播电视大学出版社，2006．
[3] 刘志娟，罗绍德．成本会计．北京：机械工业出版社，2007．
[4] 程坚，杨春旺．成本核算实务．北京：高等教育出版社，2007．
[5] 潘琴，李学东．成本会计实验教程．北京：经济科学出版社，2008．
[6] 董淑芳．成本会计实务．北京：中国人民大学出版社，2009．
[7] 张俊清．成本会计实务．北京：中国劳动社会保障出版社，2010．
[8] 马卫寰．成本会计实务．北京：北京交通大学出版社，2010．
[9] 杨秀梅．成本会计．北京：中国人民大学出版社，2010．